나는 왜 생각만 하고
그대로일까

YOUR UNCONSCIOUS IS SHOWING

Copyright ⓒ 2024 by Courtney Tracy
All rights reserved.

Korean translation copyright ⓒ 2025 by RH Korea Co.,Ltd.
Korean translation rights arranged Taryn Fagerness Agency
through EYA Co.,Ltd

이 책의 한국어판 저작권은 EYA Co.,Ltd를 통한
Taryn Fagerness Agency와의 독점 계약으로 ㈜알에이치코리아가 소유합니다.
저작권법에 의하여 한국 내에서 보호를 받는 저작물이므로 무단전재 및 복제를 금합니다.

실패의 굴레에서 벗어나 실행을 만드는 무의식 사용법

나는 왜 생각만 하고 그대로일까

코트니 트레이시 지음
문희경 옮김

YOUR UNCONSCIOUS
IS SHOWING

알에이치코리아

일러두기

- 이 책의 정보는 독자의 주치의나 치료사, 기타 정신 건강 전문가의 조언을 대체하지 않습니다. 의료나 정신 건강 문제는 반드시 의료인이나 정신 건강 전문가와 상담하시기 바랍니다.
- 이 책에 나오는 일부 인물의 이름과 신원은 변경되었습니다.
- 이 책에서 제시하는 12단계는 '익명의 알코올중독자 모임 Alcoholics Anonymous, A.A.'의 12단계에서 영감을 받았지만 그대로 가져오지는 않았습니다. 이 책을 위해 특별히 구성했으니, A.A.의 12단계와 동일하게 간주해서는 안 됩니다. A.A.는 오직 알코올중독자의 회복을 목적으로 하는 프로그램이고, 이 책과는 무관합니다.
- 거의 모든 각주는 저자의 것이며, 용어 해설이 추가되었습니다.

"여기에 적힌 말은 개념이다.
당신이 직접 경험해야 한다."

― 성 아우구스티누스

프롤로그

인간 본성에 관한 진실

인간 조건에서 벗어나기

'나는 변할 수 없어.'

'나는 나를 통제하지 못해.'

'나만 이러는 걸 거야.'

'인간으로 사는 건 무척 힘들어.'

마지막은 맞는 말이다. 인간으로 사는 건 무척 힘들다. 하지만 나머지 말들은 사실이 아니다. 나는 인간의 본성에 관해 두 가지 진실을 깨달았다. 그리고 그 결과로 이 책을 쓰게 되었다. 이 책에 담긴 진실은 대학원이나 박사 과정에서 배운 것이 아니다. 그보다는 내가 이제껏 살면서, 또 오랫동안 많은 사람과 마주 앉아 그들의 이야기를 들으며 깨달은 내용이다.

첫 번째 진실, 우리는 자신(혹은 타인)에게 가혹할 때가 많다.

두 번째 진실, 그것은 우리가 인간으로서 어떻게 작동하는지 제대로 이해하지 못해서다. 나를 모르면 남도 이해할 수 없다.

이제 이런 인간 조건에서 벗어날 때다.

여기서 '인간 조건에서 벗어나기'는 인간이 되지 말자는 뜻이 아니다. 오히려 더 나은 인간이 되는 법, 가능한 최선의 인간이 되는 법을 배우자는 것이다. 대중 심리학의 논문이나 기사의 흔한 주장과 달리, 꼭 극심한 트라우마를 겪어야만 어떤 보이지 않는 힘에 조종당하는 것이 아니다. 알고 보면 이런 상태도 인간 조건의 일부다. 인간 조건에서 벗어난다는 말은 혼돈과 감정의 소용돌이 그 자체가 인간이라는 존재의 한 특성이라는 사실을 처음으로 진지하게 받아들인다는 뜻이다.

이제 진실을 직시하자. 인간으로 사는 것은 본래 복잡다단하다. 우리는 세상을 살아가면서 우리가 자신에게 하는 이야기와 남들이 들려주는 이야기, 나아가 사회가 들려주는 이야기 속에서 정체성을 형성한다. 뇌는 우리가 모르는 사이에 자동적 사고와 판단으로 결정을 내린다. 또 우리는 몸이 보내는 신호를 자주 무시한다. 그 신호는 통증으로 나타난 스트레스일 수도 있고, '이성'의 이름으로 외면당한 직감일 수도 있다. 가령 배우자를 선택할 때 나를 대하는 태도보다 연봉을 보고 고르는 경우다.

우리는 세상에 태어난 순간부터 사회와 가족과 친구, 문화적 배경 속에서 빚어진 존재다(언어도 우리가 살면서 어떤 개념을 배울지에 영

프롤로그

향을 미친다. 가령 특정 언어의 특정 단어로만 표현되는 감정이 있다). 세상과 사람들은 우리에게 어떤 사람이 되어야 하는지, 이를테면 어떤 역할을 하고 어떻게 행동하며 어떤 사람이 되어야 하는지를 끊임없이 주입했다. 그러나 정작 인간의 본질에 대해서는 말해주지 않았다. 아무도 우리 안에서 일어나는 복잡한 현상, 우리의 내적, 외적 경험을 이루는 감각과 생각, 감정, 행동의 소용돌이에 대해서는 알려주지 않았다. 우리는 별다른 도움 없이 스스로 삶을 알아가야 했다.

그래서 우리는 '인간'으로 사는 법을 제대로 배우지 못한 채로 인간 조건에서 벗어나야 한다. 이 과정은 우리가 전수한 이야기를 의심해보고 그 이야기가 정말로 우리의 가장 깊은 진실과 중요한 가치관에 부합하는지 자문하는 데서 시작한다. 그러려면 우리가 날마다 내리는 선택과 결정을 냉철히 살펴보아야 한다. 진정으로 내 선택인가, 아니면 과거의 경험에서 형성된 익숙한 양상이 지금 삶에 해를 입히는 것인가? 그리고 몸이 보내는 신호에 귀 기울여야 한다. 몸의 감각과 감정은 단순한 배경 소음이 아니라, 우리가 건강하고 행복하게 살아갈 길로 이끌어주는 중요한 신호다.

코트니 트레이시는 누구인가?

나는 남부 캘리포니아에서 사랑에 빠진 십대 소년과 소녀의 딸로 태어났다. 두 사람은 자주 싸우다 결국 결혼까지 가지 못했다. 나는 어머니와 둘이서 살았다. 어머니는 복지 혜택과 푸드스탬프(식료품 구매 지원 프로그램—옮긴이)에 의존하고 여러 일을 병행하며 나를 키웠다. 히스패닉계 군인인 부모 집에 얹혀살면서 나(예민하고 고집불통에 생각 많은 아이)와 이부 남동생을 키우는 데 최선을 다했다.

나는 일곱 살에 GATE 검사(교육 제도에서 '영재Gifted'나 '재능 있는 Talented' 아동을 분류하는 검사)에서 상위 1퍼센트에 들었지만, GATE 프로그램에 들어가지 않겠다고 고집을 부렸다. 교실 조명이 너무 밝고 선생님 목소리가 너무 크다는 게 이유였다. 게다가 교실에서 몇 번 실례한 적도 있는데 내 몸이 보내는 신호를 제대로 알아채지 못해서였다. 그뒤로 다시는 그 교실로 돌아가고 싶지 않았다.

여덟 살에는 할아버지의 『전쟁과 평화』를 읽었다. 전쟁터의 운명과 자유의지를 다룬 장장 1,300쪽짜리 철학적 서사였다. 그해 여름날마다 이 책을 펼쳤고, 다른 건 아무것도 하지 않으려 했다.

열 살에는 '세상에서 가장 행복한 곳'이라는 디즈니랜드에 가서 최악의 시간을 보냈다. 그때까지 그만큼 과도한 자극을 한꺼번에 받아본 적이 없어서였다.

열세 살에는 첫 경험을 했고, 약물이 인간의 감정과 사고, 행동을 얼마나 쉽게 바꿔놓는지 알았다. 그리고 그런 상태로 있는 게 좋았다.

열다섯 살에는 나중에 남편이 되는 한 소년이 내 인생에 걸어들어왔다. 처음으로 재활 치료를 시작했다. 내 몸과 뇌, 마음이 대처하려는 방식을 나 스스로 통제할 수 없어서였다. 재활 치료는 효과가 있었다가, 다시 사라졌다.

그로부터 7년 뒤, 사랑에 빠진 우리는 함께 도망쳤고, 나는 여전히 통제 불능의 상태였다. 그러던 어느 날, 그가 내게 최후통첩을 날

렸고(이 책에 자세한 사연을 소개하겠다), 그 순간 내 삶의 궤도가 완전히 방향을 틀었다. 스물두 살의 나는 마침내 내 삶을 책임지기로 마음먹었고, 이때의 결심으로 치료사의 길에 들어섰다.

그로부터 12년이 흐르는 사이, 나는 사업체 다섯 개를 설립하고 학위 네 개를 취득하면서 두 아이를 키우고 안정적이고 행복한 결혼 생활을 이어오고 있다. 이제는 지난날의 나라면 상상도 하지 못했을 방식으로 내 삶과 나 자신을 통제한다고 말할 수 있다. 물론 완벽한 건 아니다. 곧 알게 되겠지만 더 나은 삶에서 완벽은 핵심 요소가 아니다.

나는 서던캘리포니아대학교에서 수련받고 임상가Clinician 면허를 딴 후에 캘리포니아주에서 활동하는 임상 사회복지사이자 임상심리학 박사다. 나는 정신 건강 관련 회사를 여러 개 운영하고, 비영리 단체 여러 곳의 이사진으로도 활동한다. 온라인에서는 200만 명 이상에게 알려진 '트루스 닥터Truth Doctor'로서 개인 채널에 정신 건강 콘텐츠를 제작해서 올리고 있다. 내가 찾은 진실을 널리 알리고, 당신도 당신의 진실을 나눌 수 있도록 돕고 싶다. 그동안 이미 많은 사람의 삶이 바뀌었다.

내가 치료사(사람들이 정신적 어려움을 헤쳐나가도록 돕는 사람)가 된 이유는, 어릴 때 나 자신이 간절히 원하던 것이 있어서였다. 그것은 바로 내 안에서 무슨 일이 벌어지는지 이해하고 나 자신과 타인에게 상처를 주지 않으면서 스스로 도울 방법을 찾는 것이었다. 그러려면 교육과 실전 경험이 필요했고, 이제 독자에게 두 가지 모두를 전달하고자 한다.

내가 치료사가 된 또 하나의 이유는, 우리가 살아가는 세상에 치료사가 필요해서다. 세상은 우리의 몸이 감당할 수 있는 속도보다 훨씬 빠르게 돌아가고, 우리의 뇌가 처리할 수 있는 용량보다 훨씬 많은 두려움을 쏟아내며, 우리의 꿈이 실현되는 기회보다 더 많은 장애물이 도사리는 곳이다.

나는 인간으로 사는 것이 얼마나 어려운지 잘 알기에 치료사가 되었다. 그리고 인간으로 사는 법을 터득하는 이 길이 얼마나 험난한지 누구보다도 잘 안다. 당신은 이제 혼자 걷지 않아도 된다.

이 책은 어떤 내용을 담고 있는가?

이 책은 크게 두 부분으로 구성된다. 1부에서는 인간이란 무엇인지에 대한 우리의 이해를 바꿔놓으려 한다. 구체적인 연구 자료를 바탕으로, 인간이 생각보다 훨씬 통제 불능 상태라는 사실을 드러낼 것이다. 너무 걱정하지 않아도 된다. 2부에서 '의식의 12단계'를 통해 우리 자신과 우리의 선택을 더 효과적으로 통제할 방법을 소개한다. 1부가 치료사인 친구가 쉽게 쓴 심리학 교과서로 읽힌다면, 2부는 삶을 변화시키기 위한 실질적인 안내서가 되어준다. 우리의 나쁜 습관과 무의식적 행동 양상을 알아채고, 변화를 위한 계획을 통해 과거의 실수를 바로잡는 방법을 소개한다. 궁극적으로 각자가 발견한 진실을 다른 사람과 공유하고 그도 나처럼 자신만의 진실을 찾게 될 것이다. 이 책에는 지금까지 내가 쌓은 지식과 함께 나 자신과 내담자들에게 효과적인 방법을 모두 담았다.

프롤로그

심리학을 공부한 독자라면 이 책의 일부 개념이 익숙할 것이다. 새로운 개념도 나오지만 이해하기 쉽게 풀어보겠다. 이 책에서는 생리학과 신경과학, 철학과 같은 다른 학문 분야도 참조한다. 그렇다고 어렵지는 않으니 미리 겁먹지 않아도 된다. 쉽고 재미있고 가치 있게 읽히도록 구성했다. 내 문체와 나만의 정보 제시 방식과 함께 내 삶의 이야기가 이 분야에 보탬이 되기를 바란다. 그래서 이 책에 나오는 여러 이론과 개념을 처음 개발한 임상가와 연구자들과 나란히 설 수 있기를 바란다.

의식의 12단계를 따라가는 동안에는 질문에 답하고 여러 가지 연습을 해보고 마침내 진정으로 살아 있음을 느끼고 자신을 이해하며 삶의 선택을 직접 내릴 것이다. 대부분의 연습은 인간으로 살면서 흔히 마주하는 문제(불안, 우울, 스트레스, 충동성, 소외감, 외상 반응)를 완화하는 데 효과적이라고 입증된 과학 연구와 치료 모형에서 나왔다. 더 관심 있는 독자를 위해 부록 의식의 12단계와 치료법의 근거 정리에 각 연습이 어떤 연구에서 나온 치료법과 연결되는지 정리했다.

나는 이 책이 우리 안에 감춰진 **모든** 과정을 다루는 첫 시도 중 하나라고 생각한다. 말하자면 우리의 몸이 어떻게 작동하는지부터 과거의 경험과 삶의 이야기가 어떻게 현재의 행동을 유발하는지 그리고 우리가 어떻게 깊이 생각하지 않은 채 무의식적으로 결정하는지에 대해 알아볼 것이다. 이 책에서 소개하는 정보가 그 자체로는 완전히 '새로운' 내용이 아닐 수 있다. 하지만 이 내용을 개념화하는 방식은 새롭다고 자부하고, 독자에게 실질적으로 도움이 될 것이라고 확신한다.

이 책을 읽으면서 당신은 나에 대해 알게 될 것이고, 그사이 나는 당신이 스스로에 대해 알아가도록 도울 것이다. 나의 개인적인 이야기가 낭신에게 영감을 주기를 바란다. 당신도 자신의 이야기를 나누고 '의식의 12단계'를 다른 사람들에게 전파하기를, 그래서 진실의 순환이 일어나기를 바란다. 왜냐고? 댄 브라운Dan Brown이 『로스트 심벌』에 쓴 말로 답변을 대신하겠다.

"진실에는 힘이 있다. 우리는 진실을 들으면 그 의미를 완전히 이해하지 못하더라도 그 진실이 우리 내면에 울리고 … 무의식적 지혜와 함께 진동하는 것을 느낀다. 어쩌면 진실이란 새롭게 배우는 것이 아니라, 이미 우리 안에 들어 있는 것을 다시 불러내고 … 다시 기억하고 … 다시 알아채는 과정인지도 모른다."

차례

프롤로그   인간 본성에 관한 진실   6

 **1부** 의식을 지배하는
 무의식의 실체

1장 당신의 무의식이 드러난다
: 무의식의 재발견

평온의 기도가 주는 힘   27
무의식이 드러나는 순간   33
'통제할 수 없는 것'을 통제하기   40
무의식에 집중해야 하는 이유   45

2장 전부 잘못 생각하고 있다
: 무의식에 대한 오해

우리의 모든 부분을 이해하기 위하여   58
인간이 가질 수 있는 '초능력'   66

3장 몸이 느끼는 대로 생각한다
: 신체적 무의식

내면의 교향악단을 지휘하라	78
모든 것이 머릿속에 있는 것이 아니다	89
유혹의 다리가 만든 착각	96

4장 뇌는 있는 그대로 보지 않는다
: 인지적 무의식

잠자리하기, 결혼하기, 죽이기	113
뇌는 우리보다 더 많은 것을 기억한다	121
인간은 서로 따라다니는 양이다	126
기분이 더러우니 사형을 선고한다	132
감정과 느낌의 차이	141

5장 과거의 경험이 나를 통제한다
: 정신분석적 무의식

마음속의 괴물을 마주하라	155
고통과 쾌락의 놀이터	162
'만약 그랬다면' 상황이 달라졌을까?	168
통제력을 인식하는 것이 중요하다	175

2부 주도권을 되찾는 의식의 12단계

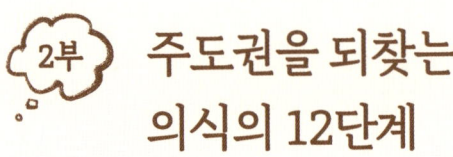

6장 '먼저 인간이다'를 기억하라
: 지극히 정상적인 실패

켜라, 맞춰라, 벗어나라. 지금 여기에 있어라 — 200
같은 세대가 공유하는 무의식 — 205
'자기를 의식하는' 행위를 좋은 일로 만들자 — 215

7장 무의식을 인정하라
: 자기 인식과 수용의 1~4단계

1단계 인정: 무의식이 삶을 통제한다는 진실을 받아들여라 — 224
2단계 믿음: 더 나은 '나'가 존재한다는 것을 믿어라 — 230
3단계 의식에 전념: 변화의 도구로서 의식에 전념하라 — 241
4단계 무의식 점검 목록: 무의식의 혼란을 들여다보라 — 248

8장 의식적으로 조율하라
: 변화와 화해의 5~9단계

5단계 의식적 정직: 자신의 무의식적 양상을 타인과 나눠라   269
6단계 준비: 무의식을 조율하고 싶은 방식을 정리하라   279
7단계 의식적 통제와 변화: 무의식을 의식적으로 조율하라   290
8단계 무의식의 해악: 무의식적으로 상처를 준 사람들을 찾아라   299
9단계 화해의 실천: 인간관계의 상처를 적극적으로 바로잡아라   307

9장 지속하고 확장하라
: 성장과 봉사의 10~12단계

10단계 지속적인 자기 의식: 자신을 자주 일깨워라   321
11단계 의식 확장: 의식에 대한 이해를 확장하고 조정하라   325
12단계 공유된 의식: 이제 다른 사람이 변할 수 있도록 도와라   340

감사의 말   347
의식의 12단계 예시 답변   349
의식의 12단계와 치료법의 근거 정리   358

용어 해설   368
주   373
찾아보기   386

YOUR
UNCONSCIOUS
IS
SHOWING

1부

의식을 지배하는
무의식의 실체

1장

당신의 무의식이 드러난다
무의식의 재발견

치료사가 되기 전까지 나는 엉망으로 살았다.

치료사가 되었다고 해서 엉망으로 살 수 없다는 말은 아니다. 실제로 그런 경우도 있다. 지금 나한테 누군가 "무슨 일을 하세요?"라고 묻는다면, "치료사입니다"라고 답할 것이다. 그런데 15년 전에 물었다면? 나는 "그냥 엉망으로 살아요"라고 답했을 것이다. 앞뒤가 맞는 대답일까? 아니다. 하지만 치유되지 않은 채 스스로 어떻게 작동하는지도 모르고 무의식중에 혹여 모를 상처를 방어하려고 안간힘을 쓰는 사람이라면 대체로 생각과 감정, 말, 행동이 서로 앞뒤가 맞지 않는다. 적어도 우리가 정말로 원하는 삶의 방식에 비추어 보면 분명 이치에 어긋나 있다.

엉망인 사람들은 스스로 잘 통제하는 것처럼 **행동한다.** 그러나 치료사는 이 사람들이 스스로 통제하지 못한다는 것을 잘 안다.[1]

나는 어릴 때부터 무엇보다도 내 삶을 통제하고 싶었다. 그러나 10년 넘게 '통제 불능 상태'의 마스코트처럼 살았다. 주위에서 좋은 시간을 보내고 싶으면 나한테 연락하라는 말이 돌았다. 물론 치료사가 제공하는 건강한 유형의 좋은 시간이 아니라, 침대 위의 좋은 시간을 의미했다. 또 약을 원하면 나한테 문자를 보내라고들 했다. 역시나 약을 끊는 방법을 알기 위해서가 아니라 약을 구하는 방법을 알기 위한 문자였다. 이때만 해도 나는 사람들에게 관심이 없었고, 나 자신에게도 관심이 없었다.

내가 처음 심리학을 접한 건 고등학교 시절이었다. 어쩐 일이었는지 AP(대학과목 선이수제) 심리학 수업('똑똑한 애들'이 받는 수업)에 배정되었다. 아침 7시에 수업이 시작하는데 나는 20분 전에 겨우 눈을 떠서 남자친구의 차창에 매달려 학교로 향했다. 가는 길에 내가 게워낸 토사물을 내려다보며 진짜 죽을 수도 있었던 어젯밤을 상기하면서 교실에 꾸역꾸역 들어가 앉았다. 나는 거의 죽을 뻔했는데도 그게 얼마나 심각한 상황인지 모를 정도로 무감각했다. 밤새 엑스터시와 싸구려 배달음식을 욱여넣은 위장에 잭다니엘과 콜라를 퍼붓는다면 좋은 결과가 나올 리 없다.

대학에 들어가기는 했지만, 처음 몇 년은 고등학교 시절과 크게 다르지 않았다. 단지 차창에 매달려 정신을 잃는 것이 아니라 차 밑에 들어가 정신을 잃는 상태로 바뀌었을 뿐이다(어차피 둘 다 안전하지 않았다). 스물두 살의 어느 날, 나는 경계성 인격장애 Borderline Personality Disorder, BPD 진단을 받았다. 누군가 몰래 약을 탄 술을 마시고 또 한차례 죽을 고비를 넘긴 다음 날이었다. 이날의 진단으로 내 삶은 송두리째 바뀌었다. 경계성 인격장애의 주된 특징은 인간관계와 자아상, 감정, 행동이 불안정한 것이다.[2] 충동성, 무분별한 성관계, 자살 충동, **통제력을 상실한 상태**에 대한 극도의 두려움. 정확히 내 이야기였다. 20대 초반의 나는 이 모든 증상에 완벽히 들어맞았다.

그런데 경계성 인격장애 진단과 함께 나를 바꿔놓은 또 하나의 결정적 사건이 있었다. 고등학교 시절부터 남자친구였던 (나중에는 남편이 된) 맥스가 내게 최후통첩을 날린 것이다. 그가 건넨 말은 단순했다. "네가 바뀌지 않으면 난 떠날 거야." 그런데 내 귀에는 "네가 바뀌지 않으면 네 인생에서 가장 소중한 사람을 잃을 거야"로 들렸고, 나는 그렇게 되기를 원하지 않았다. 난생처음 나의 내면을 진지하게 들여다보았다. 그리고 이렇게 말할 수 있었다. **'내가 스스로를 얼마나 잘 통제하고 있다고 자신하는지 몰라도, 사실 내 삶은 엉망이야. 이제 멈출 준비가 됐니?'** 그리고 나는 준비가 되었다.

당신이 정신적 진단을 받았든, 최후통첩을 받았든, 단순히 더 나은 삶을 살고 싶었든, 아니면 다른 어떤 이유로 이 책을 펼쳤든, 당신이 여기 와있어서 기쁘다. 이 책은 변화에 관해 이야기한다. 이 책은 통제에 관해 이야기한다. 그리고 이 책은 아무리 세상이 두렵고 온통 내 편이 아닌 것 같아도 자신을 위해 노력하기로 결심하는 과정에 관해 이야기한다. 그러는 사이 내면의 숨겨진 면을 들여다볼 것이다. 자신도 인식하지 못했을 부분을 마주할 것이다. 자신이 무엇을 생각하는지, 어떻게 느끼는지, 어떻게 행동하는지를 결정하는 (적어도 지금 이 순간 우리보다 더 많이 결정하는) 내면의 체계와 기능을 살펴볼 것이다.

심리학계에서는 지난 수십 년간 경계성 인격장애 진단을 받은 사람들을 외면했다. 치료사들은 나 같은 사람들을 상대하지 않으려 했다(일부는 여전히 그렇다). '저런 부류는 원래 저렇고, 앞으로도 변하지 않을 것'이라고 생각하기 때문이다. 가혹하게 들리지만, 일면 당연한 말이다. 인간은 본래 힘든 일을 피하려 하고, 특히 생존과 불안, 공포의 원초적 행동 양상을 보이는 인간을 변화시키기란 결코 **쉽지 않다.**

그런데 단지 정신적(혹은 신체적) 질환이 있는 사람만 몸과 뇌, 마음을 통제할 수 없는 것은 아니다. 우리의 사고와 감정, 행동은 주로 무의식(인식 **밖의** 영역)에 의해 좌우된다. 우리는 무엇을 생각하고 무엇을 느끼며 어떻게 행동할지 스스로 결정한다고 믿지만 실제로는 그렇지 않다. 이렇게 말하면 책임 회피의 논리로 들릴 수도 있지만 그렇지 않다. 그냥 **진실**이다.

무의식은 강력하다. 의식(우리가 인식하는 영역)보다 훨씬 강력하다. 원치 않는 습관이나 생각과 감정, 자신과 타인에게 상처를 주는 행동이 우리를 붙잡고 놓아주지 않는 이유는, 바로 우리의 몸과 뇌, 마음이 무의식중에 우리를 보호하고 끊임없이 우리를 생존하게 해주어서다. 무의식의 목표는 우리의 **행복이 아니라 생존이다.**

흔히 의식적 선택으로 자신을 정의한다. 말하자면 '내'가 내린 결정, '내'가 한 생각, '내'가 느낀 감정으로 나를 규정하는 것이다. 또 내가 결혼한 상대, 내가 지원한 직장, 내가 거절한 초대로 나를 규정한다. 그러나 이런 경험은 주로 무의식중에 일어난다. 의식과 무의식의 진정한 관계(우리가 인식하는 것이 인식하지 못하는 것에 의해 얼마나 영향을 받는지)를 탐색한 이론이 여러 가지 나와 있다. 그리고 이 이론들은 근본적으로 한 가지 사실에 동의한다. 우리의 무의식이 사고와 감정, 행동, 관점의 95퍼센트 이상을 통제한다는 점이다.[3] 그런데도 의식이 공을 거의 다 가로챈다.

「타임Time」지에 실린 '당신은 거의 항상 무의식 상태다'[4]라는 기사에서는 우리의 의식과 무의식의 관계를 이렇게 설명한다. 의식 차원의 '나'는 그리 명석하지 않은 CEO다. 직원(무의식)이 모든 실무와 조사를 수행한 후 CEO에게 보고서를 제출하고 서명을 받는 관계다. CEO는 보고서에 서명만 하고서 **모든** 공을 가로챈다.

이것이 내가 여러 해에 걸쳐 내 몸과 뇌, 마음을 대상으로 해온 일이다. 다만 무의식인 직원이 일을 망쳐도 나는 CEO이니까 멋지다고 착각하고 살아왔다. 그러나 전혀 멋지지 않았다. 그리고 어쩌면 당신도 나와 같은 일을 하고 있을지 모른다. 좋든 싫든 무의식이 하는 일의 모든 공을 차지하려 할 수 있다.

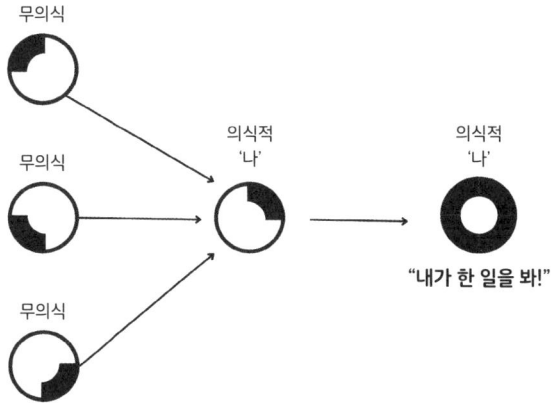

우리 삶의 책임자는 우리 자신이며, **우리**는 삶에서 가장 중요한 존재다. 우리는 자신을 위해 변화할 자격이 있다. 따라서 스스로에게 최후통첩을 내려야 한다. 나아가 '나는 원래 이런 사람이야'와 '나는 앞으로도 이런 사람일 거야'만 있는 것이 아니라고 스스로에게 증명해야 한다.

진실을 말하자면, 우리는 하나의 종種으로서 이토록 영리하고 능숙해졌으면서도 여전히 무의식적이고 통제 불능의 상태다. 또 하나의 진실을 말하자면, 우리는 우리의 통제를 벗어난 것도 통제할 수 있고 이 책에서 그 방법을 알려줄 것이다.

누군가는 삶에서 엉망진창인 존재는 필요하지 않다고 말한다. 나는 이 말에 온전히 동의할 수 없다. 때로는 그런 존재가 우리 삶을 더욱 흥미진진하게 만들어준다. 그렇지만 현재 우리의 삶에서 가장 거칠고 통제 불가능한 존재가 누구인가? 바로 우리의 무의식이다. 무의식이라는 녀석은 어디나 끼어들고, 한시도 우리 곁을 떠나지 않으며, 완전한 통제권을 가져가려 한다. 우리가 바로잡기 위해 나서지 않으면 무의식에 따라야 한다. 게다가 무의식이 항상 최선을 선택하는 것은 아니다.

> [**진실의 교훈**] 무의식을 없앨 수는 없다. 무의식을 통제하는 법을 배워야 한다.

1부 — 의식을 지배하는 무의식의 실체

평온의 기도가 주는 힘

심리학에는 **통제 위치**Locus of Control[5]라는 개념이 있다. 여기서 '위치'란 삶에서 일어나는 상황에 대한 통제력이 어디에 있다고 생각하는지를 의미한다. **내적** 통제 위치도 있고, **외적** 통제 위치도 있다. 통제 위치가 내면에 있는 사람은 스스로 삶을 주도할 힘이 있고 자신의 행동이 경험의 결과에 영향을 미칠 수 있다고 믿는다. 반면에 통제 위치를 외부에서 찾는 사람은 자신의 삶을 결정짓는 힘이 자신이 아니라 외부에 있다고 믿는다.

"내 탓이야"	"그들 탓이야"	"상황에 따라 달라"
↓	↓	↓
내적 통제 위치	외적 통제 위치	혼합형 통제 위치

다음의 상황에서 통제 위치가 어디에 있는지 알아보라. 내면인가, 외부인가, 아니면 혼합형인가?

상황 1: 방금 시험을 치렀는데 낙제했다. 시험공부를 하기는 했지만, '뭐 이런다고 되겠어?'라는 생각에 최선을 다하지 않았다. 시험에 통과한 다른 학생들을 보면서 '쟤들은 참 운이 좋았어'라거나 '시험이 불공정했어'라고 생각한다. 더 효과적인 공부법을 찾아보거나 교수에게 이메일을 보내 문의하는 대신, 당장 수강을 취소한다.

- 외적 통제 위치

상황 2: 회사의 한 부서에서 당신이 원하는 자리에 공석이 생겼다는 소식을 듣는다. 그런데 경쟁이 심하다. 그래도 적극적으로 나서며 '도전해봐야지. 왜 안 돼?'라고 생각한다. 능력을 키우고, 더 책임지려 하고, 마음에 들지 않는 동료들과도 인맥을 쌓는다. 그러다 마침내 승진한다.*

상황 3: 복잡한 문제를 마주한다. 부담감에 짓눌리고 외부 요인 때문에 잘 풀리지 않는다고 불평한다. 그래도 동료들에게 의견을 구하고 가능한 해결책을 찾아보면서 최선을 다한다. '미래는 내가 결정하는 것'이라고 믿기 때문이다. 그래도 해결은 쉽지 않고 문제가 계속 남아 있다. 실패의 내적 원인과 외적 원인을 검토하고 상사에게 보고한다. 해결책을 계속 찾아볼 생각이다.**

자신의 삶이 외부 요인에 의해 통제된다고 느끼는 사람(상황 1)은 힘든 상황에서 자주 남을 탓하며 극복하기 어려워한다. 반면에 자신의 삶을 스스로 통제한다고 느끼는 사람(상황 2)은 긍정적인 자세를 잃지 않고 좋은 일과 나쁜 일에 잘 대처하면서 빠르게 회복한다. 양쪽이 혼재된 유형(상황 3)은 통제력을 갖는다고 생각할 때도 있고 외부 요인에 의해 통제된다고 생각할 때도 있다.

당신의 통제 위치는 어디에 있는가?

아래 네 가지 질문에 답해보라.[6] (답과 함께 이유를 적어보자. 이 과정에 진지하게 임하면 삶이 달라질 수도 있다.)

- * 내적 통제 위치
- ** 혼합형 통제 위치

1. 누군가 내게 뭔가를 팔려고 할 때, 거절하기 어려운가?
2. 내가 원하는 것이 있을 때, 그것을 얻기 위해 열심히 노력하는가?
3. 내가 무언가에 영향을 받는다면 그 무언가에 대해서 얼마나 자세히 알아보는가?
4. 내게 일어난 좋은 일을 내가 직접 이뤄냈다고 생각하는가?

첫 번째 질문은 당신이 얼마나 쉽게 자기 결정권을 포기하는지 보여준다. 두 번째와 세 번째 질문은 당신이 삶을 얼마나 통제할 수 있다고 믿는지를 보여준다. 네 번째 질문은 당신의 행동이 결과에 얼마나 영향을 미친다고 생각하는지 보여준다.

현재 당신이 삶에서 일어나는 일의 대부분을 통제하지 못한다고 느낄 수 있다. 이 책은 당신이 생각보다 더 많은 것을 통제할 수 있다고 일깨워줄 것이다. 이미 어느 정도 삶을 통제할 수 있다고 느낀다면 좋은 출발이다. 이 책을 읽기 전에는 나의 통제력이 내면에 있는지 외부에 있는지 생각한 적이 없었다면, 내 역할을 어느 정도 완수한 셈이다. 자기도 모르는 사이 삶에 영향을 미쳐온 중요한 요인을 이제라도 알아챘으니 말이다. 이제 그 사실을 알았고, 앞으로 새로운 통찰을 통해 삶을 변화시키기 위한 첫걸음을 뗄 수 있다.

통제 위치를 외부에서 내면으로 옮기기 위해 가장 쉽고 빠른 방법이 있다. 앞으로 어떤 결정을 내리거나 어떤 일이 벌어진 이후에 자신에게 '내가 무엇을 더 할 수 있을까?'라거나 '내가 원하는 결과를 얻기 위해 다른 방법을 시도해볼 수는 없었을까?'라고 묻는 것이다. 그런 다음 다시 최선을 다해 그 일을 하면 된다.

미국에서 가장 영향력 있는 자조自助 모임 중 하나인 '익명의 알코올중독자 모임'에서 자주 되새기는 말이 있다.

"바꿀 수 없는 것을 받아들이는 평온을, 바꿀 수 있는 것을 바꾸는 용기를 그리고 그 차이를 구별하는 지혜를 주소서."*

평온의 기도 The Serenity Prayer[7]라는 이 기도문으로 수많은 사람의 삶이 변화했고, 당신도(알코올이나 약물 문제가 있든 없든) 이 기도문에서 중요한 교훈을 얻을 수 있다. 한 대목씩 분석해보자.

"바꿀 수 없는 것을 받아들이는 평온을 주소서."

자, 솔직해지자. 우리가 바꾸고 싶은 것은 무수히 많다. 출근길에 늦었을 때 신호등이 빨리 바뀌길 바라고, 헤어진 연인의 현재 배우자가 나로 바뀌길 바라며, 좋아하는 TV 프로그램과 막간에 나오는 요란한 광고의 음량이 저절로 조절되기를 바라지만, 이런 건 우리가 바꿀 수 없는 영역이다. 우리 힘만으로는 불가능하다. 그런데도 우리는 바꾸지 못하는 현실에 분노한다. 나도 월요일 아침 7시 58분에 빨간불 앞에서 버럭 소리를 지르며 신호등 때문에 지각이라고 생각한 적이 있다.

평온이란 마음의 평정과 고요, 평화의 상태다. 그리고 스트레스와 걱정, 정서적 혼란에서 벗어난 상태다. 지각이어도 차분할 수 있

• 이 연습은 누구에게나 적용되어야 하기 때문에 원래 구문에 있던 '주여'는 뺐다. 필요에 따라 각자 원하는 대로 이 기도문을 수정해도 된다.

다면 어떨까? 사랑하는 사람이 내가 아닌 '엉뚱한 사람'과 함께 살아도 담담할 수 있다면? 5분마다 TV 볼륨을 조절해야 해도 괜찮다면? 이 책이 그 방법을 가르쳐 줄 것이다. 당신을 감정 없는 좀비로 만들려는 것이 아니다. 그보다는 당신에게 더 많은 선택의 기회를 주고, 당신이 바꿀 수 없는 상황에서 어떻게 생각하고 느끼고 반응할지에 대한 통제력을 더 많이 길러줄 것이다.

"바꿀 수 있는 것을 바꾸는 용기를 주소서."

용기란 꽤 복잡한 개념이지만 용기를 정의하고 인식하는 방식을 바꾸면 스스로 용기가 없다는 생각이 들 때도 용기를 낼 수 있다. 흔히 용기라고 하면 거창한 도전을 떠올리며, 높은 다리에서 번지점프를 하거나 사랑하는 사람에게 청혼하거나 낯선 나라의 일자리 제안을 받아들이는 정도의 상황을 떠올린다. 사실 용기란 단순히 두렵거나 불확실한 상황에서 행동한다는 의미다. 꼭 삶을 뒤흔드는 엄청난 사건이 있어야만 용기를 낼 수 있는 것은 아니다.

인간은 본래 변화를 거부하고 생존에 유리하다는 확신이 들 때만 변화를 시도한다. 그리고 무의식은 항상 저항이 가장 적은 길을 선택한다. 그러니 우리에게는 '용기가 부족한 것'이 아니라 한때 우리를 보호하던 행동 양상을 답습하는 것일 수도 있다. 그리고 지금은 '변화할 때가 됐다'라고 말해야 하는 순간일 수 있다.

어떤 행동이 용기 있는 행동이 되려면 먼저 우리가 용기 있는 행동이라고 불러야 한다. 당신이 이 책을 집어 든 행동은 용기 있는 행동이었다. 이 책에 무슨 내용이 담겨 있는지 모른 채 시간을 내서 읽고 있으니 말이다. 불확실한 상황에서 행동한 셈이다. 변화가 두렵고 자신을 통제하는 것이 두려울 수 있는데도… 당신은 지금 여기에 와 있다. 이미 용기를 낸 셈이다. 이제 그 점을 인정하고, 좀 더 어렵고 복잡한 상황에도 적용해 보자.

"바꿀 수 있는 것과 바꿀 수 없는 것을 구별하는 지혜를 주소서."

이 책은 더 강력한 평온의 기도다. 당신이 몸과 뇌, 마음에서 바꾸고 통제할 수 있는 것과 없는 것을 구별하는 지혜를 줄 것이다. 그리고 이 목적을 위해 정신 건강과 치유의 관점, 나아가 의식적으로 인식하는 것과 의식 밖에(무의식) 있는 것의 관점으로 접근할 것이다. 이 책은 통제할 수 없는 것에 편안함을 느끼고 통제할 수 있는 것을 다루는 데서 적절한 균형을 잡는 법을 제시한다.

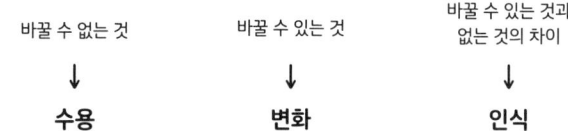

삶에는 우리가 통제할 수 없는 측면과 상황, 사건이 존재하고, 처음부터 이 사실을 인정해야 한다. 이 책을 읽고 나면 당신의 인식과 행동, 결정이 달라질 것이다. 반면에 이 책을 다 읽어도 당장 바꿀 수 없는 것은 무엇일까? 바로 우리가 사는 세상이다. 어떤 이는 여전히 인간 대접도 받지 못하는 세상 말이다. 이 책의 마지막 부분에서는 당신이 여기서 얻은 통찰로 다른 사람들과 공동체에 이바지하는 방법을 제시한다. 그전에 당신의 무의식이 어떻게 드러나는지를 이해하고 치유로 가는 구체적인 단계('의식의 12단계')를 밟아야만 최대한 효과적으로 남들을 도울 수 있다.

무의식이 드러나는 순간

흔히 '무의식이 드러나는' 사람이라고 하면 심리적으로 붕괴 직전인, 당장 도움이 절실한 것처럼 행동하는 사람을 떠올린다. 아니면 좀 더 온건하게는 정신분석˚을 통해 정신적 외상이 어디에 쌓여 있는지 들여다봐야 하는 사람을 떠올린다.

물론 이처럼 심각한 예도 있겠지만, 사실 무의식은 정신적 외상의 결과만을 가리키는 것이 아니라 그보다 훨씬 많은 요소를 담고 있다.

누구나 자신이나 타인에게 건강하고 이롭지 않은 무의식적 생각과 감정, 행동, 인식을 갖는다. 이런 무의식적 요소는 사회적으로 용인되거나 겉으로 잘 드러나지 않을 수도 있다. 또 어떤 무의식적 요소를 '통제 불능'이라고 부르지 않는다고 해서 통제 가능하다는 의미는 아니다. 반대로 어떤 무의식적 요소가 '통제 가능한' 영역에 있다고 해서 **항상** 통제되는 것도 아니다.

우리에게는 자신이 어떻게 작동하고 무엇을 인식하며 얼마나 스스로를 통제할 수 있는지 무의식적으로 결정하는 내면의 지침서가 있다. 때로는 스스로 완전히 통제할 수 있는 것처럼 느껴지기도 하고, 또 어떤 때는 통제 불능으로 느껴지기도 한다. 어떤 때는 의식적 선택으로 현재를 살지만, 다른 많은 경우에는 '어떻게 그 일이 기억났는지 모르겠어'라거나 '어째서 나는 그렇게 느끼지 않았을까?'라

- 어떤 사람의 정신을 들여다보면서 그 사람의 생각과 행동을 이해하는 과정

거나 '왜 나는 매번 얼굴만 다를 뿐 비슷한 사람하고만 사귀는 거지?'라거나 '이유는 모르겠지만, 저기 저 사람에게서 뭔가 이상한 기운이 느껴져'라고 생각한다. **바로 이런 경우**가 무의식이 드러나는 순간이다.

무의식은 이미 드러났다. 따라서 첫 번째로 던져야 할 질문은 '**어떻게** 당신의 무의식이 드러났는가?'이다. 이제 무의식의 세 부분을 간략히 살펴보면서 무의식이 우리와 우리의 삶에 어떻게 드러나서 즉각적 인식을 도와주는지 알아보자.

첫째, 우리 몸은 의식적으로 인식하거나 통제하지 못한 채 반응하고 작동한다. 이것이 신체적 무의식이고, 신체 지각과 생리 과정, 비언어적 단서, 신경계 반응과 같은 요소로 이루어진다. 신체 지각은 우리가 몸의 감각을 느끼고 경험하는 과정이다. 말하자면 온도와 촉감, 움직임 그리고 마사지를 받을 때 마사지사는 감을 잡지 못해도 우리에게는 느껴지는 감각(마사지사는 '압력이 들어가나? 아니, 아픈가?'라고 생각할지 몰라도 어느 쪽이든 효과는 있다)을 경험하는 것이다. 생리 과정은 심장 박동이 달라지는 느낌과 호흡이 안정되는 느낌, 긴장할 때 뱃속이 간질간질한 느낌 같은 것이다. 비언어적 단서는 기분이 겉으로 드러나는 표정이나 슬플 때 축 처지는 어깨, 거짓말할 때 시선을 피하는 행동으로 나타난다. 신경계 반응은 싸우거나 도망치는 투쟁-도피 반응과 뜨거운 난로에 손이 닿으면 반사적으로 손을 떼는 생존 반사로 나타난다.

이런 반응은 물론 의식 차원에서 인식할 수 있다. 하지만 대개는 반응이 일어난 **순간이나 이후에야** 알아챌 수 있다. 다시 말해 낭패감이 든다고 해서 의식적으로 어깨를 축 늘어뜨리기로 선택하는 것이 아니고, 첫 데이트에 나가기 전에 속이 울렁거리기로 선택하는 것도 아니며, 거짓말을 할 때 눈을 피하는 것도 의식적으로 선택하는 행동이 아니다. 저절로 나오는 반응이다.

사실 몸이 우리의 통제력을 넘어선다는 개념은, 만성 통증이나 신체장애, 질병을 앓는 사람과 수술 후 회복 중인 사람, 그밖에도 유사한 상태나 상황에 놓인 사람에게는 그리 낯설지 않다. 신체 건강이나 의학적 관점에서는 새로운 개념이 아니라는 뜻이다. 다만 정신 건강 분야에서는 최근 몇십 년 사이에 이와 관련된 논의가 급증했다. 요점은 우리의 몸이 스스로 사고하는 것처럼 움직이므로 이제는 그 신호에 귀를 기울일 때가 되었다는 것이다.

둘째, 우리의 뇌는 거의 독립적으로 생각하고 지각하며 판단하고 해석한다. 이것이 인지적 무의식이고, 의식 밖에서 작동하는 정신 과정과 정보 처리 과정이 여기에 포함된다. 인지적 무의식에는 고정관념에 잘 빠지는 성향(인지적 구두쇠), 포모 FOMO라고 하는 '소외될까 두려운 마음'(원초적인 진화적 동기)에서 남들이 웃으면 따라 웃는 행동(모방 행동), 배우자가 스트레스를 받을 때 함께 스트레스를 받는 현상(감정 전염)이 있다.

뇌는 게으르다. 꼭 필요한 만큼만 생각하려 한다. 이렇듯 뇌는 인지적 구두쇠라서 가능한 한 적은 에너지와 노력으로 문제를 해결하려 한다. 그런데 여러 가지 대답이 가능한 질문을 받는다면? 간단히 맨 먼저 떠오르는 답을 말한다. 정답을 찾는 가장 빠른 길이니까! **(뇌는 빠른 답이 더 좋은 답이라고 여긴다.)** '저기 금발 여자가 보이지?

저 여자도 다른 금발 여자들하고 똑같을 거야. 그러니까 말 걸지 마.' **뇌는 고통을 경험하기 싫어하고, 일반화를 통해 고통스러운 상황을 피하려 한다.**

다음으로 원초적 동기를 보자면, 뇌는 결정해야 하는 순간에 생존과 질병 회피, 자손 번식과 같은 목표를 최우선에 놓는다. 예를 들어 짝을 찾는 시기에는 자기도 모르게 여느 때보다 선탠이나 다이어트 제품을 긍정적으로 평가한다.[8] 뇌에서 '이런 건 내 목표를 이루는 데 도움이 되니까 나한테도 그리 나쁘지 않을 거야'라고 생각하는 것이다. 결국 우리의 신념과 판단은 **우리 자신과 우리의 무의식**에 가장 중요한 것이 무엇인지에 달려 있다.

다음으로 모방과 감정 전염이 나타나는 경우를 보자. 예를 들면, 배우자가 화를 내면 나도 화가 나고, 아이는 부모가 감정을 조절하는 모습을 보면서 감정을 조절하는 법을 배우며, 트라우마 사건을 직접 대면해야 하는 일선 종사자들은 '대리 외상'[9]을 경험한다. 대리 외상이란 남들의 외상에 지속적으로 노출되는 일을 하면 그 분야의 전문가들조차 집중하기 어렵거나 악몽을 꾸는 식의 외상 증상을 보이는 현상이다.

물론 이런 현상을 인식할 수 있다. 하지만 인지적 무의식은 의식적으로 알아채지 **않고도** 작동할 수 있고, 이런 무의식의 숨겨진 과정을 인지하지 못하는 채 방치하면 문제가 될 수 있다. 예를 들어 가족이나 연인 관계에서 학대적 행동을 무심코 따라 하거나, 깊이 생각하지 않고 성급히 결론으로 넘어가 좋은 친구나 기회를 놓치거나, 압박감이나 두려움으로 자신의 가치관을 거스르는 선택을 할 수도 있다. 바로 무의식이 가장 활발하게 작동하는 순간이다.

뇌가 배우고 판단하고 지각하고 해석하는 과정이 완전히 독립적으로 이루어진다는 사실을 알면 두려워질 수도 있다. 기쁜 소식은 이 책을 다 읽으면 한두 가지 방법으로도 이런 무의식적 과정을 통제할 수 있다는 사실이다. 그리고 뇌의 인지 체계를 직접 통제하고 변화시키는 법, 뇌의 선택을 따를지 말지를 스스로 결정하는 법 모두를 배울 것이다.

셋째, 무의식적 경험이 자신과 타인, 세상을 어떻게 바라보는지에 영향을 미친다. 마지막으로 정신분석적 무의식이다. 모두에게 가장 익숙한 개념일 것이다. 대부분의 자기계발서에서는 이것을 '잠재의식Subconscious'라고 부르면서 프로이트의 무의식 개념을 참조한다. 나는 '잠재의식'이라는 용어를 좋아하지 않는다. 일반 대중은 일반화되고 대중심리학과 뒤섞인 상태의 프로이트 이론을 받아들였고, 결과적으로 **마음**이 어떻게 통제 불능 상태가 될 수 있는지에만 치중하느라 우리의 **몸**과 뇌의 **인지**가 우리에게 어떤 영향을 미치는지는 주목하지도 의식하지도 못했다. 게다가 프로이트 자신도 초기의 몇 년을 제외하고는 '잠재의식'이라는 용어를 거의 사용하지 않았는데도 여전히 많은 사람이 이 용어를 사용한다(이에 관해서는 2장에서 다룬다).

학술 자료 검색 엔진인 구글 스칼라Google Scholar에서 '잠재의식Subconscious'을 검색해 보라. 검색된 논문의 98퍼센트에서 '잠재의식' 대신 '무의식Unconscious'을 사용한다. 그에 비해 일반 구글 검색 엔진에서 '잠재의식'을 검색해 보라. 대다수가 클릭을 유도하기 위해 잠재의식을 세분화해 설명하는 허위 정보 위주의 대중적인 기사다.

정신분석적 무의식에 대한 흔한 오해는 무의식이 심리적 경험에 따라 통제된다는 전제에서 비롯되었다. 우리가 새로운 경험을 하면 무의식도 변하고 결과적으로 기분이 나아진다고 가정하는 것이다. 일면 참일 수도 있지만, 우리의 정신에는 자동으로 작동하는 기본적인 기제가 있다. 이 기제는 의도적으로 바꿀 수도 없고 바뀌지도 않는다. 이 기제에는 사후 가정과 고통-쾌락 원리, 학습된 무기력이 포함된다(나중에 다시 설명하겠지만 사실 학습된 무기력은 용어 자체가 잘못되었다. 애초에 '학습된' 적이 없어서다).

우선 사후 가정이란 어떤 일이 일어났을지도 모른다거나 어떤 일이 일어났을 수 있다고 가정하는 것이다. '그때 내가 그렇게 하지 않았더라면'이라면서 일어나지도 않을 최상의 상황을 끊임없이 떠올리는 것이다. 불안과 후회의 말로 들리고 실제로도 그렇다. 중요한 사실은 이런 생각이 **자동으로** 일어난다는 점이다. 단지 자신에게 실망하거나 자존감이 낮아서가 아니라 인간은 본래 무의식적으로 이렇게 작동하도록 태어났다. 각자가 어떤 경험을 했는지가 중요하지 않다.

다음으로 고통-쾌락 원리는 인간이 본능적으로 쾌락을 추구하고 고통을 피하려 하는 현상을 의미한다. 우리가 바꿀 수 있는 영역이 아니라, 생리적으로나 개념적으로 이해하고 조율해야 할 영역이다.

마지막으로 학습된 무기력은 인생의 경험이 쌓이면서 결국 자기 자신을 포기하게 되는 상태다. 흔히 개인의 도덕적 결함이나 역경을 극복하지 못하는 나약함으로 치부되지만, 사실 이것은 개인의 실패가 아니라 사회 전체의 책임으로 봐야 한다. 우리가 무기력을 항상 의식하지 않더라도 무기력은 항상 무의식적으로 작동할 수 있다. 우리의 뇌는 주어진 상황에서 할 수 있는 일이 없다고 생각하면 우리에게 '이제 그만해'라거나 '애초에 시도하지 마라'라고 신호를 보낸다. 물론 이것이 옳다는 의미는 아니고(뇌는 인지적 구두쇠이므로 최소한의 에너지를 쓰려 한다), 우리의 뇌가 이것이 옳다고 믿는다는 것이 핵심이다.

이 책을 읽으면서 당신이 할 일이 있다. 우선 인생의 경험이 어떻게 당신의 정신분석적 무의식을 형성했는지 살펴보라. 다음으로 당신이 직접 신체적 무의식과 인지적 무의식을 지배하면서 자동적 사고와 감정, 지각, 결정을 주도하고, 나아가 이런 과정을 바꾸기 위해 노력하라.

지금까지 무의식을 신체적, 인지적, 정신분석적으로 알아보았다. 세 가지 무의식은 단순한 '잠재의식'이 아니다. 강력하고 혼란스럽고, 잘못되기도 하고 위험할 수도 있지만 대체로 도움이 되는 우리의 일부다. 인간의 삶에서 이런 무의식이 얼마나 중요한지 진지하게 고민해볼 때다. 앞으로 무의식의 세 부분이 우리에게 어떤 역할을 하는지 자세히 알아보겠지만, 일단 각 개념을 한 줄로 정의하자.

신체적 무의식: 의식적 인식이나 통제 없이 우리 몸에서 일어나는 **반응**과 **감각**.

인지적 무의식: 의식적 인식이나 통제 없이 우리 뇌에서 일어나는 **지각**과 **정보 처리 과정**.

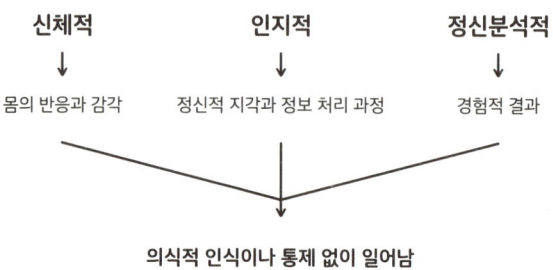

정신분석적 무의식: 의식적 인식이나 통제 없이 우리에게 영향을 미치는 **경험적 결과.**

2부에서 삶을 적극적으로 변화시킬 방법을 본격적으로 알아보기에 앞서, 무의식의 세 부분이 서로 어떻게 유기적으로 연결되어 삶의 방향을 결정하는지 알아보자. 자동차에 비유해 설명해보겠다.

'통제할 수 없는 것'을 통제하기

자동차를 떠올려 보자. 자동차의 본래 기능과 부품, 운전자, 연료의 종류까지 떠올려 보라. 이것이 무의식의 세 부분과 어떻게 연결될까?

(몸과 뇌로 이루어진)신체적 무의식은 자동차와 부품에 해당한다. 팔과 다리는 자동차의 네 바퀴에 해당하고, A 지점에서 B 지점으로 자동차를 이동시킨다. 자동차의 내부는 우리의 몸속에 해당한다.

다음으로 엔진은 우리의 뇌에 해당한다. 엔진이 없다면 제대로 작동할 수 없다.

자동차의 차체를 보지 않는 것처럼 우리가 몸을 어떻게 다루는지 이해하지 못하고 몸이 원활하게 작동하는 느낌이 어떤 건지 배우지 않는다면, 결국 우리는 과부하에 걸려 뒤엉키고 균형을 잃은 채 살아갈 뿐 아니라(초보 운전자가 불안하게 운전하거나 그냥 운전을 못 하는 사람이 운전하듯이) 우리가 삶의 여정에서 편안함을 느끼는 정도에도 영향을 받는다. 이를테면 자동차에 도로의 충격을 완화해주는 옵션이 있는데도 차를 구입한 지 1년이 지나도록 그런 기능이 있는 줄도 몰랐다가 나중에 결국 '왜 설명서를 읽지 않았을까? 그동안 쓸데없이 스트레스를 받으며 운전했잖아'라고 후회하는 것이다.

인지적 무의식은 자동차의 엔진(뇌)이 작동하는 방식과 관련이 있다. 신경다양성Neurodiversity이란 뇌가 운동과 사회성, 학습, 주의력, 기타 정신 기능을 조절하는 방식에서 나타나는 병리적 차이가 아니라 자연스러운 차이를 가리키는 용어다.[10] 자동차 엔진이 각기 다른 방식으로 작동하는 것을 떠올리면 이해하기 쉽다. 어떤 엔진은 자동이고, 어떤 엔진은 수동이며, 어떤 엔진은 상황에 따라 조정할 수 있다. 어떤 뇌는 특정 작업을 수행하는 데 최적화되어 있고, 어떤 뇌는 의식적인 노력과 통제 없이는 특정 작업을 수행하는 것이 불가능할 수도 있다.

뇌의 인지 방식을 자동차의 자율주행 모드에 비유해보자. 누군가에게는 자율주행이 축복이다. 다른 누군가에게는 저주와도 같다. 예를 들어 테슬라의 최신 자율주행 모드는 통제 불능인 나 같은 사람에게 악몽과 같다. 나는 '자율주행'이라고 하면 빨간불을 초록불로 인식하고 초록불을 빨간불로 인식하거나, 고속도로를 빠져나가기 300미터 전까지도 빠른 주행 차선에서 신나게 달리거나, 중요한 회의에 늦었는데도 앞차의 속도를 따라가는 경우를 떠올린다. 테슬라의 자율주행 모드처럼, 무의식은 우리의 목표에는 관심도 없는 채로 프로그래밍된 대로만 작동할 뿐이다.

마지막으로 정신분석적 무의식은 운전자와 자동차에 들어가는 연료의 종류에 해당한다. 어떤 때는 우리가 직접 운전대를 잡고 목적지를 정하고 연료를 넣는다. 하지만 어떤 때는 남들이 우리의 목적지를 정하고(그들이 운전석에 앉는다), 또 어떤 때는 남들이 엉뚱한 연료를 넣어 자동차를 망가뜨리기도 한다.

정신분석적 무의식은 인생의 경험이 어떻게 자동화되고 때로는 인식되지 않는 채로 우리와 우리의 행동에 영향을 미치는지와 연관된다. 다소 억지스러울 수 있으나 누군가가 우리에게 정신적 외상을 유발하는 폭력을 가하는 것은, 디젤차가 아닌데 디젤 연료를 넣는 것으로 비유할 수 있다. 경험은 우리가 원활하고 효율적으로 기능하는 데 도움이 될 수 있지만 반대로 우리를 멈춰 세우고 내면의 기능을 가로막고 우리를 완전히 무너뜨릴 수도 있다.

우리의 운전 습관과 우리가 운전대를 맡기는 상대, 자동차에 넣는 연료는 우리가 살면서 어떤 경험을 선택하고 어떤 방향으로 나아갈지를 결정하는 것과 같다. 우리가 직접 운전대를 잡을 수 있기 전까지 15년 정도는 남이 운전하는 차에 타야 하듯이, 인생에서도 우리가 스스로 선택할 수 있는 시간과 공간, 자율성, 기회를 얻기까지 우선 승객으로 탑승해야 한다. 게다가 성인이 되고도 여전히 완전한 자율성과 기회를 얻지 못하는 사람도 많다. 여기에는 내적 이유와 외적 이유, 의식적 이유와 무의식적 이유가 작동한다. 예를 들어 자신의 결정이나 타인의 결정에 발목이 잡힐 수도 있고, 심지어 이런 상황이 벌어지는 줄도 모를 수도 있다.

[진실의 교훈] 자동차와 마찬가지로, 우리의 몸과 뇌도 우리가 잘 관리하고 내면에서 어떻게 작동하는지 이해할 때 최상의 상태로 기능한다.

 이제 기어를 바꾸어 앞서 잠깐 언급한 개념으로 돌아가, 자동차가 수동 모드, 자율주행 모드, 또는 양쪽 모드로 작동할 수 있는 기능에 대해 알아보자.
 여기서 핵심은 자동차를 자율주행 모드로 설정해도 이 모드로 전환하는 시점과 최종 목적지를 결정하는 주체는 우리 자신이라는 점이다. 자율주행으로 설정하고(부디 주소를 올바르게 입력하길 바라며) 편안히 기대어 쉴 수도 있고, 자율주행 옵션이 없다면 크루즈 컨트롤(자동 속도 유지 기능)로 설정하고 달리다가 원하는 목적지에 정확히 멈추기 위해 다시 직접 운전대를 잡아야 할 수도 있다. 마찬가지로 사람도 저마다 뇌와 몸이 다르게 기능하고, 애초에 각기 다른 기능을 가지고 태어난다.
 우리는 완전히 수동적인 존재도 아니고, 완전히 자동적인 존재도 아니다. 하이브리드 자동차처럼 혼합된 존재다. 우리는 의식과 무의식이 조화롭게 어우러진 유기체로서, 거창한 꿈을 향해 산을 오를 수도 있고, 반대로 절망의 나락으로 굴러떨어져 죽을 뻔할 수도 있다.

운전자가 수동 모드와 자율주행 모드를 전환할 수 있듯이, 우리도 상황에 따라 의식적 행동과 무의식적 행동을 오갈 수 있다. 의식적 통제가 필요한 순간에는 직접 개입해 신중히 선택해야 한다. 반면에 무의식적 과정에 따라 과거의 학습과 자동 반응을 기준으로 행동을 이끌 때도 있다. 수동이냐 자동이냐가 관건이 아니다. 그보다는 수동 모드와 자율주행 모드를 언제, 어떻게, 왜 전환할 수 있는지 그리고 이후에 어떻게 되는지를 우리가 직접 통제할 수 있느냐가 중요하다.

이 책에서는 무의식을 우리가 통제할 수 없는 영역으로 다루지 않는다. 다만 특정 방식으로 작동하므로, 우리가 그 방식을 이해해야만 통제할 수 있다.

중요한 질문은 의식적인가, 무의식적인가가 아니다. 무의식적 부분이 작동할 때는 어떤 방식으로 작동하는가 그리고 우리가 원할 때 의식적으로 개입해 변화시키고 통제할 수 있는가가 중요하다. 균형 잡힌 방식을 추구하면(의식적으로 개입하는 경우와 무의식에 운전대를 내주는 경우를 알면), 인식 수준이 높아지고 개인적으로 성장하며 삶의 도전에 더 순응적으로 대응할 수 있다.

어떤 방에 들어선 순간 심장이 거칠게 뛰고 몸에서 땀이 나며 머릿속에 '여기서 나가. 당장 나가. 이건 잘못된 선택이야'라는 목소리가 들린다면, 잠시 멈추어 의식적으로 어떻게 반응할지 통제할 수 있다. **정말로** 잘못된 선택일까, 아니면 단순히 몸과 뇌, 정신에 낯선 상황이어서 나온 반응일까? 이런 자동적 상황 분석은 정말로 우리가 원하는 것일까, 아니면 무시하고 밀고 나가도 될까? 말하자면 다음 행동을 결정하는 주체는 무의식이 아니라 **우리 자신**이어야 한다.

어떤 사람이 내 '이상형'이라서 처음 보고 강렬히 끌린다면, 잠시 멈추어 자신에게 이렇게 물어야 한다. '이 사람이 정말로 내 이상형일까, 아니면 단순히 내 무의식적 양상이 드러난 결과일까?' 이 사람에게 끌리는 건 내 무의식이 외로움을 쉽게 해결하려는 시도일까, 아니면 의식 차원에서 내가 내 욕구와 이 관계에 투자할 수 있는지 평가한 후 이 사람과의 관계를 이어가는 것이 **정말로** 안전하다고 판단한 결과일까?'

앞서 나는 이 책을 읽으면 통제력을 얻는 데 도움이 될 거라고 했다. 이 말은 무의식을 야생의 맹수를 길들이듯이 통제하라는 의미가 아니다. 그보다는 의식을 활용해 무의식의 말을 따를지 말지를 선택하고, 때로는 애초에 무의식이 작동하는 방식을 바꾸라는 뜻이다.

무의식에 집중해야 하는 이유

우리가 생각보다 의식적이지 않다는 사실을 인정하기가 쉽지는 않다. 하지만 무의식을 찾아보려고 시도하면 무의식이 '드러나는' 모습을 쉽게 발견할 수 있다.

자신의 무의식에 대해 그리고 무의식이 언제, 어떻게 드러나는지에 대해 전혀 관심을 두지 않는다면, 자신의 95퍼센트를 놓치는 셈

무의식적 행동	의식적 행동
~95퍼센트	~5퍼센트
자동	수동
더 빠르게	더 느리게
더 강하게	더 약하게
완고한	유연한
지배적인	복종적인

이다. 이 말이 기분 좋게 들리지 않을 것이다. 무의식에 관심을 두는 것은 내가 진정으로 원하는 사람이 되는 유일한 길이다. 살면서 어떻게 느끼고 생각하고 행동하는지를 의식 차원에서 변화시키는 과정이기도 하다. 앞서 학습된 무기력과 정신분석적 무의식에 대해 논의했듯이, 무의식을 무시하면 위험할 수 있다. 무의식은 우리에게 포기하라고, 때로는 삶을 완전히 포기하라고 속삭인다. 이렇게 위험한 무의식이 어떻게 작동하는지 제대로 알지 못한다면, 무의식이 일으키는 절망감에 빠질 수밖에 없다.

우리가 삶을 의식적으로 통제하기로 하는 순간, 무의식과 정면으로 대치한다. 무의식은 우리에게 지기 싫어하고 어떻게든 변화를 거부한다. 무의식은 우리가 태어나기 전부터 이미 우리의 내면에 장착된 것이므로 그만큼 강력하고 뿌리가 깊고 변화를 두려워한다. 반면에 의식은 스스로 노력해야 발전하고 유지할 수 있다. 의식은 본래 상대적으로 나약해 확신이 서지 않거나 현재에 집중하지 못하거나 상황을 즉각 통제할 수 없을 때 쉽게 무의식에 통제권을 넘긴다.

당신이 나와 내가 아는 모든 사람과 비슷하다면, 거의 자율주행 모드로 살면서 다르게 생각하고 느끼고 행동하려 애써봐도 매번 같은 방식으로 같은 생각을 하고 같은 감정을 느끼며 같은 행동을 해왔을 것이다. 자신이나 타인에 대해 똑같이 부정적인 생각을 되풀이할 수도 있다. 혹은 자신이나 관계, 생산성이나 앞날에 좋지 않을 줄 알면서도 매번 나쁜 행동을 되풀이할 수도 있다.

오늘날 우리는 자신의 몸이 어떻게 기능하는지 알아보기보다는 이웃이나 유명인의 삶을 좇는 데 더 많은 시간을 쓴다. 마트에서 늘 사던 케첩이 떨어지면 어떤 브랜드를 사야 하는지, 남들이 우리를 어떻게 생각하는지를 고민하는 데 더 많은 시간을 쓴다. 정작 우리의 머릿속에서 어떤 생각이 어떻게, 왜 형성되는지에는 관심이 없다. 그리고 자신을 탓하지만 사실 우리는 그저 인간으로서 살아갈 뿐이다. 주변 사람들과 감수성이 다르다는 이유로, (당장 해야 할 일이 있는데) 기분이 좋아지는 일을 먼저 선택했다는 이유로 그리고 '나는 이것도, 나 자신도, 그 무엇도 통제할 수 없다'는 생각에 쉽게 휘말린다는 이유로, 자신을 탓하는 것이다. 그러니 이제 인간으로 설계된 그대로 살아가는 방식에서 벗어날 때다. 인간으로 살아가는 것이 잘못이 아니라, 애초에 누구도 우리에게 인간으로 살아가는 법을 제대로 가르쳐 주지 않아서다.

치료사가 되기 전의 내가 거칠고 공격적이며 다루기 힘든 사람이었듯, 누구나 의식적으로 통제하기 전에는 무의식 상태로 살아간다. 그리고 나 또한 가끔 여전히 거칠게 굴 때가 있듯이, 누구나 때로는 무의식 상태로 되돌아갈 수 있다. 이 책의 목표는 완벽해지는 법과 항상 모든 것을 의식 차원에서 인식하는 법을 가르치는 것이 아니다(이런 건 애초에 불가능하다). 이 책은 당신이 완전히 바꿀 수 없는 것을 바꾸는 법이나 절대로 통제할 수 없는 것을 통제하는 법을 알려주지 않는다.

대신 이 책은 당신의 무의식을 의식적으로 변화시키고, 통제 불능으로 보이는 스스로를 통제하는 법을 가르쳐 줄 것이다. 이것만으로도 **당신의 삶을 충분히 바꿀 수 있다.**

당신은 무엇에 관심을 기울일지 의식적으로 통제할 수 있다.

이제 **당신 자신에게** 관심을 기울일 것인가?

1장 요약

- 통제력을 느낄수록 더 강한 힘이 느껴진다.
- 우리가 모르는 사이에 우리를 조종하는 것은 단순한 '잠재의식'을 넘어선다.
- 신체적 무의식은 몸이 자동으로 수행하는 모든 것과 관련이 있다.
- 인지적 무의식은 뇌가 게으르고 편향되며 쉽게 조작될 수 있는 기제와 관련이 있다.
- 정신분석적 무의식은 삶의 경험에서 발달한다.
- 인간의 행동은 의식적일 수도 있고(수동 모드처럼), 무의식적일 수도 있다(자율주행 모드처럼). 진정한 힘은 언제 기어를 바꿀지 조정하는 데서 나온다.

2장
전부 잘못 생각하고 있다
무의식에 대한 오해

당신은 칠흑 같이 어두운 창고에 있다.

창고에는 당신이 살면서 자신을 이해하는 데 필요한 모든 것이 갖춰져 있다. 예를 들어 몸의 수분 수준이나 혈압과 같은 신체적 욕구를 측정하는 도구, 안전한지 아닌지 운이 좋은지 나쁜지 중요한지 아닌지를 비교하는 범주, 당신이 가장 좋아하거나 싫어하는 사람과 장소, 지난 경험을 담은 사진과 영상까지 들어 있다.

창고 안은 아무것도 보이지 않는다. 다만 당신 손에 작지만 강력한 손전등이 들려 있어서 어둠 속을 비춰볼 수 있다. 손전등을 비추는 자리만 보인다. 이 창고가 바로 무의식의 세 부분이다. 그리고 손전등은 당신의 의식이다.

아니타 무르자니Anita Moorjani는 『그리고 모든 것이 변했다』[1]에서

2012년에 경험한 임사 체험*을 두고 마음속 창고가 환하게 밝아지고 삶이 완전히 바뀌는 순간이라고 표현한다.

어느 날 갑자기 거대한 투광 조명등이 켜지고 창고 전체가 환하게 밝아졌다고 상상해보자. 거대한 창고와 그 안에 끝도 없이 늘어선 선반이 보인다. 모든 선반에는 당신이 상상할 수 있는 모든 것과 당신이 상상한 적도 없는 모든 것이 놓여 있다.

어떤 것은 아름답고, 어떤 것은 그리 아름답지 않다. 어떤 것은 크고, 어떤 것은 작다. 한 번도 본 적 없는 색도 있고, 애초에 있는지도 모르던 색도 있다. 이미 손전등을 비춘 것도 있지만, 대부분은 처음 보는 것이다. 손전등 불빛이 닿지 않은 자리에는 뭐가 있는지 몰랐으니, 한 번도 본 적이 없는 것이다.

조명이 꺼진다. 다시 손전등 불빛이 닿는 자리만 보이지만, 이제 당신은 눈에 보이는 것 외에도 그 주변에 더 많은 것이 존재한다는 사실을 안다.[2]

아니타 무르자니는 죽음에 가까워진 순간 자기 안에 숨겨진 모든 것이 서서히 드러났다고 증언했다. 거대하고 어두운 공간에 불이 켜지면서 그 안에 든 모든 것이 훤히 드러나는 것 같았다고 한다. 무의식 전체를 의식 차원에서 온전히 인식한 것이다. 거대한 창고의 불이 켜진 것처럼 방대한 지식과 통찰이 한꺼번에 보였다는 것이다. 비단 임사 체험에만 해당하는 비유가 아니다.

---

* 죽음에 가까워지거나 극단적인 신체적, 정서적 위기에 처한 순간에 경험할 수 있는 강렬한 심리 체험

지금 이 순간 당신에게도 손전등이 있다. 바로 당신의 의식이다.

당신의 손전등은 현재 외부를 비추고 있다. 이 책의 본문이나 눈에 보이는 장면이나 사물, 주위 사람들의 얼굴을 비추고 있다. 글자로 읽고 소리로 들은 정보가 무의식에 전달되면, 무의식은 이 정보를 처리하고 해석해 당신이 이해할 수 있는 방식으로 돌려준다. 당신은 지금 '읽고' 있고, 그런 줄 **안다.**

꼭 생사가 걸린 위태로운 상황을 경험해야만 의식 체험이 완전히 달라지는 것은 아니다. 또 LSD나 아야화스카(Ayahuasca, 남아메리카 원주민의 강력한 환각제—옮긴이)를 통한 '투광등' 경험을 해야만 무의식을 깊이 탐구할 수 있는 것도 아니다. 물론 이런 방법으로도 가능하고 더 빠를 수도 있지만, 권할 수는 없다.[3] 그래도 필요한 통찰을 얻으려면, 곧 당신의 창고 안에 무엇이 들어 있는지를 알려면, 최소한의 의식적 선택을 내려야 한다.

한마디로 극단적 체험을 해야만 무의식을 탐구할 수 있는 것은 아니다. 의식은 제한적이기는 해도 언제나 무의식에 접근할 수 있는 통로가 되어준다.

영적 체험이나 약물에 의한 경험을 통해 의식 수준을 높일 수 있다고 말하면, 다들 히피가 되어야 한다고 오해한다. 흔히 머리를 발까지 길게 기르고 크리스털에 집착하며 이마 한가운데 평화 문신을 새겨야만 '의식적인' 사람이 될 수 있다고 여기는 것이다.[4]

우리가 의식적으로 성장하기 위한 노력을 적극적으로 방해하는 두 가지 주요한 신념 오류가 있다.

첫 번째 신념 오류는 의식을 영적 개념으로 보는 태도에서 비롯된다. 미국 사회는 전반적으로 영적 개념으로 의식을 설명하려고 시도해왔다. 흔히 의식은 깨달음을 얻기 위한 신비한 영적 도구로 여겨진다. 물론 그렇게 활용할 수도 있다. 하지만 그것이 다가 아니다. 꼭 그래야 하는 것도 아니다. 의식은 하나의 도구이기는 하지만, 신비한 망원경이라기보다는 내면의 손전등에 가깝다. 손전등으로 별을 볼 필요는 없다. 대신 우리 안에 이미 들어 있는 우주를 탐험할 수 있다.

그리고 두 번째 주요 신념 오류에 대해서는 1장에서 잠깐 언급했다. 여기서 다시 본격적으로 설명하겠다.

두 번째 신념 오류는 무의식이 나쁘기만 하다는 인식 때문에 발생한다. 인간의 행동을 설명하는 현대적 이론은 프로이트의 초기 이론과는 다르다. 프로이트는 원래 신경학자였지만 현재 수준의 연구 도구를 사용할 수 없었다. 게다가 『사이언티픽 아메리칸 Scientific American』에서 지적하듯,[5] 초기 심리학은 주로 '비정상' 범주에 속하는 사람들을 연구 대상으로 삼았지만, 현재는 평균적인 사람들도 연구하면서 정신 장애가 없을 때 인간이 어떻게 기능하는지 분석하는 방향으로 발전해왔다.

현재 21세기 심리학에서 의식과 무의식에 관한 연구는 대체로 우리의 내면세계는 **완전히 연결된** 하나의 시스템이고 의식과 무의식이 서로 연동된다는 관점을 취한다. 이는 프로이트의 이론과 동떨어진 관점이다. 프로이트는 무의식이 의식과는 전혀 다른 규칙을 따르는 별개의 영역이라고 보았다.[6] 전혀 그렇지 않다. 의식과 무의식은 서로 긴밀히 얽혀 있고, 대개는 함께 작동하면서 삶을 조율한다.

무의식은 단순히 마음속에 저장된, 망각하거나 파손된 유년기의 기억만이 아니다. 물론 이런 기억도 무의식이기는 하지만, 실제로 무의식은 이보다 훨씬 더 넓은 범위를 아우른다. 앞서 말했듯이 무의식은 제거해야 하는 대상이 아니다. 무의식은 '나쁜' 것이 아니다. 오히려 인간이 가질 수 있는 가장 유용한 도구 중 하나다. 잘 생각해보자.

당신이 횡단보도를 건너려고 한다. 맞은편에서도 누군가가 길을 건너려 하는데 차 한 대가 그 사람을 향해 돌진한다. 당신은 생각할 겨를도 없이 소리를 지른다. 당신의 비명에 그 사람이 달려오는 차를 발견하고 재빨리 몸을 피한다. 그 순간 당신은 (그리고 그 사람도) 무의식 덕분에 목숨을 구했다며 무의식에 고마워한다. 그런데 잠시 후 당신은 친한 친구의 결혼식장에서 얼핏 쥐를 본 것 같아 또다시 (역시나 생각할 겨를 없이) 소리를 지른다. 그러자 출장 뷔페 업체에서 나온 직원이 화들짝 놀라며 결혼식에 쓸 케이크를 예식이 시작하기 30분 전에 떨어뜨린다. 양쪽 모두 의식에서 나온 행동이 아니다. 무의식 반응이다. 하지만 이번에 당신은 (그리고 결혼식의 주인공인 당신의 절친도) 당신을 책망한다.

두 상황의 차이점은 무엇일까? 당신은 두 상황 중 한쪽에서만 죄책감을 느끼면서 상황을 바로잡고 싶어 한다. 뇌의 의식 차원에서 위험을 감지해 누군가를 다치게 한 상황이다(그 사람을 구해준 것이 아니다). 그리고 당신은 그 상황을 바로잡을 수 있다. 무의식을 다루려면 우선 무의식을 바꿀 수 있다는 사실을 알아야 한다. 무의식은 고정된 실체가 아니다. 그리고 무의식은 당신에게 유리하게 작동할 수도 있다.

의식은 첫째, 당신이 할 수 있는 만큼 둘째, 당신이 노력하는 만큼 무의식을 통제할 수 있게 해준다. 무의식은 그 자체로 나쁜 것이 아니다. 당신을 보호하기 위해 뭐든 하도록 설계되었을 뿐이다. 그런데 우리는 무의식이 문제를 일으키기 전까지는 무의식이 **어떻게** 작동할지 스스로 결정하지도 않고, **왜** 그런 방식으로 작동하는지 배우려 하지도 않는다. 이 책을 집어 들어 한 인간으로 살아가면서 마주하는 문제를 해결하는 법을 배우려 하기 전에는. 또 지각해서 직장을 잃기 전에는. 결혼식장에서 느닷없이 소리를 질러 절친의 특별한 날을 망쳤다는 죄책감이 들기 전에는.

[**진실의 교훈**] 무의식은 도덕적으로 중립이고, 의식은 모호한 개념이 아니다. 의식은 의도를 정하는 운전자다.

의식 그 자체는 정의하기 쉽지 않다. 의식은 인간을 당혹스럽게 만들고 온갖 문제에 직면하게 만든다. 그중에는 쉬운 문제도 있고 어려운 문제도 있다. 의식과 관련해 해결하기 '쉬운' 문제는 의식이 어떻게 작동하는지에 관한 것이다. 가령 우리가 기분을 어떻게 보고하고, 특정한 대상에 어떻게 집중하며(혹은 집중하지 않으며), 행동을 어떻게 의도적으로 조절하는지에 관한 문제다.[7] 그러면 의식에 관한 '어려운' 문제는[8] 무엇일까? 의식이 철저히 **사적인** 경험이라는 점이다. 우리가 경험한 것을 다른 누구와도 공유할 수 없다. 신맛과 단맛이 **정확히** 어떻게 다른지, 좋아하는 음악이 콘서트장에서 연주될 때 느껴지는 진동이 **정확히** 어떤 느낌인지, 어떤 활동에 완전히 빠져 시간 감각마저 달라지는 완전히 몰입한 상태에서[9] **개인적으로 느끼는** 감각이 어떤지(책을 단숨에 끝까지 읽을 때의 몰입 상태나 스포츠 경기에 완전히 몰입한 순간이 어떤지) 경험할 수는 있지만 그 감각을 남에게 완벽히 공유할 방법은 없다.

누구나 의식을 경험하지만, 그 경험을 다른 사람에게 완벽히 설명할 수는 없다. 매우 어렵다. 왜일까? '우리'를 제외하고는 누구도 우리가 될 수 없기 때문이다.

세계적인 베스트셀러 『잘못은 우리 별에 있어』의 저자 존 그린 John Green은 이렇게 말했다.

"의식은 참 이상하다. 너에게는 너만의 내면세계가 있다. 그 세계는 내 내면세계만큼이나 광대하고 신비롭지만, 너도 내 세계를 온전히 알 수 없듯이, 나도 네 세계를 온전히 알 수 없다. 가끔 뜬금없이 고등학교 시절에 늘 반바지만 입고 다니던 남자애, 아무리 추워도 긴바지는 절대 입지 않던 그 애가 떠오른다. 산다는 건 정말로, 정말로 기묘한 일이다."[10]

우리는 의식적으로 경험한 내용을 말로 기술할 수는 있지만, 실제로 우리의 경험이나 우리의 의식을 남들과 완벽하게 나눌 수는 없다.

무의식에 대한 이해는 '잠재의식'이나 '억압된'이라는 표현으로 인해 오해가 생겼고, 결과적으로 인간이 작동하는 방식과 그 이유에 대한 잘못된 인식이 자리를 잡았다. 한편 의식이라는 개념은 그보다 더 이해하기 어려울 수 있다. 내 생각에 대다수 사람은 자신에게 자동적(무의식적) 영역이 존재한다는 건 인정하면서도 그 영역을 변화시킬 방법(의식을 활용하는 방법)이 있다는 사실은 실감하지 못한다. 특히 영적 개념을 거치지 않고도 의식을 활용할 수 있다고 하면 더더욱 받아들이지 못한다.

내 모교인 서던캘리포니아대학교USC의 신경과학부 학과장인 신경과학자 안토니오 다마지오Antonio Damasio의 연구를[11] 토대로 의식을 정의하자.

의식이란 어떤 일이 일어날 때 그것을 느끼고 아는 것이다. 우리의 몸과 뇌가 세상에 반응하는 방식을 **스스로** 인식하고 그 경험에 대한 우리의 반응을 **아는** 것이다.

이 책을 읽기 위해 의식을 완벽히 이해할 필요는 없다(사실 의식 연구에 평생을 바친 학자도 완전히 이해하지 못한다). 다만 의식은 우리 안에 존재하고 실제로 작동하며 우리가 (무의식과 함께) 삶을 변화시키고 통제하는 데 사용할 수 있는 도구라는 정도만 이해하면 된다.

의식과 무의식이 둘 다 있으면, 우리를 더 강인하게 만들어준다. 좋아하는 일을 하든 그저 일상을 살아가는 일이든, 다 잘하게 해준다. 뇌졸중이나 다른 의학적 장애로 걷기나 말하기, 글쓰기처럼 무의식중에 수행하는 기본적인 기능을 잃어버린 사람들에게 물어보라. 이들은 **의식적 선택**을 통해 기능을 회복한다. 몸과 뇌, 마음에 새로운 사고방식, 감정 방식, 행동 방식, 자기 인식 방식을 가르치는 과정을 스스로 선택하면서 점차 회복하는 것이다. 이들은 통제 위치를 내면으로 옮겨 자신의 삶을 더 나은 방향으로 변화시킨다.

다시 말해 이들은 무의식을 의식적으로 통제하고 변화시키는 길을 선택하려는 것이다.

결국에는 이들이 충분히 노력한다면 신체의 일부가 다시 **무의식적으로** 걷고 말하고 글을 쓸 수 있게 된다. 그러면 다른 부분은 **의식적으로** 춤추고 노래하고 그림을 그리는 법을 배울 수 있다. 의식과 무의식이 함께 작동하면서 생기는 시너지 효과는 마법과도 같다. 예를 들어 무의식적 감각 과부하 상태에 빠지는 순간을 알아채거나 (그런 다음 과부하에 걸리기 전에 의식적으로 조절하거나), 타인에 대한 자동적인 판단을 의식적으로 신뢰할 만한 판단으로 조정할 수도 있다. '이 사람은 무조건 나쁜 사람이니, 이유를 불문하고 부정적으로 판단하자'가 아니라 '이 사람은 내가 모르는 사람이니 신중히 반응하자'라고 생각하는 것이다.

요약하자면 의식을 통해 무의식을 조절한다는 것은, 어떤 행동을 생각하지 않고도 자연스럽게 할 수 있도록 스스로에게 가르치는 것이다.

우리의 모든 부분을 이해하기 위하여

'장님과 코끼리' 이야기를 들어보자.[12]

옛날 옛적, 인도의 한 마을에 노인 여섯 명이 살았다. 날 때부터 앞을 보지 못하는 노인들이었다. 마을 사람들은 이들을 아끼고 지켜주었고, 지나가는 나그네는 이들이 세상을 보지 못한다는 것을 알고 온갖 세상사를 들려주었다. 수많은 이야기 가운데 이들의 호기심을 가장 자극한 것은 코끼리 이야기였다. 사람들은 이들에게 코끼리가 숲을 망치고 무거운 짐을 나르며 나팔 소리처럼 큰 울음소리로 모두를 겁준다고 말해주었다. 그런데 이들이 정말로 궁금해한 이유는 따로 있었다. 라자(왕)의 딸이 '무섭다'고 알려진 바로 이 코끼리를 타고 다닌다는 말을 들어서였다. 노인들은 의아했다. 그토록 무서운 짐승이라면 어떻게 라자가 딸을 그 근처에 가게 내버려둘까?

노인들은 밤낮없이 이런 의문으로 다투었다. **각자의 진실**만 믿고 자기만 옳다고 고집했다. 서로 자기 쪽으로 줄을 당기는 인식의 줄다리기를 벌인 셈이었다.

첫 번째 장님이 말했다. "코끼리는 틀림없이 힘센 짐승이야." 그는 이제껏 들은 이야기를 토대로 코끼리가 거대한 짐승일 것이라 확신했다.

두 번째 장님은 반대로 코끼리가 우아하고 온순한 짐승일 거라고 여겼다. 그러면서 "공주가 타고 다니는 짐승이니 분명 그럴 것"이라고 주장했다.

세 번째 장님은 코끼리가 무시무시한 짐승일 거라고 우겼다. "자넨 틀렸어! 내가 듣기로 코끼리는 뿔로 사람의 심장을 뚫을 수 있다더군"이라고 말했다.

네 번째 장님은 회의적이고 의심이 많은 사람이었다. 그는 과장된 이야기들을 일축하며, 전부 말도 안 되는 소리라면서 코끼리는 그냥 덩치 큰 소라고 우겼다.

다섯 번째 장님은 코끼리가 영물이라고 믿었다. 그래서 코끼리가 '해를 입힐 수도 있는' 짐승으로 알려져 있는데도 공주가 안전하게 탈 수 있었던 거라고 주장했다.

여섯 번째 장님은? 그는 코끼리 같은 건 애초에 존재하지 않는다고 잘라 말했다. 다 그들을 속이려고 꾸며낸 이야기일 뿐이라고 믿었다.

각자 자신이 들은 이야기와 나름의 논리적(어쩌면 감정적) 추론을 바탕으로 '진실'을 정의했다. 하지만 마을 사람들은 노인들의 끝나지 않는 논쟁에 진절머리를 내며 이 소란을 끝내기로 했다. 그래서 여섯 장님을 라자의 웅장한 궁전으로 데려가 코끼리에 관한 진실을 직접 확인하게 해주기로 했다. 궁전에 도착하자, 한 친구가 여섯 장님을 안뜰로 안내했다. 그곳에 실제 코끼리가 서 있었다. 장님들은 차례로 코끼리를 만져보며 관찰한 대로 이야기했다.

첫 번째 장님은 코끼리의 옆구리를 만지며 "코끼리는 매끄럽고 단단한 벽과 같아. 역시나 힘센 짐승이 틀림없어"라고 말했다. 두 번째 장님은 코끼리의 코를 잡으며 "아니야! 코끼리는 커다란 뱀처럼 날렵하고 유연해"라고 말했다. 세 번째 장님은 코끼리의 엄니를 만지며 "내 말이 맞았어! 역시 날카롭고 치명적인 짐승이야!"라고 소리쳤다. 네 번째 장님은 코끼리의 다리를 만지며 확신에 차서 "다들 바보구나. 내가 말했잖아. 그냥 덩치 큰 소니까"라고 말했다. 다섯 번째 장님은 코끼리의 귀를 붙잡으며 "코끼리는 산을 타고 넘을 수도 있는 마법의 양탄자야!"라고 말했다. 여섯 번째 장님은 코끼리의 꼬리를 붙잡고는 "이건 쓸모없는 밧줄 한 토막일 뿐이야"라고 말했다.

장님들은 코끼리 때문에 점점 더 서로에게 부아가 났고, 결국 그들을 데려온 친구가 나무 아래로 가서 진정 좀 하라고 말했다. 장님들은 나무 아래로 가서도 말다툼을 멈추지 않았다. "벽이야!" "뱀이야!" "창이지!" "아니, 소니까!" "양탄자라고!" "밧줄이잖아!"

결국에는 라자가 나타나 소란을 멈추었다. 라자는 "그만들 하시오!"라고 외치며, 이 궁전의 주인이 자신이라는 걸 분명히 알렸다. 그리고 물었다. "그대들은 어째서 자기만 절대적인 진실을 안다고 확신하는가?" 장님들은 뭐라 대꾸할 말을 찾지 못했고, 라자가 다시 말을 이었다.

"그대들은 코끼리의 일부만 만져보았소. 각자가 쥔 조각들을 모아야만 비로소 진실에 닿을 것이오."

그러고는 그들에게 단호히 말했다. "이제 돌아들 가시오." 장님들은 마을로 돌아가는 길에 서로 진지하게 대화를 나누었다. 라자의 조언에 따라 각자의 다양한 경험을 나누며 흩어진 진실의 조각을 맞춰보았다. 그리고 자신들의 좁은 관점에 허점이 있었다는 것을 깨닫고 서로의 경험과 통찰을 연결해야만 '코끼리'의 진정한 본질

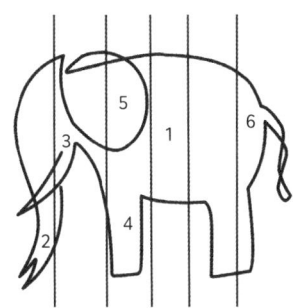

을 이해할 수 있다고 판단했다.

　이들 여섯 장님은 모두 틀리기도 하고, 동시에 모두 옳기도 했다. 눈으로 직접 보지 못한 상태에서 코끼리처럼 특이한 존재를 제대로 이해하기란 쉽지 않다. 우리의 무의식과 의식에도 그대로 적용되는 얘기다. 각자의 무의식과 의식은 고유한 것이고, 무의식과 의식을 직접 볼 수 없다(그 결과만 볼 뿐이다). 그리고 인간은 수 세기에 걸쳐 무의식과 의식의 정의를 두고 논쟁했다(데카르트[13], 로크[14], 니체[15]에게 경의를 표한다).

　하버드 헬스 블로그에 마이클 크레이그 밀러Michael Craig Miller 박사가 올린 글에 따르면, 사람들은 지난 100년 넘게 '잠재의식'이라는 용어로 무의식적으로 작동하는(표면 아래에서 작동하는) 생각과 감정, 행동, 관점을 설명했다.[16] 지극히 제한적인 접근이다. 장님들이 코끼리의 일부만 만져보고 그것이 전부라고 믿듯이, 우리도 무의식의 일부만 알고 그것이 전부인 양 단정한다. 그리고 의식에 관해서도 비슷한 논쟁이 벌어진다. 예를 들어 2023년에 존 그린이 학창시절에 반바지만 입고 다니던 남자애에 대해 올린 스레드의 댓글에서도 어김없이 '영성'이 언급되었다. "제가 보기에 당신이 말하는 건 '영성'입니다."[17] 물론 영성에는 의식이 포함되지만(어떤 면에서는 필수다), 의식에 반드시 영성이 포함되는 것은 아니다.

우리의 마음에서 두 가지 신념의 오류를 제거하고 우리 안의 **모든** 부분의 기능을 정확히 이해한다면, 우리는 내면의 복잡한 세계를 더 깊이 이해할 수 있을 것이다. 그러면서 자신의 통제 위치를 조금씩 자신의 내면으로 옮기고, 나아가 자신의 삶을 스스로 조율할 수 있을 것이다.

신체적, 인지적, 정신분석적 세 부분으로 이루어진 무의식을 '새로운' 개념이라고 부르는 데는 두 가지 이유가 있다.

첫째, 무의식과 관련된 '3분법'의 심리 이론은 적어도 두 가지가 더 있다. 첫 번째는 프로이트의 무의식 이론과 성격 이론이다. 프로이트의 무의식 이론에는 의식Conscious, 전의식Preconscious, 무의식Unconscious이 있다.[18] 두 번째 성격 이론에는 원초아Id와 초자아Superego, 자아Ego가 있다.[19] 이들 용어는 5장에서 다시 다룬다.

둘째, 여기서 제시하는 '새로운 무의식의 세 부분' 개념이 생소하거나 이해하기 어려울 수 있지만, 이 세 가지가 원래 없던 개념은 아니다. 실제로 각 부분은 과학적으로 증명되었고, 각 부분을 연구하는 학문 분야가 따로 존재한다. 그보다는 지금까지 이런 식의 개념화를 접한 적이 없어서일 것이다. 말하자면 새로운 정보가 아니라, 새로운 관점이다.

아마 '마음과 몸의 연결성'(마음과 몸이 서로 분리될 수 없다는 개념)과 몸과 뇌는 생존을 위해 항상 무슨 일이든 하려 한다는 개념은 들어 봤을 것이다. 대다수 사람이 잘 모르는 것은, 무의식의 세 부분이 우리 삶을 어떻게 통제하고 우리가 인식하지 못하는 사이 어떻게 대신 결정하는지 관한 것이다. 그리고 임상가와 실무자들이 수 세기에 걸쳐 무의식의 세 부분을 따로따로 다루었다는 사실이다.

비록 '신체적 무의식'이라는 용어가 널리 일관되게 정의되지는 않지만, 이미 많은 사람이 이 영역을 활성화하고 변화시키고 조절하는 방법을 연구해왔다. 실제로 많은 심리치료사가 신체 중심 치료Somatic Experiencing, SE와 감각운동 심리치료Sensorimotor Psychotherapy를 비롯한 '신체 치료Somatic Therapy'•를 적용한다

신체 중심 치료는 내담자가 특정한, 대개는 외상 경험과 연결된 신체 감각을 의식적으로 관찰하게 하는 심리치료 기법이다.[20] 내담자가 치료 받는 동안에 괴로운 기억을 떠올리면서 그 기억과 연관된 신체 감각을 느끼고 불편감을 견뎠다고 말한다면, 신체 중심 치료일 가능성이 크다. 감각운동 심리치료도 신체를 중심으로 접근하는 전통적인 대화 치료로, 신체 중심 치료와 비슷하게 진행된다.[21]

정신 건강 분야 안팎에서 수행되는 신체 중심 치료의 한 예로 바이오피드백Biofeedback이 있다.[22] 몸에 특수 센서를 부착해 심박수와 근긴장도, 땀 분비와 같은 신체 기능을 조절하도록 훈련하는 치료법으로, 고혈압과 만성 통증 같은 질환을 관리하는 데 도움이 된다.

- 'Soma'는 그리스어로 '신체Body'를 의미한다. 신체 치료는 마음과 신체 경험 사이의 연결에 초점을 맞추는 치료법이다.

그 밖에도 요가와 침술, 마사지 같은 방법도 신체의 무의식적인 치유 작용을 돕는다.

신체적 무의식은 심각하게 잘못된 상황에서만 반응하는 것이 아니다. 우리 몸은 외상 기억만이 아니라 살면서 겪는 **모든** 경험을 기록한다. 이 점을 반드시 기억해야 한다.

'인지적 무의식'[23]은 심리학과 신경과학 분야에서 널리 사용되는 용어다. 이처럼 뇌가 주로 자동으로 작동한다는 개념을 활용하는 치료법이 다수 존재한다. 그중 하나인 수용전념치료Acceptance and Commitment Therapy, ACT는 강렬하고 침습적인 사고에 시달리는 강박장애를 비롯해 여러 장애에 효과적이라고 입증된 인지행동치료Cognitive Behavioral Therapy, CBT의 한 형태다.[24] 침습적 사고란 아무 이유 없이 불쑥 떠오르는 이상하거나 불쾌한 생각이나 이미지다.[25] 수용전념치료는 자동으로 떠오르는 생각을 수용하고, 그 생각과의 관계를 변화시키며, 그 생각에 대한 반응과 행동을 조율하는 법을 익히게 해준다.

인지적 심리치료뿐 아니라, 작업치료사도 집중력과 기억력, 계획을 세우는 능력, 문제를 해결하는 능력을 개발하기 위한 다양한 기법이 활용한다. 사고력과 의사 결정 능력은 정신 건강 문제에서만이 아니라 전반적인 일상에서도 중요하다. 뇌는 우리의 생각과 행동을 만들어내기 때문이다. 4장에서는 이런 보이지 않는 정신적 과정이 우리의 사고에 어떤 영향을 미치는지 알아본다. 유익하고도 흥미로운 시간이 될 것이다.

마지막으로 '정신분석적 무의식'은 종종 '무의식적인 마음'과 동의

어로 쓰인다. '정신분석적Psychoanalytic'이라는 단어는 정신분석Psycho-analysis이라는 심리치료 기법과 관련이 있고, 역시나 프로이트에게서 시작되었다. 정신분석은 내담자가 겪는 정신 건강 문제를 치료하기 위해 내담자의 무의식에 접근하는 심리치료 기법이다.[26] 그 밖에도 정신분석적 접근을 기반으로 하는 치료법으로는, 정신역동적 치료 Psychodynamic Psychotherapy와 자기심리학Self-psychology이 있다. 우선 정신역동적 치료는 내담자가 과거의 경험이 현재의 행동에 미치는 영향을 이해해 자신의 내면을 더 깊이 들여다볼 수 있도록 도와주는 치료법이고,[27] 자기심리학은 개인이 과거의 경험을 바탕으로 자아감각을 형성하고 자존감도 이런 경험에서 나온다고 전제하는 치료법이다.[28]

정신분석적 무의식에 대한 논의를 할 때 우리가 어떻게 비정상적 정신 상태로 살아가는지에 초점을 맞춘다. 적어도 친구들 사이의 대화나 요즘 '치료 언어'로 가득한 뉴스 기사만 봐도 그렇다. 우리가 '나르시시스트'처럼 행동한다거나 '미친' 사람처럼 군다거나 부모와의 불화 속에서 자라 연애에 계속 실패한다는 식이다. 이런 해설이 사실일 수도 있고, 필요하다면 꼭 다뤄야 할 문제일 수도 있다. 그러나 정신분석적 무의식은 여러 면에서 우리가 스스로 바꿀 수 없거나 바꾸고 싶지 않은 방식으로 작동한다. 이런 작동 방식은 우리에게 유익하지만, 조심스럽게 다뤄야 한다. 그리고 잘 활용하면 우리가 더 차분하고 자신감 있고 안정감 있게 살아가는 데 도움이 되기도 한다.

모든 인간은 태어날 때부터 무의식적인 상태다. 갓난아기의 내면에는 아무런 지침 없이도 본능적으로 작동하는 체계가 갖춰져 있다. 어떤 연구자들은 아기가 성인보다 더 의식적일 수 있다고 주장하고,[29] 많은 연구자가 의식이 언제 어떻게 발달하는지(출생 전인지, 유아기인지 등)[30]에 대해 논의했다. 또 우리 대다수는 지금 여기에 앉아 언제 처음 의식을 갖게 되었는지보다 어떻게 하면 더 의식적으로 살아갈 수 있을지를 고민한다. 지금 이 순간에도 우리의 무의식이 우리가 원하는 것보다 훨씬 더 강하게 영향을 미치고 그 흔적이 곳곳에서 드러나기 때문이다.

[진실의 교훈] 무의식의 세 부분은 단지 하나의 이론이 아니다. 무의식의 징후와 증상은 우리 눈에 보이지는 않아도 의료 전문가들이 치료할 때 찾아보는 중요한 요소다. 이는 정신 건강 전문가만이 아니라, 모든 의료 분야에 해당한다.

인간이 가질 수 있는 '초능력'

정신 건강에 대한 사회적 인식이 점점 개방되고 활발히 논의되는 세상에서, 정신 질환이나 특정 상태, 외상 경험을 초능력으로 부르는 경우를 심심치 않게 접할 수 있다.[31] 예컨대 "ADHD는 당신의 초능력이에요"라거나 "외상이 당신을 더 강하게 만들었어요" 같은 말이다. 대체로 좋은 의도로 하는 말인 건 알지만, 정신 건강의 복잡성을 지나치게 단순화할 때가 많아 우려가 되는 것도 사실이다.

이런 표현이 세심하고 신중하게 전달되지 않으면 대다수 사람에게는 공허하게 들릴 수 있다. 누군가는 이런 표현을 그들의 고통을 무시하는 말로 들을 수 있고, 그럴 만하다. 심각한 불안이나 우울증을 앓거나 끔찍한 폭력을 당한 사람이 그런 고통스러운 경험에 자부심을 느껴야 한다거나 그 덕에 더 강해졌다는 말을 듣고 싶어 할까? 현실적으로 정신 질환과 정신 장애, 외상 그리고 신경 발달 차이와 같은 조건은 건강을 악화시키고 일상의 기능을 떨어뜨리며 수명을 단축할 수도 있다. 그러니 결코 그 자체로 초능력은 아니다.

앞으로는 정신 장애를 바라볼 때 이렇게 보기를 바란다. 정신 장애는 통제되지 않는 무의식의 작동이고(아마 다들 어느 정도는 그렇게 생각하고 있었을 것이다), 이 장에서 앞서 언급한 모든 과학적 근거에 기반한 비약물적 치료법에서는 공통으로 의식을 인간의 진정한 '초능력'으로 여긴다. 말하자면 의식을 ADHD나 외상후스트레스장애와 같은 상태의 증상을 인식하고 바꾸고 조절하게 해주는 수단으로 삼는 것이다.

슈퍼맨의 하늘을 나는 능력이나 원더우먼의 순간이동 능력이 '초능력'으로 여겨지는 이유는, 그들이 이런 능력을 스스로 '조절'할 수 있어서다. 만약 슈퍼맨이 날기만 잘하고 매번 아이들 생일파티 한복판으로 떨어져 새 장난감을 다 부순다면, 원더우먼이 순간이동만 잘해서 매번 사람이 들어가 있는 화장실에 나타난다면 과연 이들을 슈퍼히어로라고 부를까? 이들이 세상을 구할 수 있는 건, 이런 초능력을 언제, 어떻게, 왜, 어디에 사용할지 의식적으로 결정할 수 있어서다.

우리가 정신 건강에 관해 가질 수 있는 유일하고 진정한 초능력은 무의식과 의식 사이의 관계다.

우리의 무의식은 과거 경험과 미래 예측을 이용해 생존을 돕는다. 반면에 의식은 현재를 인식하고 결정과 통제를 통해 우리가 성장하고 때로는 싸워나갈 수 있도록 돕는다. 정신 건강 분야의 왕성한 활동가인 재즈 손턴Jazz Thornton의 말을 빌자면, 이제는 "그저 살아남는 것을 멈추고, 싸우기 시작해야 할 때다."[32] 우리를 강하게 만들어주는 것은, 과거에 우리에게 어떤 일이 있었는지 혹은 우리가 어떤 능력을 타고났는지가 아니다. 그보다는 우리가 이 모든 것을 가지고 어떻게 하는지가 중요하다. 우리는 종종 (정신 질환이 있든 없든) 무의식적 양상과 반응에 의해 움직이는 수동적 생존 상태에 머물러 있지만, 지금 필요한 것은 적극적으로 개입하고 의식적으로 통제하는 상태로 넘어가는 것이다.

무의식이 강할수록(아마 꽤 강할 것이다) 무의식을 통제하기 위해 더 큰 노력이 필요하다. 물론 모든 무의식적 작동을 뜻대로 할 수 있는 것은 아니다. 숨도 쉬어야 하고, 심장이 뛰어야 하며, 안전을 위해 때로는 고통을 느끼고 두려움을 느껴야 하고, 주변 환경을 빠르게 판단할 수 있어야 한다. 그래도 이런 무의식적 작동의 상당 부분은 우리에게 유리하게 작동하도록 바꾸거나 조절할 수 있다.

무의식과의 경쟁은 모든 인간에게 주어진 보편적인 과제다. 만성 통증이나 자가면역 질환, 약물 사용 장애, 정신 건강 문제, 신경 발달 문제를 겪는 사람들은 날마다 이런 과제에 직면한다. 하지만 이런 과제는 특정 집단에만 해당하지 않는다. 우리의 습관과 일상적 사고와 감정, 나아가 모든 행동과 생각, 소통, 환경을 형성하는 데에도 영향을 미친다.

연인이나 배우자에게 소리를 지르고 싶지 않다고 생각한 사람이 어느 순간에 소리를 지르거나, 다시는 술을 입에도 대지 않겠다고 결심한 사람이 힘든(혹은 들뜬) 하루를 보내고 술집에 앉아 있을 수 있다. 또 어떤 친구는 심리치료를 받으면서 새로운 사람들에게 마음을 열라는 조언을 듣고도 막상 새로운 동료를 만나자 어떤 사람인지 제대로 알아보지 않고 섣불리 판단하게 될 수 있다.

무의식을 길들이고 삶을 변화시키는 것은 분명 치열한 싸움이지만, 완전한 의식 상태에 도달하는 것이 궁극의 목표는 아니다. 진정한 목표는 '의식적으로 조율된 무의식'을 기르는 것이다. 자신의 무의식과 유대감을 형성하고 무의식을 이해하며 무의식을 의도적으로 조율하고 무의식이 드러날 때 책임지며, 그러면서도 동시에 무의식의 존재 자체에 감사하는 것이다. 무의식은 기본적으로 우리의 생존을 돕는 역할을 하기 때문이다. 말하자면 의식적으로 조율된 무의식이란, 적극적으로 이해되고 의도적으로 형성되며 의식적으로 책임지는 무의식을 의미한다.

이 여정을 시작하면서 통제 위치에 대해 생각해보자. 말하자면 우리가 자신의 삶의 결과에 영향을 미칠 수 있다고 믿는 것이다. 무의식과 의식 사이의 관계를 진정한 초능력으로 여기고, 의식적으로 조율된 무의식의 세 부분을 길러서 삶의 운전대를 되찾아올 수 있다. 이제 손전등을 켜고, 어두운 창고 속을 들여다보며 정리하고 재구성할 수 있다.

이제 완전히 새로운 방식으로, 새로운 시선으로 자신을 돌보기 시작할 수 있다.

> **2장 요약**
>
> ▸ 인생의 끝자락에서야 겨우 자신을 '보지' 말고, 오늘 당장 시작하자.
> ▸ 의식은 영적 개념에만 국한되지 않는다.
> ▸ 무의식은 본질적으로 나쁜 것이 아니다.
> ▸ 의도했든 아니든, 모든 행동에는 책임이 따른다.
> ▸ 우리가 가질 수 있는 초능력은 무의식과 의식 사이의 관계다.
> ▸ 무의식은 없애야 할 대상이 아니라, 이해하고 통제해야 하는 대상이다.

3장
몸이 느끼는 대로 생각한다
신체적 무의식

"이런 기분을 느끼고 싶지 않아요."

정신 건강 치료 현장에서 일하다 보면 이런 말을 수없이 듣는다. 사람도 말투도 이유도 저마다 달라도 반복해서 듣는 말이다. 피하고 싶은 감각이 느껴질 때 의식이 있는 인간의 몸으로 살아가는 것이 얼마나 어려운지 하소연하는 말이거나 마음속에 스치는 생각이 대부분이다.

어떤 사람에게는 삶의 가장 큰 괴로움이 바로 느낄 수 있는 능력에서 나온다. 침대에서 파트너와 절정에 이르는 순간에 "젠장"하고 소리를 지를 수도 있지만, 소파 모서리에 새끼발가락을 찧고도 "젠장"이라고 소리칠 수 있다. 물론 전자는 대개 "좋아!"로 끝나지만, 후자는 대개 "싫어!"로 끝난다. 인간은 느끼는 존재이고, 그 사실이 마냥 반갑지만은 않다.

2015년 가을, 내가 리더로 이끄는 집단 치료에 참가한 내담자 세 명도 느낄 수 있음에 몹시 괴로워했다. 당시 나는 막 임상가의 길에 들어선 스물넷의 치료사로, 석사학위 과정을 밟던 중[1] 말리부의 한 중독 재활 치료 센터에서 일했다. 그로부터 몇 달 전에 나는 한 가지 원칙을 세워둔 터였다. '현재 이 공간에 있는 것을 다루겠다.' 다시 말해 사전에 정해진 치료 주제나 기법에 맞춰 집단 치료의 진행 방식을 구성하는 것이 아니라, 그날 내담자들의 말과 느낌, 경험에 따라 풀어가기로 한 것이다.

그날 저녁, 우리 집단 치료의 구성원인 벤지는 자기도 모르게 그날의 주제를 정했다. 내가 그에게 "지금 무슨 생각이 들어요?"라고 묻자, 그는 마지못해 이렇게 대답한 것이다. "이런 기분을 느끼고 싶지 않아요!"

벤지는 엑스터시에 빠져 살던 젊은 남성이었다. 그는 지난 몇 년간 엑스터시로 인한 황홀감에 취해 삶을 춤추듯 흘려보냈다. 새벽 세 시에 해변에서 열리는 광란의 파티에서도, 지하 마약 유통의 중심지에서도 생의 기쁨과 우울감을 느끼지 못하는 만성적인 무감각, 정확히 말해 아무것도 느끼지 못하는 상태를 감추려 했다. 그런 그가 "이런 기분을 느끼고 싶지 않아요"라고 내뱉은 순간 그 자리에 있던 우리 네 사람 사이의 공기가 달라졌다.

다른 두 내담자는 마커스와 에밀리였다. 50대 남성인 마커스는 오랜 외상의 그림자에 사로잡혀서 그 감정을 피하고 싶어 술에 의존했다. 나이가 많은 여성인 에밀리는 수십 년간 만성 통증에 시달렸다. 그리고 끊임없이 정신을 지배하는 육체적 고통을 잠재우기 위해 결국 절박한 심정으로 헤로인에 손을 댔다.

벤지의 솔직한 한마디에 우리 모두의 마음이 움직였다. 다들 이 말이 어떤 의미인지 그리고 이런 말을 꺼내는 것이 어떤 감정 상태를 드러내는지 이해했다. 인간으로 살면서 특정 감정을 느끼고 싶지 않다는 마음은 통제력을 완전히 잃는 상태의 전조일 수 있다.

나는 곧바로 자리에서 일어나 화이트보드로 가서 마커를 집어 들고 대문자로 큼직하게 이렇게 적었다. "이런 기분을 느끼고 싶지 않아요!" 그리고 모두 함께 이 문장에 대해 45분 동안 이야기해보자고 제안했고, 모두가 기꺼이 참여하겠다는 의지를 보였다. 나는 한 사람 한 사람의 이야기를 들으며 고개를 끄덕이고 공감과 이해의 말로 반응해주었다. 모두의 이야기에는 나름의 이유가 있었다. 지극히 당연했다. 누구도 새끼발가락을 찧고 싶지 않듯이, 누구도 우울하거나 외상 후유증에 사로잡히거나 만성 통증에 시달리고 싶어 하지 않는다.

우리 집단의 내담자들이 들려준 구체적인 이야기가 이 책에 꼭 필요한 요소는 아니지만, 그날 집단 치료에서 **내**가 모두에게 들려준 이야기는 중요했다. 나는 우선 벤지와 마커스, 에밀리에게 신체적 무의식이라는 개념을 소개하고, 신체적 무의식이 우리의 몸에서 어떻게 작동하는지 설명했다. 이 설명이 세 사람에게 깊은 인상을 남겼는지, 세 사람은 이후 10년에 걸쳐 각기 다른 시기에 그날 밤의 집단 치료에 대해 소회를 내게 전했다.

다시 상기하자면 **신체적 무의식**은 우리의 몸과 뇌에서 인식이나 통제 없이 일어나는 **감각과 반응**으로 이루어진다. 쉽게 말해, 의식적으로 노력하지 않아도 우리를 살게 해주는 모든 과정(느끼고 호흡하고 소화하기)을 포괄하는 용어다. 신체적 무의식은 신체 감각과 생리 작용, 비언어적 신호, 신경계 반응으로 이루어진다.

당신은 아마도 자신에게 몸이 있고, 그 몸이 어떤 감각을 느끼며, 반응하고 감정을 일으킨다는 사실을 알 것이다. 이런 건 무시하기 어려워 보인다. 과연 그럴까? 틀렸다.

코로 들이마실 때의 공기가 내쉴 때의 공기보다 차갑다는 걸 느껴본 적 있는가? 이런 감각을 언제든 느낄 수 있다는 걸 아는가?[2] 지금 당장 해보라. 들이마실 때와 내쉴 때 코에서 느껴지는 공기의 감각에 집중해보라. 온도 차이를 느껴보라. 들이마실 때는 더 차갑고, 내쉴 때는 더 따뜻하다.

이제 곧 다가올 두 번의 생일에 대해 생각해보자. 누구의 생일인가? 그중 한 번은 당신의 생일인가? 다가오는 생일을 떠올리면 어떤 기분이 드는가? 선물을 준비해야 할까? 생일파티가 열릴까? 두 번 다 파티가 열릴까?

이 질문의 답을 생각하는 동안에도 들숨과 날숨의 온도 변화를 계속 명확히 감지했는가? 아닐 것이다. 그러나 그사이에도 콧속의 온도 변화는 계속 존재했다. 신체적 무의식은 여전히 그 감각을 느끼고 신호를 뇌로 보내지만, 의식은 더 이상 그 감각을 '적극적으로 경험'하지 않았다. 당신은 그 감각을 **무시**하기로 선택했다. 콧속 공기의 온도가 변하지 않은 것이 아니라, 당신이 그 변화를 의식적으로 알아채기를 중단한 것이다. 내가 당신에게 그 감각에 집중하라고 요청하자, 당신은 그 감각을 의식적으로 받아들였다. 그러나 주의를 다른 데로 돌리자 당신의 신체적 무의식이 **대신 나서서** 자동으로 그 감각을 관리하기 시작했다.

신체적 무의식은 강력하다. 정말로 많은 것을 알아서 처리한다. 우리가 코로 공기를 들이마시고 내쉴 때마다 공기의 온도를 의식적으로 점검해야 한다면 얼마나 피곤할지 상상해보라. 여기에 더해 걸음을 옮길 때마다 '왼발, 오른발, 왼발, 오른발' 하고 스스로에게 말해주고, '음, 지금 당장은 배가 고프지 않아, 지금도 아니야, 지금도 아니야'라고 계속 생각하면서 코로 들어오는 공기의 흐름까지 추적한다면? 아마 우리는 지금보다 훨씬 덜 유능한 종種으로 진화했을 것이다. 우리의 의식을 모두 신체적 작동 상태와 사소한 감각적 변화를 관리하는 데 소모했다면, 인류는 지금과 같은 기술적 발전을 이루지 못했을 것이다.

신체적 무의식은 우리 몸의 안팎에서 일어나는 모든 상황을 감지하고 그 정보를 뇌에 전달해 우리가 직접 신경 쓰지 않아도 안전하고 균형 잡히고 건강하게 살아가도록 도와주는 역할을 한다. 우리가 코로 공기를 호흡할 때 공기의 온도를 감지하는 역할을 신체적 무의식이 대신 해준다는 사실이 별것 아닌 것처럼 들릴 수도 있다. 하지만 더 넓은 관점에서 보면, 신체적 무의식이 얼마나 절대적으로 중요한지 알 수 있고, 더불어 신체적 무의식과 협력하는 것이 얼마나 중요한지도 알 것이다.

[**진실의 교훈**] 느낀다는 것은 살아 있다는 것의 일부다. 우리 몸은 때로는 불편하고 성가신 감각이라도 그 감각을 느껴서 우

리를 도우려 한다. 몸이 스스로 감각을 느끼게 놔둬라. 아니, 꼭 그래야 한다.

우리 집단의 내담자들이 사용한 것처럼, 약물은 우리가 몸의 감각을 느끼거나 느끼지 않게 하는 능력을 무디게 만들거나 마비시키거나 때로는 증폭시킬 수 있다. 인류 역사에서 인간은 오래전부터 약물을 사용했는데, 어떤 식으로 사용했든 의식을 변화시키려는 용도였다. 하지만 내가 보기에, 우리 삶에는 약물보다 훨씬 미묘하게, 때로는 훨씬 노골적으로 위험한 요소가 도사린다. 이 요소는 우리가 몸에서 보내는 신호를 받아 몸을 적절히 조절하는 능력에 영향을 준다. 우리가 사는 사회 구조 자체를 예로 들 수 있다. 생계유지를 위해 여러 가지 일을 하고도 기본적인 의식주를 충족하기 어려운 고용 구조, 인간 사회 전체를 보호해주지 않는 인권 정책(혹은 인권 정책의 부재) 그리고 특정 '가치'에 근거해 정당화되는 폭력(가령 '이건 그들이 배울 수 있도록 도와주는 것'이라는 명목으로 자행되는 신체적 학대)이 있다. 우리가 살아가는 방식, 우리가 마주하는 압박 그리고 **실제로** 신체[3]와 신체적 무의식이 보내는 신호를 우리 자신과 타인에게 허락하거나 금지하는 방식이 모두 그렇다.

우리는 모두 나름의 방식으로 신체적 무의식을 무시하거나 억누르거나 판단하거나 거스르며 살아간다. 이를테면 직장에서 쉬는 시간까지 방광이 꽉 차도록 소변을 참거나 발표 중에 소리를 내면 무례해 보일까 봐 계속 불편한 자세로 앉아 있는 것이다. 이럴 때 우리는 신체적 무의식이 보내는 메시지를 듣고 싶지도 보고 싶지도 않다고 말하는 셈이다. 의식적으로 메시지를 받지 않는다는 뜻이다. 화장실에 가고 싶은 욕구나 몸을 스트레칭하고 싶다는 신호를 알아채고 싶어 하지 않는 것이다. 당장은 그럴 때가 아니라고 생각하는 것이다. 게다가 대개 긴급 상황이 아니면 잠시 후 그런 감각이 사라지기도 한다(정확히 말하면 욕구를 무의식으로 밀어넣었다).

신체적 무의식은 우리가 그 메시지를 듣고도 거부하거나 메시지를 받아야 하는데 받지 못할 때만 드러나는 것이 아니다. 우리 몸이 반응하고 감지하고 남들까지 볼 수 있는데도, 정작 우리 자신은 알아채지 못할 때도 신체적 무의식이 드러난다. 예를 들어 온종일 아무것도 먹지 못한 채 업무 마감에 쫓기는 동안 짜증이 나는데, 당신은 그 이유가 마감이나 까다로운 상사 탓이라고 생각한다. 하지만 알고 보면 단순히 간식이 필요해서일 수 있다. 그러다 복도에서 만난 동료가 "행그리Hangray하신 것 같네요"라면서 그래놀라바를 건넨다면 기분이 좋아지면서 그 동료에게 고마움을 느낀다. 'Hangry', 배가 고파서Hungry 화가 난Angry 상태를 일컫는 신조어로, 실제로 존재하는 개념이다.[4]

신체적 무의식이 드러나는 또 하나의 예가 있다. 이웃과 대화를 나눌 때 당신은 따분한 마음을 잘 숨기는 줄 알지만, 사실은 외계인에게 뇌가 빨린 표정으로 이웃을 멍하니 쳐다볼 때다.• 또 무대에 올라가 관객에게 긴장된다고 말하지 않아도 관객은 이미 당신의 이

• 해리 상태Dissociative: 뇌가 현재의 경험에서 일시적으로 분리되어 내면이나 외부의 환경으로부터 동떨어진 듯한 느낌이 드는 상태

마에 맺힌 땀방울과 점점 빨라지는 보폭, 미묘하게 더듬는 말을 통해 당신의 긴장 상태를 알아챌 수 있다.

신체적 무의식은 의도적 통제나 의식적 결정 없이 자동으로 작동한다. 다양한 자극과 감정, 상황에 반응하는데, 우리는 대개 이런 반응을 뒤늦게 알아채거나 아예 알아채지 못할 수도 있다.

내면의 교향악단을 지휘하라

우리 몸을 교향악단이라고 상상하자. 장기부터 세포까지, 몸속의 모든 부분이 고유한 선율을 연주한다. 이 모든 소리가 어우러져 복잡하면서도 생명 유지에 필수적인 연주를 한다.

훌륭한 구성의 콘서트처럼, 몸속의 시스템이 화음을 낼 때 우리가 들어본 소리 중 가장 황홀한 소리가 나온다. 그러나 지휘자가 교향악단의 일부 파트를 무시하거나, 다른 무언가에 주의를 빼앗겨 특정 시스템을 조율하지 못해서 음 이탈이 나고 연주가 어긋난다면 어떻게 될까?

이 질문에 답하기에 앞서 신체적 무의식이 몸 안팎에서 감지하는 열 가지 시스템, 곧 우리의 몸이라는 교향악단을 구성하는 주요 파트를 알아보자.

1. **통증을 느낄 때**: 몸에 통증이 생기면 뇌와 소통해 위험이나 부상을 평가하고 대응하라고 신호를 보낸다. 이 과정을 통각 수용nociception이라고 한다.[5]

2. **몸이 덥거나 추울 때**: 따뜻함이나 차가움을 느끼는 감각은 우리가 지금 어떤 환경에 있는지 알려주고, 뇌가 체온을 조절해 적절히 반응하게 해준다. 이 감각을 온도 수용Thermoception이라고 한다.[6]

3. **촉감과 압력을 느낄 때**: 다양한 종류의 촉각과 압력을 느끼는 감각은 신체적 접촉의 정도와 주변 사물에 관한 정보를 뇌에 전달한다. 이 과정을 기계적 감각 수용Mechanoreception이라고 한다.[7]

4. **몸의 위치를 인지할 때**: 몸과 뇌는 우리 몸이 주어진 공간에서 어디에 있는지를 소통해 균형과 협응력, 움직임을 조절한다. 이것을 고유 수용 감각Proprioception이라고 한다.[8]

5. **배고프거나 목마를 때**: 배고픔과 갈증과 관련된 신호는 뇌에 필요한 영양과 수분을 공급하라고 지시한다.

6. **생명 징후가 안정적인지**: 심혈관계와 호흡계는 심박수와 혈압, 산소 수치에 관한 정보를 지속적으로 뇌에 제공한다.

7. **근육 긴장을 얼마나 느끼는지**: 근육의 긴장이나 이완에 관한 피드백은 뇌가 자세를 조절하고 스트레스를 관리하는 데 도움을 준다.

8. **무엇을 감지하는지**: 다섯 가지 감각(시각, 청각, 미각, 후각, 촉각)에서 들어오는 정보는 우리가 주변 세상을 어떻게 인식하는지를 형성한다.

9. **에너지가 얼마나 있는지 또는 얼마나 필요한지**: 우리 몸의 에너지 수준과 졸림 정도는 언제 깨어 있고, 언제 쉬어야 할지를 뇌가 조절하게 해준다.

10. **화장실에 가야 하는지**: 소변이나 대변을 보고 싶을 때 뇌에서 청결과 건강을 위해 행동하라고 신호를 보낸다.

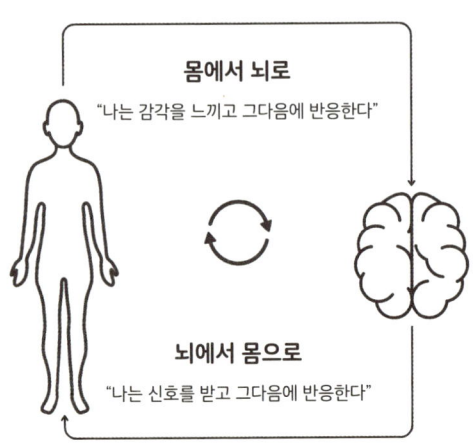

이런 몸속 시스템이 제대로 작동할 때 나타나는 결과에 주목하자. 위협에 반응하고, 균형을 유지하며, 필수 영양소를 공급하고, 스트레스 수준을 관리하며, 신체 위생을 유지하는 능력이 생긴다. 그런데 이런 시스템에 주의를 기울이지 않거나 이런 시스템의 지휘자 역할을 중단하거나 거부하면 어떻게 될까? 정반대의 결과가 나타난다.

우리 몸은 **신체 감각 통합**Somatic Sensory Integration 과정을 통해 생명을 유지하면서 편안함을 느낀다. 신체 감각 통합이란 뇌가 신체적 무의식에서 들어오는 메시지를 받고 해석하고 반응하는 과정을 의미한다.[9] 이런 뇌와 몸의 상호작용이 우리의 경험과 감정, 행동을 형성한다.

우리는 신체 감각 통합이 제대로 작동할 때 안정감을 느끼고 자신과 잘 연결되어 있다고 느낀다. 하지만 고통과 혼란, 외상, 기타 여러 문제에 시달리면 내면의 조화가 깨지고 감정적으로 압도되거나 신체적 통증에 시달리거나 지금 자신에게 무슨 일이 벌어지는지조차 혼란에 빠질 수 있다.

몸과 뇌 사이의 관계와 소통은 하나의 연속선에 있다. 한쪽 끝에 있는 사람들은 외부에만 집중하도록 훈련되어 자신의 몸과 연결하는 데 어려움을 겪는다. 또 어떤 사람들은 완전히 단절되어 해리 상태에 머문다. 한편 반대편 끝에 있는 사람들은 몸의 소리가 마치 볼륨을 최대로 높인 것처럼 들릴 정도로 과민해서 현실에서 중심을 잡고 살기가 거의 불가능할 정도다. 나는 이 연속선에서 자신이 어디에 있는지 알아보는 과정을 **내면 상태 점검**Internal Vibe Check이라고 부른다.

보통의 상황에서는 이 연속선의 중간 지점에 위치하는 것이 바람직하다. 신경계가 안정되고, 몸과 연결되어 있으며, 몸의 요구에 귀를 기울이는 상태다. 의식이 신체적 무의식의 메시지를 듣고, 의식과 무의식이 서로 조화롭게 작동하는 것이다.

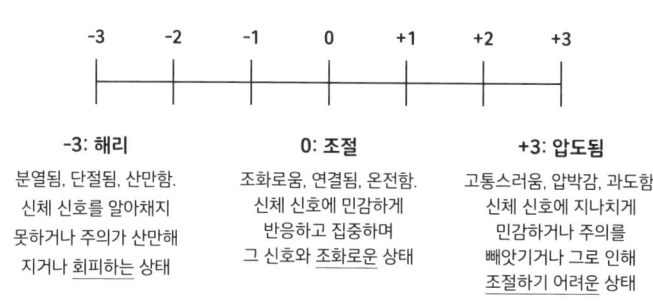

3장 — 몸이 느끼는 대로 생각한다

그런데 일부 감각 처리 장애를 겪는 사람들이 있다. 이들은 전반적으로 신체 감각을 조절하기 어려워할 뿐 아니라 남들에게는 문제가 되지 않는 상황에서도 쉽게 해리되거나 압도당한다.

또 어떤 경우에는 해리되거나 압도당하는 것이 오히려 적절한 반응일 수 있다. 예를 들어 신체적 학대를 당한다면 해리가 오히려 고통을 덜어줄 수 있다. 또 절벽 끝에 서 있다면 중심이 흔들리고 심장 박동이 빨라지는 감각에 압도되는 것이 자연스러운 반응이다. 요약하자면 몸의 감각과 뇌의 반응은 상황에 따라 달라지고, 또 그래야 한다. 삶에 아무 반응도 하지 않는 것이 목표가 아니다. 반응을 조절하는 능력이 중요하다.

이 연속선에서 0에 가까이 머물러야 한다는 뜻이 아니다. 언제든 자신이 이 연속선의 어디쯤 있는지를 알고, 상황에 맞게 0에 가까이로 조절하는 능력을 갖추는 것이 중요하다.

내면 상태 점검의 연속선은 댄 시겔Dan Siegel이 내놓은 '인내의 창 Window of Tolerance' 개념과 유사하다. 인내의 창은 지나치게 압도되지도 무감각해지지도 않으면서 원활하게 기능할 수 있는 감정 조절의 범위를 이해하기 위한 개념이다.[10]

모든 인간은 외상을 겪지 않았어도 자기 몸의 감각에 반응하는 고유의 방식이 있다. 나는 이렇게 말하고 싶다. "가끔은 압도되어도 괜찮다", "필요할 때는 해리 상태를 작동시켜도 된다." 우리가 이런 감정을 느끼는 데는 그만한 이유가 있어서다.

몸과 뇌가 상호작용하는 방식을 점검하는 일은 인간의 기본적인 행동이지, 꼭 문제가 생겼을 때만 나오는 반응이 아니다. 우리가 언제, 어떻게 압도되고 해리 상태가 되는지 알아야 한다. 마찬가지로 우리 자신에게 이렇게 느껴도 된다는 여지를 주는 것도 중요하다.

> **[진실의 교훈]** 우리에게 무슨 일이 일어났는지가 항상 중요한 건 아니다. 때로는 그저 우리가 어떤 사람인지가 중요하다. 우리의 몸과 뇌에서 보이는 모든 반응을 부정적이거나 문제가 있다거나 트라우마와 관련이 있다는 식으로 판단하지 마라. 꼭 그런 건 아니다.

일반적으로 뇌는 우리 몸이 외부 세계에 반응하도록 돕기 위해 발달했다고 생각한다. 하지만 그렇지 않다. 두 가지 상황을 보자.

첫 번째 상황: 어디선가 고함을 지르는 소리가 들려 고개를 돌려보니, 차가 당신을 향해 돌진해온다.
인지적 무의식: 빨리 피해!
신체적 무의식: 알았어!
의식: 다행이야!

두 번째 상황: 당신은 영화를 보고 있다. 누군가 비명을 지르고, 주인공이 고개를 돌리자, 갑자기 차가 주인공을 향해 돌진해온다.
인지적 무의식: 빨리 피해!
신체적 무의식: 알았어!
의식: '… 넌 괜찮았어. 안락한 극장에 앉아 논리적으로도 이성적으로도

차에 치일 위험이 전혀 없었어. 그런데도 몸이 움찔했지.'

두 가지 반응은 비슷했지만 실제로 필요한 반응은 한쪽뿐이었다. 핵심은 이렇다. 우리 뇌는 세상을 정확히 인식하고 반응하도록 진화한 게 아니라, 생존하기 위해 몸을 조절하고 활용하는 예측 장치로 진화했다. 그리고 이런 예측이 빗나갈 때가 있다.

뇌는 주변 세계를 실시간으로 정확히 인식하는 것이 아니라 앞으로의 필요를 예측해 사전에 몸을 조절하는 식으로 생명을 유지한다. 이처럼 예측하고 조절하는 과정을 항상성 조절Allostasis이라고 한다. 항상성Homeostasis이라는 용어는 들어봤을 것이다. 몸이 내부 환경의 안정성이나 평형 상태를 유지하려는 자연스러운 경향성을 말한다. 항상성은 체온과 혈압, 혈당 수치 같은 것을 조절한다. 평상시에 몸이 선호하는 기본 상태다.

그에 비해 항상성 조절이란 스트레스나 위협에 생리적으로 **적응하는** 몸의 무의식적 능력으로, 예를 들어 위험한 상황에서 투쟁-도피-동결 반응으로 싸우거나 도망치거나 숨었다가 다시 기본 상태로 돌아오는 능력이다.[11] 그리고 몸의 감각과 신호를 알아차리는 내부 수용 감각[12](의식적인 신체 감각 통합)은 항상성 조절의 직접적인 결과다. 먼저 알아차려라. 그다음에 조절하라. 한마디로 우리 몸은 안팎에서 벌어지는 상황에 반응하므로(항상성 조절) 우리는 내부 수용 감각(몸에 대한 인식)을 이용해 균형을 유지하고 조절할 수 있다(항상성).

우리 몸이 내면 상태 점검을 수행할 때는 바로 이 내부 수용 감각을 실행하는 것이다. 이 감각을 인식하는 데는 두 가지 접근 방식이 있다. 첫 번째는 몸과의 관계를 살펴보는 것이다. 특히 내부 수용 감각의 기저선과 항상성 균형 상태일 때의 느낌을 점검해보는 것이다. 예를 들어 무섭거나 흥분되는 상황이 아닐 때, 말하자면 평소처럼 느끼고 행동할 수 있는 상태일 때 자신과 몸의 관계를 알아보는 것이다.

당신의 전반적인 신체 감각 통합 수준을 점검해보라.

스트레스나 강렬한 감정이 없는 평온한 순간에 자신의 몸과 어떤 관계를 맺고 몸을 어떻게 조절하는가? 몸을 얼마나 자주 점검하고, 점검할 때 어떤 반응이 일어나는가? 당신이 존재한다는 감각을 느끼는 것이 **좋은가**? 좋다면 왜 좋고, 아니라면 왜 아닌가?

다음으로 당신의 몸이 생존을 위해 뇌에 보내는 모든 메시지를 떠올려보라. 심장이 얼마나 빠르게 뛰는지, 몸에 가해지는 압력이 어느 정도인지 같은 것이다. 예를 들어 통증을 느낄 때와 허기나 갈증을 느낄 때를 생각해보자.

몸에 통증이 일어날 때, 당신은 그 반응을 조절할 수 있는가? 통증 신호에 압도당하는가, 아니면 그 감각을 제대로 느끼기 어려운가? 배고픔이나 갈증의 경우, 몸에서 고통이 느껴질 정도가 되어야 그 신호를 알아채는가? 이런 신체적 신호를 적극적으로 무시하는가, 아니면 오히려 이런 신호에 지배당하는가?

이제 의식적으로 신체적 무의식을 탐색해보라. 어두운 창고의 한쪽 구석을 손전등으로 비추듯이 그 영역을 살펴보라. 자동차의 차체를 만져보듯이, 코끼리의 한 부위를 만져보듯이, 당신 몸의 일부

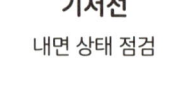

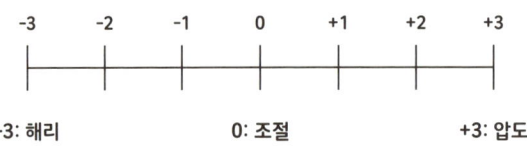

를 느껴보라. 그런 다음 당신만의 기저선(기본)의 상태를 선택하라. 이를 **기저선 상태의 내부 상태 점검**이라고 한다. 대부분의 날에 대부분의 상황에서 대부분의 감각을 봤을 때 당신은 연장선의 어디쯤 위치하는가?

두 번째로 내면 상태 점검을 수행하는 경우는, 특수한 상황에서 자신의 신체적 무의식이 어떻게 드러나는지 그리고 그것이 현재 상황에 대한 인식을 어떻게 왜곡하는지 점검할 때다. 이미 압도되거나 해리 상태에 있거나, 아니면 이런 상태에 점점 빠져드는 것을 알면서 자기 조절 상태로 넘어가고자 할 때 유용하다. 예를 들어 어려운 결정을 내려야 하는 순간에 불안을 느끼는 상황부터 예기치 못하게 화가 나는 상황이나 공황 발작이 일어나는 상황에 이르기까지 다양한 상황이 해당한다. 이때는 **상황별 내면 상태 점검**이라고 한다. **바로 지금, 이** 상황에서, **이** 감각은 연장선의 어디쯤에 위치하는가?

두 가지 수치(기저선과 상황별)를 알아보는 목적은 자신을 충분히 알고 통제하기 위해서다. 기저선 상태에서든 특정 상황에서든 스스로 만족하지 못한다면, 나중에 '의식의 12단계'를 따라가는 동안 해

당 부분을 개선하기로 마음속에 메모해두자. 내면 상태 점검은 오직 우리에게만 유익한 도구가 아니다. 주변의 친구와 가족, 연인, 직장 동료를 비롯한 모든 인간관계에도 활용할 수 있다. 나는 남편과 함께 1년 넘게 이 점검 도구를 사용했고, 덕분에 우리의 관계에서 큰 전환기를 맞았다.

남편과 나는 상황이 통제 불능으로 악화할 때 서로가 어떤 식으로 반응하는지 파악했다. 남편은 자신의 기저선을 0(조절을 잘하는 남자)에서 시작해 +1(대체로 잘 맞춰져 있지만 약간 압도된 상태)과 +1.5(중간 정도로 불안정하거나 압도되기 직전의 상태로, 주로 내가 기저선에서 벗어나 상황을 악화시키는 상태) 사이로 이동하는 경향을 보였다.

내 기저선은 -1.5(내 몸이 보내는 신호를 무시하는 해리 상태)다. 상황이 나빠지기 시작할 때는 최악의 경우 순식간에 +2.5(중간이나 심각하게 압도된 상태)로 올라가고, 조절해도 기껏해야 -1이나 +1 언저리 (의식적으로 잘 조절하거나, 아이들과 함께 있을 때)에 머문다.* 남편과 나

* 나는 아이들과 있을 때는 가능하면 의식적으로 나 자신을 잘 조절하려고 노력한다. 이것이 부모로서 가장 중요한 목표 중 하나이고, 아이들에게도 조절하는 방법을 가르치려고 애쓴다.

는 서로의 내면 상태를 공유하면서 각자의 신체적 무의식이 어떤 역할을 하는지, 우리를 지배하는 것이 무엇인지, 우리가 자신을 어떻게 통제하려고 애쓰는지 소통한다. 이렇게 공유하면 서로를 더 깊이 이해하고 각자의 몸과 마음이 현재 어떤 상태인지 더 존중하고 지지할 수 있다.

> [진실의 교훈] 우리의 몸이 뇌에 보내는 메시지를 연인이나 배우자에게 공유하는 것은 상대에게 안정을 위한 언어를 가르쳐 주는 것과 같다. 겉으로 드러나지 않는 것을 어떻게 보아야 하는지 알려주는 셈이다.

2019년에 파리에서 열린 국제심리과학대회 ICPS에서 심리과학협회장인 리사 펠드먼 배럿 Lisa Feldman Barrett은 이렇게 말했다. "몸은 마음의 일부입니다. 그것도 몽환적이고 신비로운 방식이 아니라 지극히 실제적이고 생물학적인 방식으로요. 따라서 우리가 만들어내는 모든 개념에는, 심지어 '냉철한 인지' 상태에도 몸의 일부가 들어 있다는 뜻입니다."[13]

이 말의 의미는 우리의 생각이나 행동은 어떤 식으로든 몸의 감각에 영향을 받고, 합리적이거나 분석적으로 여겨지는 인지 과정도 예외가 아니라는 뜻이다. 신체적 무의식이 실제로 존재하고 중요하며 우리를 통제한다는 뜻이다. 우리가 이것을 사실로 인정하고 싶지 않아도, 여전히 사실이다.

우리는 내면의 교향악단을 지휘하는 의식적 지휘자다. 그 음악을 들을 수 있는 사람도, 그 감각을 느낄 수 있는 사람도, 다음에 무슨 일이 일어날지 통제할 수 있는 사람도 우리 자신뿐이다.

모든 것이 머릿속에 있는 것이 아니다

신체적 무의식의 명백한 단점 하나는, 자신의 무의식을 보지 못하거나 보고 싶지 않을 때도 남들은 볼 수 있다는 사실이다.

2015년 그날 우리의 집단 치료에서 나는 만성 통증을 잠재우기 위해 헤로인을 사용하는 나이 든 여성인 에밀리가 어떤 느낌인지 그녀가 입을 열기도 전에도 알 수 있었다. 에밀리는 보지 못했지만, 분명 내게는 보였다. 벤지가 "이런 기분을 느끼고 싶지 않아요"라고 운을 뗐을 때, 에밀리는 처음에는 아무 말도 하지 않았지만, 적어도 내 눈에는 말 대신 온몸으로 **외치는** 듯 보였다. 자세를 고쳐 앉고 재킷을 벗고 눈을 굴리며 긴 한숨을 내쉬었다. 그러고는 이렇게 말했다. "그래도 당신이 느끼는 건 무감각이잖아요, 고통을 느끼는 건 아니잖아요!"

나는 에밀리가 정확히 무슨 말을 할지는 몰라도 신체 반응을 먼저 봤을 때 무겁고 불편하고 원하지 않는 감정을 느낀다고 짐작할 수 있었다(치료 현장에서는 이처럼 신체적 무의식이 드러나면 도움이 된다. 당신이 통제력을 되찾도록 옆에서 도와주는 나 같은 사람들에게 당신의 더 많은 면모를 드러낼 수 있어서다). 그날 우리는 벤지의 말을 들은 에밀리가 스스로 감정을 알아채기도 **전에** 몸이 어떻게 반응했는지를 다루었다. 그러자 에밀리는 자신의 몸이 자신을 지지한다는 사실을 문자 그대로도, 비유적으로도 깨달았다. 6년 전에 만성 신체 질환이 발병한 이래로 처음 가져보는 시각이었다.

에밀리가 그 순간 자신의 신체적 무의식이 어떻게 드러날지를 스스로 결정하지 못한 것처럼, 우리 모두에게도 그런 순간이 있다. 사실 대부분의 순간이 그렇다. 심지어 인생의 중대한 순간에도 그럴 것이다.

내가 이 집단 치료를 이끌기 한 해 전인 2014년에 소비자 전자제품 박람회 CES에서 일어난 사건은, 숙련된 전문가도 신체적 무의식을 드러내며 예상치 못한 불편한 상황 속에 처할 수 있다는 사실을 여실히 보여준다. 미국의 영화감독이자 제작자인 마이클 베이 Michael Bay는 활기찬 액션과 폭발적인 장면을 연출하기로 유명하다. 속도감 있는 편집과 정제된 시각효과로 영화의 명장면을 창조하며 대표작으로 《진주만》과 《트랜스포머》가 있다. 그러나 이날은 정제되기보다는 훨씬 폭발적이고 급작스러운 상황을 연출했다.

CES는 기술 분야의 세계적인 대기업들이 최신 혁신 기술을 발표하는 자리다. 이날 마이클은 고화질 TV와 영화 제작에 대한 자신의 경험을 나누기 위해 무대에 올랐다. 하지만 무대가 예상 밖의 방향으로 흘러갔다. 프롬프터가 갑자기 작동을 멈춘 것이다. 대본이 모두 그 안에 들어 있었다. 청중은 프롬프터가 작동하지 않는지 알 수 없었고, 마이클만 알았다. 그런데도 청중은 그가 들키고 싶지 않았을 모든 면을 **보았다.**

프롬프터에 문제가 생기자, 마이클이 바로 불편한 감정을 드러냈다. 그는 무대에서 초조하게 왔다 갔다 했고, 다들 그 모습을 보면서 그가 긴장했거나 발표에 자신이 없다고 느꼈다. 그는 간간이 팔을 위로 던지며 낭패감을 드러냈다. 그리고 마이클의 신체적 무의식이 가장 적나라하게 드러난 순간이 찾아왔다. 그가 자꾸만 청중과 반대쪽의 무대 뒤편을 돌아보았을 때였다. 이제 모두가 분명 뭔가가 잘못된 것을 알 수 있었다. 그는 의식적으로 연설대에 놓인 노트를 보려고 했지만, 이내 통제되지 않고 다듬어지지 않은 신체적 무의식에 지배당했다. 결국 그는 발표를 포기했고, "죄송합니다"라는 한마디를 남기고 황급히 무대를 떠났다.

그가 서둘러 자리를 떠난 것은 뭔가 심각하게 잘못되었다는 명백한 신호였다. 그러나 이 이야기를 단순한 기술적 결함으로만 설명하기에는 더 많은 조각이 남아 있고, 창고 안의 어두운 구석을 더 들여다볼 필요가 있다.

비언어적 의사소통은 말하지 않고도 정보를 전달하거나 감정을 표현하는 여러 가지 방식을 포함한다.[14] 인간의 상호작용에서 중요

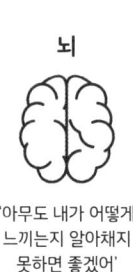

뇌

'아무도 내가 어떻게 느끼는지 알아채지 못하면 좋겠어'

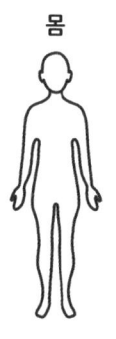

몸

'모두에게 모든 것을 보여주고 있어'

다른 사람들

'우리에게 네가 보여'

한 부분이고, 때로는 말보다 더 많은 것을 전달한다. 마이클이 발표 무대에서 곤혹스러워한 상황은, 극심한 스트레스 상황에서 무의식적이고 비언어적인 신호가 무대의 중앙에 오를 수 있다는 사실을 잘 보여주는 사례다. 다음은 흔히 사용할 법한 무의식적이고 비언어적인 의사소통의 유형이다.

1. **표정**: 표정은 기쁨과 흥분부터 좌절감과 당혹감에 이르기까지 다채롭다. 혹은 '기본적으로 나쁜 표정'이라고, 안면근육이 다 이완된 상태에서도 늘 화가 난 듯한 인상을 주는 표정도 있다(이건 내 이야기이다). 어느 순간이든 자신이 어떤 표정을 짓고 있는지에 주목하자. 때로는 그 표정이 말보다 더 많은 말을 전달한다.

2. **전반적인 신체 언어**: 신체 언어는 자세와 몸짓, 동작을 모두 아우른다. 예를 들어 나의 집단 치료에서 에밀리가 자세를 고쳐 앉고 재킷을 벗고 눈을 굴린 건 모두 불편감을 드러내는 신체적 무의식의 언어였다.[15] 우리가 의식적으로 자신에게 유리하게 몸을 활용할 수도 있지만, 반대로 몸이 편안해지기 위해 우리를 통제하면서 우리의 내밀한 감정을 겉으로 드러낼 수도 있다.

3. **눈 맞춤**: 눈을 마주치는 방식은 관심과 집중, 불편함을 전달할 수 있다. 마이클의 경우, 그가 속으로 '청중을 보지 마. 내가 안 보면, 저 사람들도 나를 못 봐'라고 생각하지는 않았을 것이다. 그에게 중요한 순간이었고, 청중과 눈 맞춤을 피하는 행동은 오히려 그가 얼마나 불안한지를 드러내는 무의식적 표현이었다. 사람마다 눈 맞춤을 편안하게 느끼는 정도가 다르다는 점을 기억해야 한다.

4. **어조**: 어조는 완전히 비언어적 요소는 아니지만, 그렇다고 항상 의식적으로 통제할 수 있는 것도 아니다. 어조의 변화는 분노와 긴장, 자신감 같은 감정을 전달할 수 있다. 화가 났지만 내색하고 싶지 않은 때를 떠올려보라. 때로는 어조를 조절하고 싶어서 그야말로 이를 악문 채 말하기도 한다. 대화하면서 어조를 잘 살피는 것이 좋다. 자신이나 상대가 알아채지 못한 채, 말다툼으로 흘러가는지 미리 파악할 수 있다.

5. **거리감**: 다른 사람과 얼마나 가까이 또는 멀리 있는지도 편안함이나 불편함을 전달할 수 있다. 의식하지 않았는데도 어떤 사람이나 어떤 대상으로부터 한 발짝 물러선 적이 있는가? 혹은 좋아하는 사람과 영화를 볼 때 어느새 그 사람에게 가까이 붙지만, 의식적으로 그런 결정을 내린 적이 없는 때가 있지 않은가? 우리의 몸과 뇌에는 거리감을 감지하는 무의식적 센서가 있다. 그래서 누군가 뒤에 있거나 쳐다보고 있는 걸 **감지할** 수 있다. 의식적으로 아직 상대를 보지 않은 상태에서도 신체적 무의식이 먼저 상대를 알아채는 것이다. (현명하게 사용한다면)스파이더맨의 스파이더 센서와 같다.[16]

비언어적 행동은 의식적으로도 나타날 수 있고, 무의식적으로도 나타날 수 있다. 의사소통은 우리의 정신적, 정서적 상태와 깊이 얽혀 있다. 따라서 정신 건강은 마이클의 경우나 집단 치료처럼 중압감이 큰 상황만이 아니라 일상적인 상호작용에서도 비언어적 의사소통에 영향을 줄 수 있다.

불안이나 우울 같은 문제를 겪는 사람의 경우, 비언어적 단서가 미묘하게 감정 상태를 드러낸다. 그래서 특히 속마음을 말로 표현하지 않거나 표현하지 못할 때, 이런 비언어적 단서는 남들이 우리를 인식하고 반응하는 방식에 영향을 미친다. 하지만 우리도 남들의 비언어적 표현의 의미를 해석할 수 있고, 또 그 해석이 틀릴 수도 있다는 점을 기억해야 한다. 실제로 자주 틀린다.

비언어적 의사소통의 중요성을 이해하면 개인의 성장에도, 직업적 성장에도 큰 도움이 된다. 비언어적 행동을 깊이 탐색하기 위해 한 가지 연습을 권한다. 이 연습은 당신의 머릿속을 뒤흔들어 돌이킬 수 없을 정도로 강한 충격을 줄 수도 있고, 아니면 당신의 삶을 좋은 방향으로 이끌어갈 수도 있다. 이왕이면 양쪽 모두가 되기를 바란다. 바로 **제3자 거울**이라는 기법이다.

누군가에게 하루 동안 당신을 촬영해달라고 부탁하거나, 아니면 혼자서도 자연스럽게 행동할 자신이 있다면 직접 촬영해도 된다. 가능한 한 하루의 대부분을 기록해야 하지만, 사적인 순간이나 비밀 유지가 필요한 상황, 가령 업무상 통화나 화장실 사용 시간은 제외한다.•

그런 다음 녹화한 영상을 재생한다. 실시간 속도로만 봐야 하는 것은 아니다. 영상이 몇 시간 분량일 수도 있으니 속도를 빠르게 재생해도 된다. 여기서 반복되는 양상을 찾는 것이 중요하다. 특정 순간에 자신이 무슨 생각을 하고 어떤 행동을 한다고 느꼈는지 돌이켜보면서 실제로는 다른 생각이나 감정을 느끼고 있었는지 살펴보

• 물론 화장실에서 표정을 촬영할 수 있다. 다소 기묘한 선택이긴 하지만, 꽤 많은 걸 깨달을 수 있을지도 모른다.

제3자 거울 연습

라. 깊이 생각해보고 자신에게 이렇게 물어보라.

나의 비언어적 행동이 나에 대해 무엇을 말해주는가?

시작하기 전에 한 가지 경고하자면, 앞에서 왜 이 연습이 당신의 머릿속을 완전히 뒤흔들 수 있다고 했는지 곧 알게 될 것이다. 이건 내가 인생과 관계에서 최후통첩을 받던 그 시기에 남편이 내게 사용한 방법이다. 남편은 필름이 완전히 끊긴 나를 녹화했다.* 나는 술을 너무 많이 마셔서 인사불성이었다. 나는 비언어적 반응을 의식적으로 조절할 능력을 거의 상실했고, 말로 표현하는 건 더더욱 불가능했다.

알코올은 전전두엽을 마비시킨다. 전전두엽은 의사결정과 계획 세우기, 현재 우리가 아는 '의식'과 같은 고차원적 인지 기능을 관장

---

* 제3자 거울 기법 촬영은 배우자나 친구에게 허락을 구하지 않고 시도해서는 안 된다. 내 경우는 심각한 상황이었고, 남편이 정말 최후의 수단으로 시도한 것이다.

하는 뇌 영역이다. 이 영역이 마비되거나 손상되면, 이성적으로 판단하거나 충동을 조절하기 어렵고 자기 인식의 일관성을 유지하기도 어렵다. 한마디로 내 영상은 대참사였다. 내가 평생 본 내 모습 중 가장 수치스러운 장면이 화면에 펼쳐졌다. 그래서 그 순간 나는 최후통첩을 진지하게 받아들일 수밖에 없었다.

알코올 외에도 전전두엽의 기능을 억제하거나 마비시키는(의식적 통제를 더 어렵게 만드는) 요인은 많다. 스트레스나 피로, 외상성 뇌 손상, 탈수, 배고픔, 분노, 약물 사용, 전반적인 정신 질환이 있다. '제3자 거울' 연습은 과음한 상태부터 가볍게 스트레스를 받은 상태나 사랑에 빠진 상태까지 다양한 심리적, 신체적 상태의 자기 모습을 보여준다. 이 연습을 가볍게 여기지 말라.

이 연습을 통해 마주한 자기 모습에 충격을 받았다면, 당신만 그런 것이 아니라는 점을 기억하라. 몸의 감각을 탐색하고, 외부에서 자신을 바라보며, 신체적 무의식과 마주하는 경험이 낯설고 두려울 수 있지만 동시에 놀라운 통찰을 얻을 수도 있다. 그러니 다시 강조하지만, 이 연습을 간과하지 마라. 다만 악몽이 되지 않도록 주의해야 한다.

유혹의 다리가 만든 착각

살아 있는 악몽 이야기가 나와서 말인데, 이번에는 나의 부모 이야기를 해보려 한다. 두 분은 고등학교 시절에 만났고, 얼마 안 가 나를 낳았다. 하지만 결혼하지 않았고, 내 평생 두 분이 함께 산 적은 없다. 그런데 신기하게도 나는 내 인생의 각기 다른 시기에 두 분과 각각 같은 장소에 있었다. 그 장소는 바로 캐나다 밴쿠버 북부에 위치한 카필라노 현수교 공원이다.

  이 공원의 명물은 공원의 이름에서도 알 수 있듯이 카필라노 현수교다. 1889년에 세워진 이 다리는 길이 137미터에 지상 70미터 높이로 아찔하게 매달려 100년 넘게 사람들에게 한번 건너보라며 도전장을 내밀었다.

  2007년에 아버지와 함께 이 공원을 찾았을 때, 갑자기 이 다리를 건너자고 한 사람은 아버지였다. 반면에 열여섯 살의 나는 그만한 높이의 다리를 건넌 적이 없던 터라 완전히 겁에 질렸다. 아버지는 예전부터 근력이든 동작이든 신체 감각을 잘 알고 활용할 줄 아는 사람이었다. 아버지에게 이 다리는 무섭지만 흥미로운 도전이었다. 내게는 한 발만 내디뎌도 살아남을 수 있을지 확신할 수 없는 어려운 도전이었다. 나는 바짝 긴장한 채로 천천히 다리를 건너 결국 반대편에 도착했다. 막상 해보니 생각보다 나쁘지 않아서 다음에 한 번 더 건너자는 제안에도 응할 수 있었다.

  어머니에게 이 다리는 말 그대로 살아 있는 악몽이었다. 어머니는 원래 고소공포증이 있는 사람이었다. 나는 아버지와 다리를 건넌 지 10년이 지난 2017년에 어머니와 함께 이 다리를 다시 찾았다. 이전 경험이 또렷이 기억에 남아서, 이번에는 내가 뭔가를 흔들어보고 싶었다. 말 그대로 다리를 흔드는 장난을 포함해서 말이다. 나는 어머니가 다리를 건너는 동안 뒤에서 다리를 살짝 흔들며, "조심해요"라든가 "꽉 잡아요"라고 말했다. 그리 다정한 행동은 아니었지만, 어디까지나 긴장을 풀어주려는 좋은 의도에서 한 일이고 어머니도 결국에는 가볍게 웃으며 넘겼다. 어머니는 아버지보다 세 배는 더 오래 걸려 다리를 건넜다. 이러한 차이는 사람마다 경험이 다르고, 이유 또한 저마다 다르다는 점을 보여준다.

그 다리는 분명 무서웠다. 길고 높고 숲속 한가운데에 있었다. 단순히 아름다운 풍광을 감상하기 위한 장소가 아니었다. 적어도 몸으로 짜릿한 경험을 하도록 설계된 곳이었다. 그 다리는 사람들을 자극해 그 순간뿐 아니라 때로는 영원히 변화시켰다. 어떻게 그럴 수 있을까? 인간의 조건이라는 관점에서 보면, 감정과 생각, 행동은 서로 동떨어진 섬처럼 따로 분리되지 않는다. 항상 몸과 뇌, 마음 사이에서 오가는 대화에 영향을 받으며 유기적으로 연결된다.

이번에는 1974년, 카필라노 현수교에서 실시된 더턴[Dutton]과 에런 Aron[17]의 유명한 연구를 살펴보자. 이 실험은 몸에서 일어나는 감각으로 인해 타인에 대한 매력도가 달라질 수 있다는 결과를 보여주었다. 현재 연애할 상대를 찾는다면 유심히 들어볼 필요가 있다.

이런 장면을 떠올려보자. 아찔한 절벽 위로 삐걱거리고 불안정한 현수교가 매달려 바람에 흔들린다. 남성 참가자들은 공원을 구경하고 이 다리를 건너라는 지시를 받는다. 다리를 건너자마자, 미모의 여성(사실은 연구진에 속한 조교)이 참가자들에게 다가와 가벼운 대화를 나눈 뒤, 모호한 그림 한 장을 보여주며 그림을 토대로 짧은 이야기를 지어달라고 요청한다. 그러고는 자신의 전화번호를 건네며 이 '프로젝트'에 관해 질문이 있으면 연락하라고 말한다. 여기까지가 실험의 전반부다. 후반부에서는 또 하나의 남성 집단이 같은 여성을 만난다. 다만 이번에는 70미터 높이의 현수교가 아니라, 훨씬 낮고 안정적인 다리를 건넌다.

여기서 흥미로운 대목이 나온다. 연구자들은 두 집단이 같은 여성을 만난 뒤 어떤 이야기를 작성했는지 분석하고, 실제로 그 여성에게 전화한 참가자의 수를 집계했다. 결과는 놀라웠다. 높은 다리를 건넌 남성들은 대체로 이야기에 성적인 내용을 더 많이 넣었고, 약 50퍼센트의 남성이 여성 연구자에게 전화를 걸었다. 반면에 낮은 다리를 건넌 남성들은 이야기에 중립적인 내용을 담았고, 전화를 건 비율도 약 20퍼센트에 불과했다. 그러면 왜 더 높고 위험해 보이는 다리를 건넌 남성들이 여성에게 더 많이 전화를 걸고, 성적으로 더 민감한 내용을 이야기에 담았을까?

더턴과 에런은 흔들리는 다리를 건너면서 느낀 짜릿함이 심박수 증가나 땀 분비와 같은 신체 반응을 일으켜 생리적 각성 상태를 유발했고, 남성 참가자들은 이런 신체 반응이 다리에서 느끼는 불안인 줄 모른 채 여성에게 매력을 느껴서 나온 반응으로 잘못 해석했다고 설명했다. 정리하자면 뇌는 몸이 보내는 신호를 정확히 해석하지 못할 수도 있다. 몸이 느끼는 감각에 대해 스스로 어떤 이야기를 덧붙이는지 주의 깊게 살펴봐야 한다.

이런 각성의 오귀인Misattribution of Arousal으로 인해 남성 참가자들은 다른 상황보다 여성 실험자를 더 매력적으로 느꼈다. 이런 생리적 흥분에 대한 잘못된 해석은 심리학 실험실에서만 일어나는 현상이 아니다. 일상에서도 자주 일어나고, 때로는 웃기거나 예상치 못한 결과로 이어지기도 한다.

사람들은 흔히 감정을 단순한 원인과 결과의 과정에 따른 것이라고 생각한다. 어떤 일이 벌어지면, 그에 상응하는 감정이 자동으로 따라온다고 생각하는 것이다. 가령 짜증스러운 일이 생기면 화가 나고, 즐거운 일이 생기면 기분이 좋아진다고 여기는 것이다.

하지만 우리의 몸은 항상 이처럼 논리적인 경로를 따르지 않는다. 우리는 분노나 기쁨과 같은 선명한 감정을 느끼기보다는, 대개는 훨씬 기본적인 각성 상태를 먼저 경험한다. 그리고 순간적으로 우리를 둘러싼 상황에 따라 그 각성 상태에 이름을 붙이는 것이다. '각성'이라는 말은 본래 혈압 상승과 심박수 증가, 감각 예민도 증가와 같은 생리적 반응을 의미한다. 몸이 각성 상태가 될 때, 원인을 즉각 알아차리기 어렵다. 여기서 정말 중요한 점은, 마음이 전혀 준비되지 않은 상태에서도 몸은 얼마든지 각성 상태가 될 수 있다는 것이다.

다소 교묘한 데이트 팁을 하나 주겠다. 다음에 데이트 상대의 무의식에 당신이 '바로 그 사람'이라는 인상을 심어주고 싶다면, 신체가 자연스럽게 각성 상태가 되게 만드는 활동을 데이트 코스에 넣어보자. 롤러코스터와 공포 영화, 방 탈출 게임 같은 것이 있다. 상대가 이 책을 읽지 않았다면, 당신이 그 사람의 이상형이 아니어도 당신을 사랑하게 될지도 모른다.

물론 농담이다. 이번에는 진실로 도움이 되는 조언을 하겠다(치료사로서 윤리적 관점에서도 더 바람직한 조언이다). 당신이 누군가에게 데이트 신청을 받았는데 진심으로 상대에게 호감이 있는지 잘 모르겠다면, 흥분 상태에서 섣불리 속단하지 말고 가볍게 커피부터 마시거나(카페인도 몸을 각성시키니 디카페인으로 하자), 신체 반응을 덜 자극하는 활동을 택하는 것이 좋다. 반대로 더 활동적인 데이트를 해보기로 했다면 명심할 것이 있다. 당신의 신체적 무의식이 겉으로 드러나니 그 신호를 알아차리고 상대를 진심으로 좋아하는지는 몸이 아니라 의식 차원의 '당신'이 결정한다는 점을 계속 상기해야 한다.

> **진실의 교훈**
>
> 당신의 몸과 뇌가 어떻게 작동하는지 당신보다 더 잘 아는 사람이 있다면 그 정보를 이용해 당신을 조종하려 할 수도 있다. 자신을 더 깊이 이해해 주도권을 지켜야 한다.

더턴과 에런의 카필라노 현수교 연구는 '감정의 2요인 이론'을 토대로 해석되었다.[18] 이 이론에서는 인간의 감정 경험에는 두 가지 요인이 작용한다고 본다.

$$\text{감정} = \underset{\text{신체적 반응과 감각}}{\underset{\text{생리적 각성}}{\text{감정 요인 1}}} + \underset{\text{정신적 지각과 정보 처리}}{\underset{\text{인지적 해석}}{\text{감정 요인 2}}}$$

다음 4장에서 인지적 무의식이 세상을 바라보는 방식에 어떤 영향을 미치는지 자세히 알아보겠지만, 우선 여기서 우리의 몸과 뇌가 어떻게 지각을 생성하는지 이해하는 데 도움이 되는 또 하나의 실험을 소개한다.

감정의 2요인 이론은 1960년대 초, 스탠리 샥터 Stanley Schachter와 제롬 싱어Jerome Singer가 개발한 개념이다. 두 연구자는 참가자들에게 에피네프린Epinephrine이라는 호르몬을 주사해 심박수 증가와 손 떨림과 같은 신체적 각성을 유도했다. 다음으로 실험 조교를 참가자인 척 실제 참가자 옆에 앉혔다. 이 조교는 행복한 감정이나 분노한 감정을 연기했다. 실험이 끝날 때 실제 참가자들에게 기분이 어떤지 알아보자, 행복해하던 조교 옆에 앉은 참가자들은 기분이 좋았다고 답했고, 화를 낸 조교 옆에 앉은 참가자들은 짜증이 났다고 답했다. 같은 생리적 반응이라도 각자의 신체적 무의식이 정반대로 해석했고, 결과적으로 경험한 감정도 전혀 달랐다.

이 실험의 요점은 참가자들의 감정 반응이 상황과 맥락*에 따라 달라졌다는 점이다. 우리가 몸의 신호를 해석하는 방식에 주변의 사람들이 이토록 큰 영향을 미칠 수 있다면, 지금 우리가 어울리는 사람들이 혹시 우리의 사고를 오염시키지는 않는지 다시 점검하고 싶어질 것이다(소셜미디어에서 팔로우하는 계정은 꺼내지도 말자).

마지막으로 한 가지 비유를 들어보자면 이웃이 당신에게 가족 모임을 위한 케이크를 구워달라고 부탁했다. 그런데 모임에 참석할 사람들에 대해 들은 정보라고는, 다들 심장이 빠르게 뛰고 땀이 날 수도 있으며 호흡이 얕거나 깊을 수 있고 어쩌면 눈물도 흘릴 수 있다는 것뿐이었다. 감정의 2요인 이론에 따르면, 이런 상태의 맥락을 더 자세히 알아야 모임에 적합한 케이크를 만들 수 있다. 가령 결혼

- 어떤 사건이나 행동을 유발하거나 영향을 미치는 구체적인 조건과 환경, 배경을 의미한다.

식이라면 이런 생리적 반응은 기쁨과 설렘에서 비롯된 것이기 때문이다. 반면에 장례식이라면 화려한 색종이 장식이 튀어나오는 빨간색 3단 벨벳 웨딩 케이크를 보고 그 집 사람들이 황당해할 것이다.

감정은 단지 몸이 어떻게 느끼는지, 혹은 신체적 무의식에 무엇이 담겨 있는지로만 결정되지 않는다. 감정은 주변 상황과 뇌가 그 모든 상황을 어떻게 해석하는지에 따라서도 달라진다. 이웃집의 케이크를 만들기 전에 어떤 가족 모임인지 질문을 던질 의지가 있다면, 이제 자신에게도 질문을 던져야 한다.

신체적 무의식이 이미 정해놓은 해석을 그대로 받아들이기보다는, 가령 지금 이 감정이 무엇이고 자신에게 무엇이 필요한지를 그대로 받아들이기보다는, 그날 밤 벤지와 마커스, 에밀리와의 집단 치료에서 내가 한 것처럼 해보자. '지금 이 공간에 있는 것만으로 작업하기' 방식이다. 여기서 공간은 당신의 몸이고, '내담자'는 당신 안의 다양한 체계다.

신체 감각과 인지적 해석, 두 가지 모두를 통해 현실을 이해하려고 노력해야 한다. 다만 주의할 점이 있다. 다음 장에서 다루겠지만, 우리의 인지도 항상 우리의 통제 아래에 있는 것이 아니라는 점이다.

3장 요약

- 우리는 항상 우리가 느끼는 감정을 좋아하는 것이 아니다. 그래도 괜찮다. 그게 인간이다.
- 신체적 무의식은 우리를 살아 있게 해준다. 통증부터 에너지 수준과 배고픔까지 모두 감지한다.
- 우리 몸에는 그 자체의 마음(그리고 목소리)이 있다. 몸의 목소리에 귀를 기울이자.
- 우리의 모든 생각과 행동은 몸의 영향을 받는다.
- 우리는 말로 하는 것보다 훨씬 많은 이야기를 몸으로 표현하며 살아간다.

4장

뇌는 있는 그대로 보지 않는다

인지적 무의식

우리는 세상을 있는 그대로, **객관적으로** 인식할까? 진실을 말하자면 꼭 그렇지는 않다.

인간이 뇌를 가지고 현실을 어떻게 구성하는지 간략히 설명하자면 이렇다. 우선 몸이 뇌에 신호를 보내고 그 신호가 외부에서 들어오는 정보와 결합하면, 뇌는 이 모든 정보를 해석하려 한다. 그 해석의 결과가 우리가 경험하는 현실이다. 따라서 우리의 현실은 우리의 감정과 해석, 경험으로 이루어진 주관적 렌즈를 통과한 결과다.

우리 몸에는 눈이 있지만, 뇌에는 눈이 없다. 몸은 감각을 느끼지만, 뇌는 감각을 느끼지 못한다. 몸은 움직이지만 뇌는 움직이지 않는다. 뇌는 단지 뇌에서 일어나는 전기화학적 변화를 경험할 뿐으로, 감각 그 자체가 **아니라** 감각 신호의 결과를 경험한다. 그래서 뇌는 무슨 일이 일어나는지 지속적으로 추측한다.

뇌가 오로지 **현재** 발생하는 신호에만 의존해 현실을 추측한다면, 그 추측이 그리 정확하지 않을 것이다. 그런데 다행히도 뇌는 다른 정보도 함께 사용한다. 그중 중요한 한 가지는 **과거의** 경험과 그 경험이 제공하는 정보다.

하지만 중대한 문제가 하나 있다. 이 문제는 우리가 **자신의** 현실에서 무슨 일이 벌어지는지 정확히 파악하기 어렵게 만들 뿐 아니라, 연구자들이 사람들의 현실을 연구하는 것도 어렵게 만든다(실제 뇌 스캔을 들여다보는 연구도 마찬가지다). 연구자들은 이것을 역추론 문제라고 한다. 제임스 팰런 James Fallon이 이 문제를 잘 보여준다.

제임스는 내가 사는 곳에서 차로 불과 20분 거리에 있는 캘리포니아어바인대학교UCI에서 연구하는 신경과학자다. 어느 날, 제임스는 연구실의 책상 앞에 앉아 뇌 스캔을 살펴보고 있었다. 뇌 스캔의 대상은 우울증 증상을 보이는 사람과 조현병 환자, '정상인', 살인범까지 다양했다. 제임스는 사이코패스적 행동과 연관되어 보이는 뇌 부위를 찾던 중이었다. 그런데 책상 한쪽에는 또 다른 뇌 스캔 자료가 쌓여 있었다. 제임스 본인과 가족의 뇌 스캔이었다. 전혀 다른 목적을 위한 자료였다. 사이코패스 성향이 아니라 알츠하이머와 관련된 표지를 조사하는 별도의 연구를 위한 자료였다.

제임스는 뇌 스캔을 하나씩 검토하면서 파일 맨 아래쯤에 이르러 명백히 '비정상적인' 스캔 하나를 발견했다. 이 스캔에서는 전두엽과 측두엽(자제력과 공감 능력과 관련된 뇌 영역)의 활동이 현저히 저하된 것으로 나타났다. 사이코패스의 뇌처럼 보이지만 사실 그래서는 안 되었다. 알츠하이머 연구를 위한 가족 파일에서 나온 스캔이기 때문이었다. 그래서 스캔 자료는 원칙적으로 익명이고 비밀이 보장되어야 했지만, 그는 누구의 것인지 확인하기로 했다.

결과는 충격적이었다. 제임스 자신의 스캔이었다. 처음에는 스캔을 잘못 본 줄 알았다. '나는 누굴 죽인 적 없고, 성폭력을 저지른 적도 없잖아.'[1] 그래서 전두엽과 측두엽의 활동 저하가 사이코패스와 관련된 것이 **아닐** 거라고 추정했다. 그래도 확실히 해두기 위해 더 깊이 파고들기로 했다. 그러나 상황은 더 심각해졌다.

그는 우선 유전자 검사를 했다. 검사 결과에서 그는 MAO-A 유전자를 보유한 것으로 나타났는데, 공격성, 폭력성과 연관된 것으로 알려진 유전자였다. 다음으로 그는 가계도를 조사했고, 여러 유명한 살인범과 혈연으로 연결되어 있다는 결과를 얻었다. 마지막으로 그는 스스로 남들을 조종하려고 하는 등 사이코패스에게 흔히 나타나는 행동을 보인다고 인정했다. 그리고 모든 결과를 종합한 끝에 자신이 사이코패스라는 결론에 이르렀다. 다만 일반적인 사이코패스가 아니라, '친사회적 사이코패스'라고 보았다. 말하자면 사이코패스 유전자를 가지고 '태어났지만', 어린 시절에 학대나 방임이 아니라 사랑을 받으며 자란 사람이라는 것이다.[2] 진정한 공감 능력은 없지만, 사회적으로 허용되는 방식으로 행동한다는 것이다.[3]

사실 제임스는 **역추론**을 한 셈이었다. 뇌 스캔 하나만을 근거로 자신에 대해 여러 가지를 단정했고, 그것도 삶을 송두리째 바꿔놓을 정도의 극단적인 가정이었다. 하지만 그가 증거로 삼은 뇌 스캔은 특정 공감 검사를 수행하는 동안 뇌 활성화 상태를 보여주는 자료가 아니므로, 실제로 공감 능력이 있는지를 판단할 수 있는 증거가 되지 못했다.[4] 요컨대, 그의 결론은 지나친 비약이었고, 해당 뇌 스캔 자료는 그의 주장을 뒷받침하는 충분한 증거가 되지 못했다. 제임스는 진정한 사이코패스가 아니었다. 그 자신도 이 점은 인정한다. 그래도 여전히 '사이코패스가 될 수도 있었다'고 믿는다.

우리는 각자의 렌즈로 세상을 바라본다. 우리 뇌는 감정과 생각, 과거 경험을 뒤섞어 '현실'을 만들어내지만, 그것은 어디까지나 우리만의 현실이다. 현실은 사람마다 다르다.

제임스가 스스로 사이코패스라고 판단한 사례가 무섭게 느껴지는가? 제임스 자신도 무서웠다. 그래서 그는 지금도 자신의 행동을 의식적으로 관찰하면서 자신의 가치관에 맞는지 점검한다.[5] 하지만 나는 무섭지 않다. 그가 우리 동네 근처에 산다고 해도 말이다. 그리고 그와 같은 학교에서 맞은편 연구실을 쓰는 신경과학과 행동 연구자인 크레이그도 무서워하지 않는다. 크레이그는 이런 혼란스러운 상황에 대해 중요한 질문을 던진다. "제임스 주변의 누군가가 수상한 죽음을 맞는다면 어떻게 될까?"[6] 제임스의 뇌 스캔 결과지와 그가 사이코패스라는 주관적(설득력 있어 보이는) '정황'만으로 그를 유죄로 판단할까? 제임스는 그럴 가능성이 있다고 여긴다.

하지만 그가 구체적인 사이코패스 범죄를 저질렀다고 단죄하기에 앞서 우리의 가정과 판단, 인식이 정말 옳은지 최선을 다해 검토해야 하지 않을까? 이것은 법정에서만 마주하는 문제만이 아니라, 우리가 날마다 뇌를 쓰면서 겪는 문제이기도 하다. 우리는 특정 뇌 스캔 자료가 정확히 무슨 의미인지 파악하는 데 어려움을 겪을 뿐 아니라, 우리가 날마다 겪는 경험을 해석하는 과정에서 뇌가 정확히 무엇을 '스캔'하는지 파악하는 데도 어려움을 겪는다.

우리의 인지, 곧 정보를 획득하고 분석해 다양한 정신 활동에 적용하는 정신 과정은 우리가 내면 세계와 외부 세계를 인식하고 감지하고 처리하게 해준다. 그사이 뇌는 인지 과정을 거쳐 '현실'을 생성한다. 우리가 뇌에 어떻게 하라고 적극적으로 지시하거나 적어도 뇌가 어떤 결론을 내리는지 주시하지 않는다면, 모든 인지 과정이 우리의 통제 밖에서 무의식적으로 일어날 것이다.

신경과학자인 제임스에게는 한 가지 이점이 있었다. 뇌 스캔 하나만 보고 성급히 결론을 내리지 않은 점이다. 나는 제임스가 사이코패스가 될 수도 있었을지를 판단하고 싶지도 않고, 솔직히 관심도 없다. 내가 주목하는 부분은 그가 '사이코패스가 될 수도 있었던 사람'이라는 결론에 이르기까지 추가로 검사와 조사를 거쳤다는 사실이다. 그러나 대다수 사람은 그렇게까지 하지 않는다. 어떤 결정을 내리고 남들을 판단하고 진실을 말하기 전에, 잠시 멈추어 다시 생각해보거나 정보를 더 수집하는 과정을 거치지 않는다. 하지만 꼭 그래야 한다.

당신은 **정말로** 그 정치인에게 투표하고 싶은가? 아니면 온 동네에 도배된 선거 구호에 반복적으로 노출되어 설득당한 것인가? 당신은 **정말로** 최신 아이폰이 있어야 생산적으로 살 수 있다고 생각하는가? 아니면 매년 가을의 새 아이폰 출시 일정과 친구들과의 대화에 휩쓸린 것인가? 그 사람이 **실제로** 당신에게 위협이 되는가? 아니면 그 사람이 위험하다고 믿도록 누군가가 주입한 정보만으로 편견에 빠져 판단하는가?

당신이 이 책을 읽는 이유가 자신의 뇌 스캔을 들여다보며 '내가 사이코패스일까?'를 알아보려는 것은 아닐 것이다. 하지만 그보다 중요한 이유는, 당신이 어떤 식으로 판단하는지, 다시 말해 어떻게 생각하고 사람들을 어떻게 평가하며 무엇을 할지에 대해 스스로 어떻게 결정하는지 알고 싶어서일 것이다. 이것은 훌륭한 질문이다. 당신이 어떻게 결정을 내리는지에 대한 간단한 대답은 이렇다. 대개는 스스로 결정하지 않는다. 주로 인지적 무의식이 결정하고, 거의 자동으로, 독립적으로 작동한다.

인지적 무의식은 우리가 의식적으로 인지하거나 통제하지 못하는 상태에서 뇌에서 일어나는 **정신적 지각**과 **정보 처리 과정**으로 이루어진다. 1장의 자동차 비유로 돌아가 보자. 앞 장에서는 신체적 무의식을 설명하며 엔진을 비롯한 자동차의 차체를 살펴보았다면, 이번 장에서는 엔진, 곧 뇌가 어떻게 **체계적으로** 작동하는지, 다시 말해 소프트웨어가 어떻게 작동하고 자율주행 모드에서 어떻게 프로그래밍되어 있는지를 살펴본다. 소프트웨어는 어떻게 어떤 도로가 가장 빠르고 효율적이며 겉보기에 가장 바람직한지 판단할 수 있을까? 그리고 그 이유는 무엇일까?

인지적 무의식은 그 자체로 편향되고 자기중심적이다. 과거의 경험에서 나온 뿌리 깊은 정보와 의사 결정 과정에 의존하고, 주된 목적은 최소의 에너지로 몸과 뇌의 생존을 보장하는 것이다.

인지적 무의식을 비유적으로 이해하려면 '술 취한 사람의 수색' 원리를 떠올려보자.[7] 술 취한 사람이 가로등 아래에서 뭔가를 찾고 있었다. 경찰관이 다가와 무엇을 찾느냐고 묻자, 그는 "열쇠요"라고 대답했다. 그래서 둘이 함께 찾기 시작했다. 잠시 후 경찰관은 정말로 여기서 열쇠를 잃어버렸냐고 물었다. 그러자 그는 "아뇨, 공원에서 잃어버렸어요"라고 대답했다. 경찰관이 "그럼 왜 거기 가서 찾지 않느냐"고 묻자, 그는 이렇게 말했다. "여기에 불빛이 있으니까요."[8] 이 이야기의 요지는 이렇다. 무의식적 상태에서는 대개 가장 찾기 쉬운 곳에서 찾으려 한다. 그리고 우리는 술에 취했든 아니든 대부분의 시간(무려 95퍼센트의 시간)에 무의식 상태로 살아간다.

> **진실의 교훈**
> 우리의 뇌는 에너지 사용에 인색하고, 진실에는 무관심하다. 따라서 뇌가 스스로 해내는 일에 지나치게 의존하지 말아야 한다.

다음 문제에 빨리 대답해보자. 야구 배트와 공을 합쳐 1달러 10센트다. 배트는 공보다 1달러 더 비싸다. 공은 얼마일까?[9]

많은 사람이 즉각 떠올리는 대답은 '10센트'다. 틀렸지만 빠르게 도출할 수 있는 단순한 답이다. 1달러 10센트는 머릿속에서 간단히 1달러와 10센트로 나뉘고, 공이 10센트이고 배트가 1달러라고 하면 얼핏 말이 되는 것 같다.[10] 하지만 천천히 제대로 계산해보면 정답을 도출할 수 있다(정답은 5센트다).*

우리의 인지적 무의식은 놀라운 능력을 지녔다. 하루 동안 우리가 하는 모든 행동과 생각의 결과를 계산하는 능력이다. 예를 들어 신발 끈을 묶기 위한 정확한 동작 순서라든지, 특정 순간에 농구공을 어떻게 던져야 원하는 방향으로 들어가는지 등을 순식간에 계산한다. 빛의 속도처럼 보이지만 사실 인간의 사고 속도는 그렇게 빠르지 않다(시속 430km 정도다).

물론 무의식은 가끔 틀릴 수 있다. 때로는 엉뚱하게도 '내가 다른 인생을 살았다면 사이코패스가 됐을지도 모른다'라고 생각하게 만들기도 한다. 그렇다고 해서 무의식이 나쁜 것이 아니다. 무의식이 없다면 우리는 복잡한 세상에서 정보에 압도당해 제대로 기능할 수 없을 것이다.

우리의 인지적 무의식은 무대 뒤에서 분주히 움직이며 단서를 포착하고 위험성을 따져보고 사회적 상황을 원만히 넘기는 역할을 한다. 직감과 즉각적 판단, 빠른 선택은 모두 인지적 무의식에서 비롯된다. 이 내면의 '소프트웨어' 덕에 우리가 인생이라는 복잡한 길을 자율주행 모드로 달리듯 손쉽게 헤쳐나가는 것처럼 느껴지지만, 이것이 완벽한 안내자가 되어주지는 못한다. 인지적 무의식에 주의를 기울이고 의식적으로 조율한다면 더 나은 결정을 내리고, 인지 편향을 피하며, 자신과 세상을 더 깊이 이해하는 데 도움이 된다.

• 공은 5센트이고, 배트는 1달러 5센트이다. 그러면 배트가 공보다 정확히 1달러 더 비싸다.

술 취한 사람처럼 행동하지 마라. 진실을 어디서 찾아야 할지 스스로 통제하라. 가로등 불빛 아래서만 찾으려는 인지적 무의식의 좁은 시야에 갇히지 마라.

잠자리하기, 결혼하기, 죽이기

심리학의 사회인지 이론과 청소년들 사이에 유행하는 게임* 사이에 공통점이 있을까? 공통점은 없지만 이 책에서 두 가지 모두를 결합해보겠다.

먼저 게임의 이름은 '잠자리하기, 결혼하기, 죽이기Fuck, Marry, Kill'[11]다. 내가 세 사람을 묘사하면, 당신은 누구와 자고 싶고, 누구와 결혼하고 싶으며, 누구를 죽이고 싶은지를 골라야 한다. 항목마다 한 사람만 고를 수 있다.

자, 시작해보자.

- 이 게임이 청소년의 최고의 게임이라고 생각하냐고? 아니다. 내가 청소년일 때 해봤냐고? 그렇다. 청소년에게 추천하냐고? 절대 아니다. **최악의** 게임이냐고? 그건 상황에 따라 다르다. 아마도 아닐 것이다.

첫 번째 인물: 찰리

찰리는 최소한으로 생각하는 인지적 미니멀리스트다. 그는 지름길과 빠른 사고를 선호한다. 인생에서 충분히 많은 일을 겪었기에 이제는 모든 걸 손바닥 보듯 안다고 믿는다. "모든 걸?"이라고 물을 수도 있지만, 그 의미가 맞다. 그렇다, 찰리는 모든 걸 안다고 자부한다. 찰리는 자만심에 젖어 '다 안다'고 착각하는 부류다(실제로는 잘 알지도 못한다). 그는 신속히 결정하기는 하지만, 거의 모든 일에 세세한 부분을 기억하지 못하고, 자주 편향된 판단을 내리며, 잘 모르는 일에 대해서도 아는 척을 한다.

두 번째 인물: 니나

니나는 세심하게 사고하는 사람이다. 모든 상황(정말로 모든 상황)을 마치 과학 실험처럼 대한다. 어떤 결정을 내리기 위해 모든 데이터를 수집하고 가능한 모든 관점을 고려하며 모든 잠재적 결과를 예측해야 한다. 정확하고 철저한 편이지만 과도한 분석으로 인해 자주 과부하에 걸리고, 그로 인해 제대로 결정하는 데 어려움을 겪는다.

세 번째 인물: 맥스

맥스는 유연하게 사고하는 사람이다. 상황에 따라 빠르게 생각하기도 하고, 깊이 있게 분석하기도 한다. 균형 잡혀 있고 효율적이며 대체로 정확하고 적응력이 뛰어나다. 덕분에 효율적으로 문제를 해결하고, 언제 직감을 믿어야 하고 언제 자신을 들여다보며 상황을 파악할지 안다.

자, 선택했는가? 좋다. '잠자리하기, 결혼하기, 죽이기'라는 게임과 연관된 심리학 이론으로 귀인이론Attribution Theory이 있다.

 귀인이론은 1958년 프리츠 하이더Fritz Heider가 제안한 이론이다. 하이더는 인간이 두 가지 주요 욕구를 따른다고 보았다. 하나는 세상을 일관되게 이해하려는 욕구이고, 다른 하나는 환경을 통제하려는 욕구다. 하이더는 또한 인간이 일관성과 안정성, 통제감, 정확한 예측력을 원하고 필요로 한다고 보았다. 우리는 이런 욕구를 충족시키기 위해 귀인Attribution한다.[12] 우리가 경험하는 상황의 원인이 내면에 있는지 외부에 있는지(통제 소재), 안정적인지 불안정한지, 통제 가능한지 아닌지를 판단하는 것이다. 귀인은 의식적일 수도 있고 무의식적일 수도 있다. 하이더는 앞의 두 가지 인지적 욕구를 의식적으로 충족시키며 느리고 적극적이고 논리적으로 귀인하는 행위를 '순진한 과학자'라고 불렀다.

 니나는 순진한 과학자형 인간이다. 나라면 니나와 자기로 선택할 것이다. 니나는 처음 상황을 파악하는 데 시간이 걸릴 수 있겠지만, 결국엔 진짜 무슨 일이 벌어지는지 이해할 가능성이 큰 부류이기 때문이다.

 한편 과거의 경험에만 의존하고 가정을 허용하면서 무의식적으로 빠르고 단순하게 귀인한다면, 무의식에 판단과 결정할 권한을 위임하는 셈이다. 바로 찰리 같은 부류다. 찰리는 '인지적 구두쇠'다.[13] 그러니 찰리는 마땅히 죽여야 한다. 찰리는 아찔하게 높은 다리 위에서 일어난 각성 상태를 잘못 귀인해 당신에게 끌린다고 착각하는 부류다. 첫 데이트 이후 다시 연락하지 않을 유형이다.

 이제 남은 사람과 선택지는 하나다. 결혼은 맥스와 해야 한다. 맥

| 인지적 구두쇠 | 순진한 과학자 | 동기로 움직이는 전략가 |

스와의 결혼이 좋은 선택인 이유는 유일하게 남은 선택지여서만이 아니다. 맥스는 '동기로 움직이는 전략가' 유형이다.[14] 이 유형은 매력적이고 안정적이며 상황에 따라 빠르게 반응할 수도 있는 사람이다. 맥스는 자신의 인지적 무의식을 의식적으로 조절할 줄 알고, 자신이 언제 귀인 오류나 인지적 편향, 왜곡된 알고리즘에 빠지는지를 대체로 잘 파악한다. 한마디로 맥스 같은 사람이 되기를 원해야 한다. (맥스 같은 사람과 결혼하는 것도 나쁘지 않다!)

> [진실의 교훈] 인생에서 자신의 중간 지점을 찾고, 어떤 방식이 효과가 있고 어떤 방식이 효과가 없는지 판단하고 활용할 줄 아는 사람이 되어야 한다. 무엇보다도 내가 모든 것을 다 아는 것은 아니라는 사실을 인정할 만큼 호기심 많은 사람이 되어야 한다.

인지적 무의식은 똑똑하면서도 게으르다. 동시에 무수히 많은 연산을 처리할 수 있지만(이미 오래전에 암기된 연산이다), 새로운 연산은 굳이 배우고 싶어 하지 않는다. 그러니 우리가 개입해야 하는 것이다. 다음의 심리 이론들은 우리의 뇌가 얼마나 편향된 방식으로 세상과 현실을 인식하고 판단하고 해석하는지를 보여준다.

먼저 **기본 귀인 오류**가 있다. 어떤 운전자가 교통체증에 갇혀 경적을 울리며 화를 낸다. 당신은 그 사람을 보고 성질이 급하고 분노 조절이 안 되는 사람이라고 생각할 수 있지만, 알고 보면 그는 아픈 어머니를 만나러 급히 병원에 가는 길일 수도 있다. 이러한 오류는 외부 귀인(주어진 상황)보다는 내부 귀인(성격)에 의존했기 때문이다. 우리는 흔히 타인의 행동을 판단할 때 이런 경향을 보인다. 남의 행동을 판단할 때는 내부 요인에서 원인을 찾으면서 외부 요인의 영향을 과소평가하는 것이다. 우리는 다른 사람들을 진공 상태에 넣고 판단한다. 하지만 다음의 이론에서 보이듯이 우리 자신은 환경의 산물로만 간주한다.

행위자-관찰자 편향이 있다. 어느 날 집안일을 깜빡했다고 해보자. 아마 너무 바빠서라거나 다른 일로 정신이 없어서 그랬다고 생각할 것이다(외부 귀인). 그런데 자녀가 집안일을 안 해놓았다면 게을러서라거나 무책임하다고 야단칠 것이다(내부 귀인). 이처럼 우리는 자신의 행동은 외부 요인(상황이나 중압감)으로 돌리고, 다른 사람의 행동은 내부 요인으로 돌리는 경향이 있다.

우리는 자신에게는 관대하지만, 다른 사람에게는 비난을 퍼붓는다. 때로는 소리를 지르고 심하면 폭력을 행사하기도 한다. 전혀 괜찮지 않다. 부모라고 예외도 아니고, 자칫 아동학대일 수도 있다. 왜 이런 일이 벌어질까? 인지적 무의식에는 **지각적 현저성**Perceptual Salience[15]이라는 특성이 있어서다. 지각적 현저성은 우리가 의식의 손전등을 창고의 한쪽 구석이나 외부의 특정 지점에 비출 때 발생한다. 우리가 주의를 집중하는 지점에 따라 우리가 중요하게 여기는 대상이 달라지는 것이다.

우리가 기본 귀인 오류를 범하면서 다른 사람의 행동에 집중할 때는 **그 사람**에게 손전등을 비추게 된다. 따라서 **그 사람** 자체가 상황의 원인이 된다. 그리고 그 사람이 문제라는 결론에 이른다.

반면에 행위자-관찰자 편향에서는 손전등을 마무리하지 않은 집안일 같은 외부 상황을 비춘다. 그러니 뇌에서는 원인을 우리 자신이 아니라 상황(외부)에서 찾는다. 결과적으로 내 잘못이 아니라는 해석이 나온다.

하지만 일부 연구에 따르면, 참가자들에게 3장에서 소개한 '제3자 거울' 연습과 유사한 활동을 주문할 때는 외부 상황(예: 집안일)과 관련된 일이어도 책임을 내면으로 돌리는 경향이 나타났다.[16] 본인의 얼굴을 직접 보면, 특히 자신이 부끄럽거나 마음에 들지 않는 행동을 하는 모습을 보면, 그 순간 우리는 자신과 자신의 상황을 전혀 다르게 인식한다. 정말로 그렇다.

우리의 뇌는 남에게는 책임을 돌리고 자신에게서는 책임을 덜어주는 방식으로 작동한다. 뇌는 비난할 대상을 재빨리 찾아내 그 대상에 주의를 집중한다. 하지만 자신과 직접 대면하면 그만큼 더 성장할 기회를 얻는다.

잘못된 귀인에 더해서, 우리 뇌는 휴리스틱을 사용해 무의식중에 인지적 구두쇠처럼 행동한다. **휴리스틱**이란 복잡한 판단이나 문제를 단순한 추정과 해결책으로 바꾸는 마음의 지름길이다. 먼저 예시를 하나 들어보자.

당신이 길에서 넥타이를 매고 서류가방을 들고 주식시장 이야기를 하는 사람을 지나쳤다고 하자. 은행원인가 보다고 생각하기 쉽다. 이는 **대표성 휴리스틱**Representativeness Heuristic이 작동한 것이다. 당신의 판단은 여러 가능성을 고려하기보다는 그 사람이 당신 머릿속의 '은행원'이라는 이미지와 얼마나 일치하는지를 기준으로 나온 것이다. 사실 그 사람은 대학교수이고, 암호화폐로 돈을 다 날린 뒤 이제야 주식으로 자산을 굴렸어야 했나보다 하고 후회하는 중인지도 모른다.

우리는 어떤 일이 일어날 가능성을 판단할 때, 복잡한 가능성을 고려하기보다 머릿속의 '표준' 이미지와 얼마나 유사한지에 따라 판단하는 경향이 있다. 결국 우리는 좋든 싫든 사람을 자동으로 분류하고 고정관념에 따라 판단한다. 하지만 우리가 이런 편향을 자각하고 더 많은 가능성을 인정한다면, 더 나은 판단을 할 수 있다.

또 다른 예를 들어보자. 당신이 휴가여행을 계획 중이라고 해보자. 최근에 비행기 추락 사고를 다룬 다큐멘터리를 보았고, 여행과 관련해 드물게 발병하는 질병에 관한 기사를 읽었다. 통계적으로는 매우 희박한 경우지만, 최근에 뉴스를 접한 데다 정서적으로 강렬한 정보라 뇌리에 깊이 박혀서 비행기가 위험한 교통수단으로 느껴진다. 그래서 결국 빠르고 안전한 비행기 대신, 길고 피곤한 자동차

여행을 선택한다. **가용성 휴리스틱**Availability Heuristic이 휴가 계획을 망치게 내버려두지 말자. 어떤 정보를 쉽게 기억할수록, 다시 말해 그 정보의 '가용성'이 높을수록, 그 정보를 기준으로 판단할 가능성이 커진다. 특히 감정적으로 강렬하거나 최근에 접한 정보일수록 기억에 더 또렷이 남는다.

새 휴대폰을 산다고 했을 때 처음 본 제품의 가격이 1,500달러라면(세상이 어쩌다 이 지경이 된 거지?) 이 가격이 '기준점'이 된다. **기준점과 조정 휴리스틱**Anchor and Adjustment Heuristic으로 인해 그 뒤로 1,200달러나 1,000달러짜리 제품을 봐도 '고작'으로 느껴지며 비교적 합리적인 가격으로 보인다. 애초부터 이 정도 금액을 각오하고 나왔다면 다행이지만 기준점이 높게 설정되면, 처음에 정해둔 예산보다 돈을 더 많이 쓰게 될 수도 있다. 기준점보다 낮기만 하면 합리적인 가격으로 보이기 때문이다. (다시 묻겠다. 꼭 그걸 사야겠나?)

자신의 기준점(가격뿐 아니라 초기의 가치 점수)을 인식하고 점검하면서 애초에 기준이 될 수 있는지를 확인하라. 예를 들어 누군가를 좋은 친구로 여기는 이유가 고등학교나 대학 시절에 알던 고약한 친구와는 달라서인가? 아니면 그동안 당신에게 효과적이지 않던 기준점을 바꾸어 친구의 개념을 새롭게 정립한 적이 있는가? (자, 우리가 할 일이 얼마나 많은가?)

'자기, 결혼하기, 죽이기' 게임은 심리학의 사회인지 이론과 전혀 다른 개념처럼 보일 수 있지만, 사실은 두 가지 모두 우리의 판단과 결정을 다룬다. 인지적 구두쇠인 찰리와 순진한 과학자인 니나, 동기로 움직이는 전략가 맥스는 우리의 뇌가 상황에 따라 어떻게 작동할 수 있고 실제로 어떻게 작동하는지 보여주는 상징적 인물이다. 우리는 찰리 같은 인지적 무의식(오류와 편향, 휴리스틱)을 간단히 '죽여버릴' 수는 없다. 또 그러고 싶지도 않은 것이, 이 책에서 다룬 잠자리하기, 결혼하기, 죽이기 게임뿐 아니라 실제 인생이라는 게임에서도 필요한 요소이기 때문이다.

가끔 니나와 만나는 것도 나쁘지 않다. 자신이 언제, 어디서, 얼마나 무의식적으로 인지적 결정을 내리는지 진지하게 분석하는 시간도 필요하다. 그러면 자신의 욕구를 더 잘 충족시킬 수 있을지도 모른다. 하지만 늘 기억하자. 동기로 움직이는 전략가인 맥스가 현재도 그렇고 앞으로도 언제나 가장 현명한 선택이다.

뇌는 우리보다 더 많은 것을 기억한다

뇌는 판단할 때 과거의 정보와 경험을 바탕으로 편향과 휴리스틱을 가동한다. 그래서 뇌에는 **기억**이 필요하다.

뇌는 단기 기억과 장기 기억을 저장할 수 있다. 단기 기억은 작업 기억Working Memory이라고도 하는데, 현재의 과제와 관련된 정보를 임시로 보관하는 역할을 한다. 예를 들어 누군가가 전화번호를 불러줄 때 받아적을 펜을 찾는 동안 기억하는 것이다. 단기 기억은 말 그대로 짧은 시간 동안 정보를 저장해 주어진 일을 처리하게 해준다.

반면에 장기 기억은 훨씬 방대한 저장 능력을 보유하고(다시 창고 비유를 떠올려보자), 며칠에서 평생에 이르기까지 장기간 정보를 보관할 수 있다. 장기 기억에는 두 가지 유형이 있다. 명시적 기억Explicit

Memory과 암묵적 기억Implicit Memory*이다.

명시적 기억은 쉽게 떠올리고 언어로 표현할 수 있는 사실과 사건, 지식을 포함한다. 숫자와 일반 상식, 개인적인 경험(학교에 처음 간 날이나 기억에 남는 휴가여행)이 여기에 해당한다.

반면에 **암묵적** 기억은 무의식적으로 작동한다. 굳이 생각하지 않아도 자연스럽게 해낼 수 있는 일들이다. 여기에는 절차적 기억(자동차 운전과 신발 끈 묶기), 점화 효과(내가 '의사'라고 말하면, 당신의 뇌는 '탁자'보다는 '간호사'를 먼저 떠올릴 가능성이 크다), 고전적 조건형성(어떤 끔찍한 소식을 들은 순간에 들렸던 노래를 그 뒤로 계속 싫어하는 것처럼, 뇌에서 무관한 두 가지 자극을 연결해 기억하는 현상)이 있다.

암묵적 기억은 인지적 무의식의 산물이다. 이 기억은 반복되거나 정서적으로 중요한 경험을 통해 형성되고, 우리가 의식하지 못하는 사이 우리의 행동을 이끌기도 한다. 때로는 유익할 수도 있고, 그렇지 않을 수도 있다.

장기 기억 → **명시적(의식적)** = 의미론적 / 삽화적
　　　　　→ **암묵적(무의식적)** = 절차적 / 점화 효과 / 정서적 조건형성

때로 암묵적 기억은 우리에게 도움이 되기도 한다. 내가 상담한 내담자는 15년 만에 아버지를 다시 만났다. 여덟 살 때까지 아버지

- **명시적**은 의식적인 사고와 인식을 의미하고, **암묵적**은 무의식적이거나 자동적인 정보를 의미한다.

를 알았지만, 당시의 많은 기억이 억압되거나 다른 기억에 덮였다. 그녀의 뇌는 당연히 아버지의 얼굴을 알아보지 못했지만(그럴 수 있었다), 아버지가 입을 열어 말하자마자 눈물을 터뜨리며 달려가 아버지를 끌어안았다. 그녀의 신체적 무의식은 어릴 적 아버지와 함께 있을 때의 감정(사랑, 편안함, 안전감)을 기억하고, 인지적 무의식은 이런 몸의 느낌과 함께 아버지의 목소리를 암묵적 기억으로 저장한 것이다. 그녀의 몸은 '안전함'을 기억하고 그녀의 뇌는 같은 공간에 아버지의 목소리와 안전함을 함께 저장해두었다. **그녀의 의식**은 기억하지 못했지만, **몸과 뇌**는 아버지를 기억한 것이다.

이런 숨겨진 기억에는 어두운 면도 있다. 외상 경험은 우리를 따라다니며 괴롭히는 기억으로 저장되어 플래시백과 악몽, 정서적 고통을 유발할 수 있다. 그리고 이 기억이 우리가 알아채지 못하는 사이 우리의 관점을 형성할 수 있다.

예를 들어 특정 집단에 대해 부정적 경험을 한 적이 있다면, 우리의 뇌는 그 집단과 비슷해 보이는 사람들이 근처에 있을 때도 불편함이나 불안감을 끌어낼 수 있다. 우리의 무의식은 의식이 상황이나 사람을 판단하기도 전에 우리가 어떻게 느끼고 생각하고 행동할지를 먼저 결정한다.

또 이런 숨겨진 기억은 우리가 원하지 않을 행동을 하도록 밀어붙일 수도 있다. 예를 들어 흡연이나 과식 같은 중독적 행동과 연결된 기억이 있다면, 뇌는 우리가 끊으려고 애쓰는 중에도 계속 그 행동을 하도록 부추길 수 있다.

여기서 꼭 기억해야 할 차이점이 있다. 명시적 기억은 우리가 무언가를 떠올리려고 할 때 적극적으로 떠올려지는 **경험**이다. 암묵적 기억은 '기억하려 하지 않아도 기억나는' 것에 가깝다. 교묘하게 작동하고, 말로 표현되지 않으며, 행동과 감정, 감각의 형태로 나타난다. 예를 들어 오랜만에 자전거를 타는데도 곧바로 페달을 밟고 달릴 수 있다면, 바로 암묵적 기억이 작동한다는 뜻이다. 반면 처음 자전거 타는 법을 알려주거나 자동차를 운전하는 법을 알려주거나 그 밖에도 이제는 몸에 밴 절차적 작업을 가르쳐준 사람이 누구였는지 떠올려보라. 이것이 명시적 기억이다. 어떤 사건을 적극적으로 떠올리는 행위다.

생애 최초의 기억은 암묵적 기억일 것이다. 생후 두세 살 무렵까지는 뇌가 아직 충분히 발달하지 않아 명시적 기억을 저장할 수 없다. 명시적 기억을 저장하려면 뇌가 좀 더 발달해 세부 정보를 저장하거나 언어로 상황에 의미를 부여할 수 있어야 한다. 보통 세 살 이전에는 일관되게 말하는 법을 배우지 못하고, 뇌도 마찬가지다.

그렇다고 유아기의 기억만 암묵적 기억으로 남는 것은 아니다. 우리의 인지적 무의식이 삶을 이끌어가는 데 사용되는 암묵적 기억은 그보다 훨씬 다양하다. 예를 들어 우리가 한 살 때 운전을 배우는 것도 아니고 버네사 칼턴Vanessa Carlton의 노래 'A Thousand Miles' 가사를 외우는 것도 아니지만, 많은 사람이 살면서 적어도 한 번은 별 생각 없이 이 두 가지를 동시에 수행한 경험이 있다.* 암묵적 기억은 주로 무의식에 의존한다. 다시 말해 '기억하지만 기억하지 못하

• 이 곡의 피아노 선율이 들리나요? 고맙기는요.

는' 것이다. 의식적으로 끌어올리는 기억이 아니므로, 대개 시간과 연결되지 않고 현재 일어나는 일처럼 느껴진다. 왜일까? 시간이라는 개념 자체가 의식의 구성 개념이기 때문이다. 암묵적 기억은 우리가 그것을 떠올릴 때 (좋든 싫든) 실제로 지금 일어나는 일처럼 생생하게 체감된다. 자전거에 올라타 페달을 밟는 순간, 자전거는 '자전거 타기'라는 기억을 자극하는 자극제가 된다. 그 기억은 우리가 처음 자전거를 배운 방식 그대로 다시 작동한다.

당신이 어떤 일로 자극을 받아 외상성 암묵적 기억과 행동이 활성화되면 심각한 재앙이 될 수 있다. 현재가 과거의 괴로운 시간, 곧 자신을 방어하거나 보호해야 했던 그때처럼 느껴질 수 있어서다.

암묵적 기억은 다양한 경험과 과정을 통해 형성된다. 반복이 핵심 요소다. 어떤 활동을 반복하거나 같은 경험이 계속될 때, 뇌는 점차 그와 관련된 암묵적 기억을 형성한다.[17] 예를 들어 매일 기타를 연습하면 우리의 뇌와 몸은 손가락과 피크를 동시에 어디에 둘지 정확히 알고, 나중에는 아무 생각 없이 할 수 있게 된다. 이런 식으로 록스타가 탄생하는 것이다.

강렬한 감정도 암묵적 기억을 형성하는 데 기여한다.[18] 외상적 사건은 강렬한 무의식적 정서 반응을 유발하는 암묵적 기억을 생성한다. 파블로프의 유명한 개 실험[19]에서 보듯, 고전적 조건형성 역시 암묵적 기억으로 가는 또 하나의 경로다. 중립적 자극이 무의식적 반응과 연결되고, 시간이 지나면 이 연결이 암묵적 기억으로 굳어진다. 예를 들어 취업 면접에서 면접관으로 참석했는데 지원자가 옛 연인이 쓰던 향수를 뿌렸다면, 과거 연애사에 따라 그 지원자에게 호감을 느낄 수도 있고, 반대로 거부감을 느낄 수도 있다.

감각적 경험과 사회적 학습, 문화적 규범도 암묵적 기억 형성에 영향을 미친다. 우리 뇌에 저장된 무의식적 기억은 외상적 경험만이 아니다. 암묵적 기억은 계속 숨겨져 있으면서 항상 작동해 우리의 행동과 감정, 인식을 조용히 이끈다. 이런 영향을 피하기 위한 전략은, 시간을 들여 자신의 인지적 무의식을 관찰하고, 거기서 암묵적으로 떠오르는 기억을 알아챈 다음, 오직 지원자의 자격과 해당 직무의 필요에 따라 판단하도록 의식적으로 방향을 조율하는 것이다.

인간은 서로 따라다니는 양이다

다음 세 가지 기사 제목을 보자.

1. "민주당 유권자들은 양 떼다."[20]
2. "공화당 지지자들이 민주당 지지자들을 양이라고 부르는 것은 위선 그 자체다."[21]
3. "민주당과 공화당 중 어느 쪽에 양이 더 많은가?"[22]

세 번째 질문에 대한 내 대답은 어느 쪽에도 양이 더 많지 않다는 것이다. 우리는 모두 양이다. 왜 양 이야기를 꺼냈을까? 양은 본능적으로 서로를 따라다니는 동물로 유명하기 때문이다.

2017년 4월 말, 메리엄-웹스터 Merriam-Webster 사전에 신조어 하나가 등재했다. '양인간 Sheeple', 곧 '쉽게 휘둘리는 사람들'이라는 뜻이다.[23] 사전에 실린 예문은 다음과 같다.[24] "애플이 배터리 소모가 심한 아이폰용 배터리케이스를 출시했다. 양인간들은 이 크고 투박한 케이스를 99달러나 주고 살 것이다."[25] 속어 중심의 온라인 사전인 어반 딕셔너리Urban Dictionary에서는 '양인간'을 '스스로 생각하지 못하는 사람'이자 '자신만의 인지 능력을 상실한 사람'이라고 정의한다.

정치부터 기술 분야에 이르기까지 그리고 여기서는 인지적 무의식에 이르기까지, 사람들은 적어도 85년 전부터 서로를 향해 '양'이나 양과 인간을 합친 '양인간'이라고 불렀다.[26] 그리고 흔히 쓰이는 표현이라, 이제 우리 언어에 영구히 자리 잡았다.

흥미로운 사실은 남을 따라다니고 흉내 내고 영향받는 행동은 '양인간'이라는 단어의 사용법을 넘어선다는 점이다. 이것은 인간 행동의 근본적 측면으로, 인지적 무의식에 깊이 뿌리내린 특징이다. 예를 들어 부모가 웃을 때 아기가 따라 웃는다거나(혹은 반대이거나), 누군가 하품하면 옆 사람도 하품하는 현상이 있다.

우리는 주변 사람들의 행동과 태도, 감정까지도 무의식중에 따라 하는 경향이 있다. 심리학에서는 이런 현상을 '감정 전염'과 '행동 모방'이라고 부른다. 우리는 모두 맹목적으로(사실은 무의식적으로) 양 떼처럼 다른 사람들을 따라간다.

감정 전염은 감정이 한 사람에게서 다른 사람에게로 무의식적으로 전달되는 현상이고, **행동 모방**도 의식하지 않은 채로 타인의 행동을 모방하는 현상을 의미한다.

사회 운동이나 시위를 예로 들어보자. 사람들이 한 가지 목적을 위해 모이고 목소리를 내면, 그들의 열정과 결의가 주변 사람들에게 전염될 수 있다. 원래는 그 문제에 무관심하거나 무지하던 사람도 어느새 관심을 보이며 동참한다. 하지만 이들은 대개 시위대에 참여하거나 소셜미디어 콘텐츠를 둘러보면서 '그래, 나도 나가봐야겠어. 직접 가서 봐야겠어. 그리고 설득당해야겠어!'라고 생각하고 행동하는 것이 아니다(그래서 활동가들이 한 사람의 목소리도 중요하다고 말하는 것이다. 그 하나의 목소리가 다른 누군가의 무의식에 닿는 연결고리가 될 수 있어서다).

관객의 웃음소리가 삽입된 시트콤 장면을 본 적이 있는가? 녹음된 웃음소리는 가정에서 시청하는 사람들에게 언제 웃어야 할지 알려주는 신호가 된다. 어떤 농담이 별로 웃기지 않아도, '관객'의 웃음소리가 실제로 웃음을 유발할 수 있다.

혹은 주식시장의 행동은 어떤가? 주가가 갑자기 폭락해 시장에 공포감이 퍼지면 다른 투자자들에게 일종의 감정 전염을 일으켜 더 많이 매도하게 만든다. 반대로 주가가 상승하고 다른 투자자들이 수익을 내는 모습을 보면, 순간 탐욕이 전염되어 더 많은 사람이 투자에 뛰어든다.

주변 사람들이 결정하거나 특정 감정을 느끼는 것을 보고(누군가 술을 마시기로 하거나, 화를 내고 짜증을 내는 모습을 볼 때) 순간 우리 자신은 무엇을 해야 할지 갈팡질팡한다면, 우리의 내면에서 무의식과 의식이 치열하게 충돌한다는 의미다. (우리가 평생 이런 내면의 전투를 치러오고도 그런 줄도 몰랐을 수 있다는 사실이 참 놀랍지 않은가?) 이런 순간에 뇌는 우리를 대신해 결정하려 하고, 우리는 결정을 뇌로 넘기지 않으려 안간힘을 쓰는 것이다.

우리는 모두 양이다

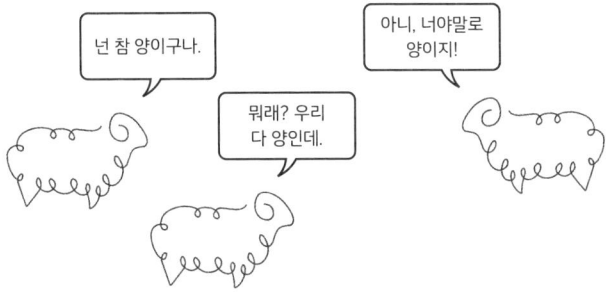

뇌가 모방과 감정 전염을 어떻게 활용하는지 이해하는 것은 정신 건강에 매우 중요하다. 이런 과정이 심신의 건강에 긍정적 영향을 미치기도 하고 부정적인 결과를 초래하기도 해서다. 감정 전염은 특히 사회적 지지라는 맥락에서 유익한 능력이 될 수 있다. 남들이 공감과 친절, 연민을 표현하는 장면을 보면, 우리도 그 감정을 거울처럼 반영하는 경향을 보이기 때문이다.

안타깝게도 감정 전염은 심각한 결과로 이어질 수도 있다. 이미 정서 문제와 정신 건강의 어려움을 겪는 사람은 자기도 모르게 감정 상태를 타인에게 '전달'할 수 있고, 이로 인해 부정적인 감정을 사회적 관계망에 퍼트릴 수 있다. '자살 전염'은 충분한 연구가 이루어진 현상으로, 공동체에서 자살 시도나 자살 사건이 발생하면 다른 사람들 사이에도 자살 충동이나 자살 시도의 빈도가 증가하는 경향을 의미한다.[27] 다만 분명 짚고 넘어갈 점은 자살 성향이 있는 사람과 자살 얘기를 한다고 해서 자동으로 자살 위험이 커지는 것은 **아니라는** 것이다. 그러니 부디 사랑하는 사람에게 계속해서 말을 건네고, 관심을 표현해주길 바란다.

감정 전염과 유사하게 행동 모방으로도 유익하거나 해로운, 적응적이거나 부적응적인 습관을 받아들일 수 있다. 예를 들어 친구가 규칙적으로 헬스장에 다니기 시작하면, 우리도 덩달아 운동을 시작할 수 있다. 반대로 사회적 관계망으로 이어진 누군가가 마약과 같은 해로운 행동을 시작하면 우리도 그 행동을 따라 할 위험이 있다.

우리는 남들의 행동을 따라 한다. 무의식중에 타인의 행동을 따라 한다는 점에서 우리도 어찌 보면 '양'이다. 흥미롭게도 인간이 맹목적으로 따라 하는 순간은 비단 남들을 따라 할 때만이 아니다. 우리는 **자신의 뇌**가 두 가지 과정에서 이미 하는 일을 맹목적으로 따라 한다. 대표적인 예가 하나는 점화 효과이고 다른 하나는 상황 및 맥락이다.

점화 효과 Priming는 한 상황에 노출되면 자기도 모르는 사이 다른 상황에 대한 반응에도 영향을 받는 현상이다. 첫 번째 경험이 우리의 마음속에 씨앗을 심고 그 씨앗이 자라나 다음 생각이나 행동으로 이어지는 것이다. 점화 효과는 시각적 단서부터 미묘한 암시에 이르기까지 다양한 형태로 나타나고, 생각보다 우리의 지각과 행동에 훨씬 강한 영향을 미친다. 예를 들어 노인의 이미지를 잠깐 보기만 해도 자기도 모르게 걸음걸이가 느려질 수 있다. 마음속에서 '노년'이라는 개념이 점화되어서다. 마찬가지로 범죄 관련 뉴스를 접하기만 해도 무의식중에 좀 더 경계심을 가질 수 있다.

점화 효과를 이해할 필요가 있다. 우리의 뇌가 외부 자극에 얼마나 쉽게 영향을 받고, 우리의 생각과 행동이 어떻게 우리의 명시적

동의나 인식 없이 형성될 수 있는지 보여주기 때문이다. 우리가 종종 무의식중에 다른 사람들의 행동을 모방하거나 그 사람들을 따라 하듯이, 점화 효과는 우리의 주변 세계가 끊임없이 우리의 무의식적 반응을 형성하는 것을 보여주는 증거이기도 하다.

그리고 이런 영향을 미치는 것은 현실 세계만이 아니다. 우리가 마음속으로 상상하는 세계에도 실질적으로 영향을 미친다. 연구에 따르면 어떤 개념이 머릿속에 떠오르기만 해도, 충분히 일반적인 상황적, 맥락적 특성을 담은 개념이라면 행동에 영향을 미칠 수 있다. 어떤 상황과 그 맥락을 인식하기만 해도 자기도 모르게 행동 양상이 달라질 수 있다.[28] ('생각하는 대로 이루어진다'는 개념이 아니다. 이 개념은 의식하고 행동한다는 의미하지만, 점화 효과는 무의식적인 반응이다.)

한 연구에서는 참가자들에게 여러 장소 중에서 한 장소에 봉투를 배달해달라고 요청했다. '조용한 공간'으로 인식되는 도서관을 배정받은 참가자는 도서관이 아닌 다른 공간을 배정받은 참가자들에 비해 무의식중에 더 조용히 대화했다.[29] 또 한 연구에서는 참가자들에게 주말에 이메일로 연락했다. 일부 참가자에게는 이메일에 회신하면서 사무실을 묘사해달라고 요청하고, 다른 참가자에게는 이런 요청을 하지 않았다. 그런 다음 모든 참가자가 동전 던지기 게임을 하고 앞면이 나온 횟수를 연구진에게 직접 보고하라고 요청했다. 실제로 상금이 걸린 게임으로, 앞면이 더 많이 나올수록 돈을 더 많이 받아갈 수 있었다.

실험이 끝나고 동전 던지기를 하기 전에 사무실을 묘사한 참가자가 다른 참가자들보다 동전 앞면을 훨씬 더 많이 보고했다. 확률상 우연으로 보기 어려운 수준이었다. 사실 이들 참가자는 모두 은행에서 일하는 사람들이었다. 그들의 사무실인 은행을 생각하기만 해도 무의식적으로 돈을 더 벌고 싶은 욕구가 자극되었고, 그 결과 동전 던지기의 결과를 과장해 보고한 것이다.

우리가 이렇게 쉽게, 무의식적으로 영향을 받을 수 있다는 사실이 불편하게 느껴질 수도 있다. 흥미롭게도 연구에 따르면, 우리는 누군가에게 영향을 주는 것처럼 보일 때는 대체로 긍정적으로 받아들인다. 많은 경우, 누군가가 우리의 행동을 따라 하면 우리는 그 사람에게 더 많이 조언할 뿐만 아니라,[30] 그들이 파는 물건을 더 많이 사주고 그 경험을 더 좋게 평가한다.[31]

기분이 더러우니 사형을 선고한다

당신이 두 곳에서 일자리를 제안받았다.

하나는 명망 있는 회사의 유망한 직책으로, 고액 연봉과 해당 분야에서 두각을 드러낼 기회가 많다. 다른 하나는 명성은 덜해도 연봉이 비슷하고 일과 삶, 가족과의 균형을 더 잘 유지하게 해주는 자리다.

당신은 처음에는 고위직 일자리를 선택하기로 한다. 왜일까? 당신도 인간이고, 성공하고 싶기 때문이다. 당신에게 성공은 직업적 발전과 외부의 인정이다(적어도 이 상황에서는 그렇다). 하지만 당신이 고위직을 수락한 후, 배우자가 정신 장애를 앓고 당신이 가족으로서 곁에서 더 많이 있어 주면 큰 도움이 된다는 것을 알게 된다. 이런 상황이라면 당신 안에서 인지적, 어쩌면 감정적으로 갈등이 일어날 가능성이 크다. 더 높은 지위를 보장하는 일자리를 수락하고 고위직이면 가족을 더 잘 돌볼 수 있다고 자신을 설득할 것인가? 아니면 직업적 인정 욕구는 잠시 내려두고 균형 잡힌 삶을 살게 해주는 일자리를 선택하는 것이 최선이라고 자신을 설득할 것인가?

당신은 무엇을 할 것인가? 무엇을 **하고 싶은가?** 왜 그렇게 하고 싶은가?

당신의 결정에 영향을 주는 요인은 많겠지만, 그중에 당신이 한 인간으로서 어떤 선택을 하든 매 순간 뿌리 깊게 작용하는 핵심 요소가 있다. 바로 당신 안에, 우리 모두 안에 존재하는 **인간의 근본적인 동기**다.

인간의 근본적인 동기란[32] 우리 안에 각인된 진화적 원동력으로 행동에 영향을 준다. 우리는 좋든 싫든 인간이고, 인간은 안전을 추구하고 질병을 피하며 사람들과 동맹을 맺고 지위를 얻고 짝을 찾고(그 관계를 유지하고) 서로 돌보고 싶어 한다. 이것이 인간의 동기이고, 이 동기가 의식적으로도, 무의식적으로도 우리를 조종한다. 우리 안에서 동기가 활성화되면, 신경계와 인지 능력, 언어 능력 등 뇌와 신체의 특정 부위가 함께 작동하면서 동기의 궁극적 목표를 달성하려 한다. 이처럼 함께 작동하는 영역을 묶어서 '시스템System'이라고 한다. 동기와 시스템은 오랜 시간에 걸쳐 진화하면서 인간이라는 종의 생존과 번식력을 끌어올리도록 발전했다.

다음은 여섯 가지 인간의 근본적인 동기와 이들 동기가 우리 안에서 어떻게 활성화될 수 있는지를 보여주는 예시다.

자기 보호(담요) 동기는 다른 인간이나 외부의 위협에 대응하면서 발달했다. 이 동기에는 투쟁-도피-동결 반응과 미세하고 갑작스러운 움직임을 감지하는 능력, 더 안전해 보이는 쪽을 선택하게 하는 판단력이 있다. 이 동기는 화난 표정과 어둠, 무서운 상황과 같은 자극에 의해 유발되어 내면의 보안 장치처럼 작동한다. 이 동기가 활성화되면 잠재적 위협에 대한 경계심을 커지고 대체로 스스로 인지하지 못하는 사이 조심스럽고 위험을 회피하는 행동이나 방어적이고 보호적인 행동을 유도한다(이런 행동은 다양한 형태로 나타날 수 있다).

질병 회피(물티슈) 동기는 그 이름에서 알 수 있듯이 인류를 끊임없이 위협하는 전염병에 의해 진화했다. 우리 몸에 내장된 일종의 바이러스 백신 소프트웨어다. 이 동기는 질병과 관련된 단서를 감지하고 감염을 피하는 행동을 유도한다. 예를 들어 역겨움을 유발하기도 하고, 낯설거나 '더럽게' 느껴지는 환경이나 행동, 사람을 의식적으로든 무의식적으로든 피하게 만든다. 어떤 사람에게 고약한 냄새가 나면 먼저 몸을 살짝 돌린 뒤에야 '아, 이 사람 냄새가 심하네'라고 생각하는 식이다. 대체로 이런 반응이 순식간에 일어나므로, 의식적으로 생각하기 전에 몸이 먼저 움직인 줄도 모르지만 실제로 그렇다.

소속 욕구(사슬)의 기원은 인류의 조상으로 거슬러 올라간다. 과거의 인류에게는 집단생활이 생존의 필수 조건이었기 때문이다. 이 동기는 사회적 관계망의 관리자처럼 우리의 여러 능력(몸짓 언어를 읽는 능력, 사회적 유대감을 높이는 호르몬, 협력적 행동에 참여하는 능력)을 이용해 우리의 행동에 영향을 미친다. 이 동기는 사람들과 연결하

인간의 근본적인 동기

담요 자기 보호	물티슈 질병 회피	사슬 소속 욕구
사다리 지위	사로잡고 붙잡아두기 짝을 구하고 유지하기	공동체 친족 돌보기

고 싶게 만들고, 집단 역학과 친구 관계, 소속감과 관련된 다양한 신호에 민감하게 반응한다.

하지만 무의식은 항상 우리가 살아남기 위해 애쓴다. 그래서 소속 욕구가 있어도 과거에 타인에게 상처를 받은 경험이 있다면 담요(자기 보호 욕구)가 사슬(소속 욕구)보다 먼저 작동할 수 있다. 담요는 우리를 고립시켜서라도 보호하려 하고, 사슬은 고립되면 무척 외롭다고 느끼게 만든다.

인간은 **지위**(사다리)를 향한 강렬한 욕구와 함께 자신의 사회 집단에서 존중과 명성을 얻으려는 욕구를 갖는다. 사다리 동기가 활성화되면 지배와 명예, 경쟁과 관련된 행동에 영향을 준다. 그리고 사회적 위계를 인식하는 능력과 질투나 시기심을 느끼는 감정, 지위를 상징하는 물건을 사는 능력을 이용한다. 사다리 동기는 자아가 비대한 사람들(또는 자아가 작지만 방어기제로 숨기려는 사람들)에게서 더 강력하게 작동한다.

짝을 구하고 유지하기(사로잡고 붙잡아두기)는 우리가 연애 상대를 찾게 만드는 동기다. 이 동기는 매력의 신호에 활성화되고, 우리가 스스로 돋보이려고 노력하게 만든다. 우리가 짝을 '사로잡으려' 할 때, 이 동기가 작동하면서 우리가 어떤 사람에게 끌린다고 알려주고, 그 감정을 행동으로 옮기게 한다. 예를 들어 머리를 귀 뒤로 넘기거나 선글라스를 살짝 내려 상대를 쳐다보는 행동이 여기에 해당한다.

이런 행동은 우리 뇌가 시각과 청각을 통해 상대와 더 잘 연결되도록 도와주기 위한 것이다. 눈을 보여주거나 귀를 드러내는 데 다른 이유는 없다. 다만 우리는 이런 행동을 무의식적 반응으로 여기기보다는 단순히 '추파를 던지는' 행동으로 간주한다. 여기서 중요한 사실은 우리가 작정하고 '추파를 던지는' 것이 아니라고 해서, 우리의 뇌가 상대를 '사로잡으려고' 시도하지 않은 것은 아니라는 점이다.•

이 동기의 두 번째 절반인 '붙잡아두기'는, 이미 형성된 관계를 유지하게 해준다. 이 동기는 짝과의 유대감을 유지하는 행동을 유발한다. 예를 들어 내 짝에게 관심을 보이는 사람을 경계하게 하거나, 관계를 안정시키는 데 효과적이라고 여겨지는 물건을 사거나, 짝에게 애정을 표현하게 만든다. 질투하거나 꽃이나 시계를 사거나 포옹과 키스를 나누는 행동이 모두 이 동기에 의해 일어난다.

- 당신이 아무에게나 추파를 던져서 배우자가 화를 낸다면(그리고 당신에게는 실제로 그런 의도가 전혀 없었다면), 잠시 멈추어 대화를 나눠보라. 우리는 모두 인간이다. 서로 배우면서 자신의 뇌에 가르쳐야 한다. 이런 일로 관계를 끊을 필요는 없다.

친족 돌보기(공동체)는 자녀를 갖고 싶게 만드는 동기가 아니다 (자녀를 갖고 싶게 만드는 동기는 앞의 '사로잡고 붙잡아두기'다). 친족 돌보기는 그보다는 도움이 필요한 사람이 적절한 돌봄과 관심을 받게 해주는 데 초점을 맞춘다. 그래서 이 동기의 이름이 자녀 돌보기가 아니라 공동체 돌보기인 것이다. 이 동기는 돌봄 행동을 유도하는 호르몬을 분비하게 만들고, 협력적인 의사결정을 내리게 해주며, 양육과 돌봄 행동을 유도한다. 이 동기는 가족과 유사성, 공동 거주, 공동 목표, '형제애'나 '자매애' 같은 단어와 관련된 여러 가지 상황에서 나타난다.•

인간은 기본적으로 안전하고 병에 걸리지 않고 눈에 띄고 존중받고 호감을 사고 사랑받고 싶어 한다. 그리고 이런 것을 좋아해 이런 것을 얻을 수 있는 쪽으로 선택한다. 지나치게 단순하게 들리는가? 그렇다. 정말 단순하게 들린다. 실제로 그만큼 단순하다.

[**진실의 교훈**] 안전하다고 느끼고 안정감을 느끼고 주목받고 존중받고 성공하고 누군가와 연결되고 사랑받고 싶은 마음에는 아무 문제가 없다. 인간의 지극히 자연스러운 욕구다. 누군가가 이런 욕구가 잘못이라고 말한다면, 그 사람이 '더러운' 인간이다.

• 〈여행하는 바지의 자매애The Sisterhood of the Traveling Pants〉(한국에서는 〈청바지 돌려입기〉로 번역됨―옮긴이)라는 영화가 크게 인기를 끈 이유가 여기에 있을 수 있다. 여행하는 바지? 무슨 말인지 모르겠다. 하지만 자매애? 음, 좋아, 좀 더 들어보고 싶군.

인간의 근본적인 동기는 생각만큼 그렇게 직접적이고 논리적이지 않다. 우리가 단순히 지위를 원해서 고위직의 일자리를 택하거나, 가족을 중시해서 가족을 중심에 두는 일자리를 선택하는 식이 아니다. 그보다는 우리의 뇌가 이런 동기를 무의식적으로, 은유적으로 사용한다. 예를 들어 당신이 배심원으로서 어떤 범죄자의 처벌에 대해 논의한다고 해보자. 그런데 논의하는 공간이 더럽고 지저분하다면, 그런 어수선한 환경이 당신의 물티슈 동기를 활성화시킬 수 있다(무의식중에 깨끗해지고 질병을 피하고 싶게 만드는 것이다). 그러면 당신은 그 방에서 느끼는 더러움과 오염에 대한 감각[33]을 범죄자에게 투사해 깨끗한 방에서 심사숙고해서 판단하는 배심원에 비해 더 무거운 형량을 주장할 수 있다.[34]

말하자면 한 가지 대상에 대한 일반적인 혐오감(먼지나 악취)이 무의식중에 전혀 다른 대상에 대한 도덕적 판단으로 옮겨붙을 수 있다. 그래서 인종차별주의자나 편견에 빠진 사람들이 특정 집단에 대해 '더러운' 사람들이라거나 '냄새나는' 신체 부위에 빗대어 혐오를 조장하는 경우가 많다(앞에서 내가 '더러운 인간'이라고 한 데는 이런 이유가 있다).

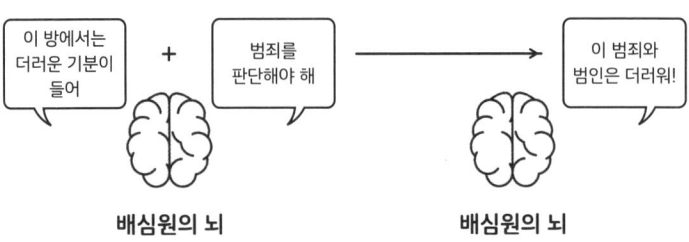

1장에서 예로 든, 데이트 사이트를 보던 여자들에 관한 연구도 마찬가지로 섬뜩하다. 해당 데이트 사이트는 그 여성들의 사로잡고 붙잡아두기 동기를 자극했고, 그 결과 건강과 관련된 행동에 대한 인식까지 바꿔 놓았다. 가령 이 사이트를 보기 **전에는** 다이어트약이나 태닝 제품을 위험하고 부정적으로 보았지만, 이 사이트를 둘러본 **후에는** 더 긍정적이고 덜 위험한 것으로 느끼기 시작했다.[35] 우리의 가치관과 신념도 마지막에 본 웹사이트나 인플루언서의 프로필과 같은 사소한 무의식적 자극으로 얼마든지 바뀔 수 있다.

우리 안의 동기는 외부나 내부의 신호에 의해 활성화될 수 있다. 사로잡고 붙잡아두기(짝짓기 동기)를 예로 들어보자. 내부 신호는 생리 주기 중 배란기에 해당하는 기간이고(스스로 인식하지 못한 채 조금 더 매력적으로 옷을 입는 상태), 외부 신호는 매력적이라고 생각하는 사람에게 다가가 말을 걸기로 하는 것이다. 이런 예가 단순하고 당연해 보일 수도 있지만, 실제로는 훨씬 더 복잡하다.

한 가지 동기가 활성화되면, 우리의 선호도와 함께 우리가 인생의 수많은 결정에서 내리는 선택에도 영향을 미친다. 그리고 때로는 여러 동기가 서로 충돌하면서 우리가 세상을 판단하고 인식하고 행동하는 방식까지 달라진다.

자기 보호의 욕구는 집단에 순응하게 해주는 데 반해, 짝을 찾으려는 욕구는 두려움을 떨쳐내고 사람들 사이에서 스스로 돋보이게 만들 수 있다. 〈배철러 The Bachelor〉나 〈배철러렛 The Bachelorette〉 같은 리얼리티 연애 프로그램을 한 편만 봐도 알 수 있다. 이제 세 가지를 결합해보자. 첫째, 동기가 무의식적으로 결정에 영향을 미치는 구조. 둘째, 우리의 뇌는 기본적으로 가정과 비난, 믿음을 다룰 때 편향되고 게으르다는 사실. 셋째, 여기에 술까지 더해지는 경우. 그러면 리얼리티 연애 프로그램은 인간의 인지적 무의식이 살아 움직이는 실험의 장이 된다.

이상의 여러 가지 동기를 인식하면 자신의 행동과 내면의 동기를 더 잘 이해할 수 있다. 그래서 왜 어떤 선택이 비합리적이거나 자기 파괴적으로 보이는데도 그런 선택을 하는지 통찰할 수 있다. 예를 들어 지인의 친구가 마음에 들지만 그 사람이 현재 다른 사람과 사귀고 있는데도, 그 사람에게 좋은 인상을 주고 싶어서 옷장을 통째로 새로 채우는 데 수백 달러를 쓰는 이유를 알 수 있다. 또 새로 가입한 운동 동호회의 '멋진 무리'가 유기농 세제로 집을 청소한다고 해서 원래 환경 문제에 전혀 관심이 없었는데도 유기농 생활용품을 잔뜩 사버리는 이유를 이해하게 된다.

이처럼 인식되지 않고 충족되지 않으며 무엇보다도 무의식적 상태로 존재하는 인간의 근본적인 동기는 내면의 갈등과 스트레스, 정서적 고통을 일으킬 수 있다. 하지만 이런 근본적인 작동 원리를 인식하고 다루면 삶의 균형을 더 이루고, 더 건강한 방향을 선택하며, 전반적으로 정신 건강을 향상시킬 수 있다. 기억에도 명시적 기억과 암묵적 기억이 있듯이, 인간의 근본적인 동기도 명시적일 수도 있고 암묵적일 수도 있다. 이들 동기는 우리를 특정 생각이나 인식, 판단, 결정, 행동으로 끌어당기기도 하고, 반대로 멀어지게 하기도 한다.[36]

감정과 느낌의 차이

이미 눈치챘겠지만, 우리의 무의식은 복잡하다.

인간의 정신 건강과 인간이라는 존재 자체가 **매우** 복잡해서 치료사들은 자주 오해를 받는다. 심리치료를 긍정적으로 보는 사람들조차 치료사들이 그저 '사람들이 하는 말을 들어주는' 역할이나 하는 줄 안다. 하지만 치료사는 수동적으로 듣기만 하는 사람이 아니다. 치료사는 내담자가 말하고 움직이고 삶에 대한 이해를 이야기하는 동안 내담자의 무의식이 전하는 메시지를 해석한다. 치료사의 역할은 내담자가 숨겨진 언어를 최대한 해석할 수 있도록 도와주고, 그 언어를 바꾸기 위한 계획을 함께 세우는 것이다.

치료사가 내담자에게 가장 많이 하는 질문은 단연 "그래서 어떤 느낌이 들었나요?"다. 지극히 단순해 보이는 이 질문은 사실 다양한 반응을 끌어낸다. 어떤 내담자는 안전한 상담실에서 오래전부터 마음속에 눌러온 것을 마침내 꺼낼 수 있어서 울음을 터뜨리기도 한다. 이 질문이 다 털어놓아도 괜찮다고 허락한 셈이다. 하지만 어떤 내담자는 "잘 모르겠어요"라는 어색한 대답만 내놓으며 시선을 피하거나 눈을 굴리는 식의 회피 반응을 보인다.

어떤 사람은 여기서 더 나아가 "느낌이라는 게 뭔지도 모르겠어요"라고 대답하기도 한다.

당신도 그런 적이 있는가? 느낌이 무엇인지, 혹은 감정이 정확히 무엇인지조차 헷갈렸던 적이 있는가? 아니면 감정과 느낌 사이에 차이가 있는 줄도 몰랐다는 사실을 지금 처음 깨달았을 수도 있다.

그렇다면 지금부터 그 구조에 관해 찬찬히 풀어보겠다.

감정이란 간단히 말해 몸의 감각과 그 감각에 대한 뇌의 해석이 결합한 결과로 정의할 수 있다. 요약하면 이렇다.

무의식적 감정 = 몸의 감각 + 뇌의 해석
통제에 대한 의식적 자각 밖

의식적 감정(느낌) = 몸의 감각 + 뇌의 해석
통제에 대한 의식적 자각 안

감정은 몸의 감각+뇌의 해석이다. 감정은 이중성을 갖는다. 눈치챘을지 모르지만, 대부분이 그렇듯 감정도 두 가지 상태로 존재할 수 있다. 바로 의식과 무의식이다.

무의식적 감정은 의식적 인식이나 통제 **밖에서** 일어나는 몸의 감각+뇌의 해석이다. 의식과는 별개로 작동하면서 우리의 생각과 행동, 동기를 생성한다. 이 감정이 강력한 추진력이 되어 우리가 모르는 사이 결정과 반응에 영향을 준다. 무의식적 감정의 한 예는 갑작스럽게 공포를 느낄 때의 반응이다.³⁷ 심장이 빨리 뛰고, 호흡이 가빠지거나 멈추기도 하고, 근육이 수축하고, 배고픔이 사라질 수도 있다.• 이런 몸의 반응은 자동적이고 무의식적으로 일어난다.

반면에 의식적 감정은 우리가 또렷이 인식할 수 있는 감정이다.

• 몸은 위협적인 상황에서는 꼭 먹지 않아도 된다는 것을 본능적으로 안다. 사자가 달려드는데 샌드위치가 무슨 소용인가?

강렬한 노래를 들으면서 점차 고조되는 감정과 경험을 채색하는 이야기가 있는 감정이다. 예를 들어 결혼식 밤의 장면을 떠올리며 행복을 말하는 식의 감정이다. 이런 감정은 흔히 '느낌'이라고 부르는 것으로, 감정 상태에 대한 의식적 경험을 의미한다.

신경과학자 안토니오가 이 개념을 훌륭하게 정리했다. "느낌은 뇌에서 이런 신체적 변화(앞에서 언급한 몸의 변화)를 **인식한** 다음에야 일어난다. 이제야 두려움이라는 **느낌**을 경험한다."[38]

의식적 감정이란 우리가 인식하고 식별할 수 있는 '느낌'이다. 행복과 분노처럼 뚜렷이 인식되는 감정이 여기에 해당한다. 반면에 무의식적 감정은 우리가 알아채지 못하는 사이 자동으로 우리의 생각과 행동에 영향을 미친다. 의식적 공포는 뱀을 보고 무섭다고 인식하는 경우처럼 스스로 공포를 느낀다는 사실을 명확히 인지하는 상태다. 반면에 무의식적 공포는 어두운 골목길에서 이유 없이 불안을 느낄 때처럼, 뇌가 이미 위험을 감지하지만 우리는 의식하지 못하는 상태다. 우리가 기쁘거나 슬프거나 화가 나거나 불안하게 **느낀다고** 말할 때는 모두 의식적 감정을 의미한다.

감정의 가장 흥미로운 점은, 기억과 깊이 연결되어 있다는 것이다. 실제로 많은 기억은 과거 감정 상태의 스냅샷과 같다. 인생의 크고 작은 순간마다 우리 몸과 뇌가 어떤 상태였는지 포착한 기록이다. 다시 말해 우리가 지금까지 느껴온 모든 감정은(우리가 선택했든 아니든) "기억할 만큼 중요해서" 우리 안에 저장된 것이다. 우리의 몸과 뇌에서 일어나는 경험은 곧 우리의 마음속 경험이 된다.

우리가 느끼는 것과 생각하는 것이 곧 우리가 살아가는 현실을 이룬다. 그리고 그 현실은 우리가 삶을 변화시키고 통제할 수 있는 세상일 수도 있고, 그렇지 못한 세상일 수도 있다.

4장 요약

- 우리는 현실을 있는 그대로 보는 것이 아니라, 몸의 신호와 주변 환경, 그것을 해석하는 방식에 따라 현실을 구축한다.
- 인지적 무의식은 단순한 일과부터 복잡한 선택까지 대부분의 사고 과정을 처리한다. 잘 작동하지만, 게으르거나 잘 속거나 편향될 수 있다.
- 우리의 뇌는 우리보다 훨씬 많은 것을 기억한다.
- 타인의 행동을 무의식적으로 따라 하는 것은 지극히 자연스러운 일이다.
- 다른 상황을 생각하기만 해도 우리의 행동이 달라질 수 있다.
- 숨은 동기가 우리의 선택과 행동을 주도한다. 비합리적으로 보이는 행동도 마찬가지다.
- 기억과 감정은 좋든 싫든 떼려야 뗄 수 없이 연결되어 있다.
- 감정과 느낌은 같은 개념이 아니다.

5장

과거의 경험이 나를 통제한다

정신분석적 무의식

    2019년 1월 10일은 평범한 하루가 될 예정이었다. 그저 숨 좀 돌리는 날이 될 줄 알았다. 가정에서의 나는 경계성 인격장애 회복기 7년 차였고, 남편 맥스와 함께 생후 10주 된 아들을 키우고 있었다. 수개월의 시험관 시술 끝에 어렵게 얻은 아기였다.[1] 사회에서의 나는 임상심리학 박사 과정의 마무리 단계에 있었고, 우리 부부는 자금을 마련해 정신 건강 치료 센터를 열어 운영하고 있었다.

    겉으로는 오랜 시간 쌓아온 개인적, 직업적 성취가 빛나는 듯 보였지만, 정서적으로는 몹시 지쳐 있었다. 우리는 만성적으로 수면 부족에 시달리고, 늘 날이 서 있었으며(갓난아기를 돌보는 일은 그 자체로 스트레스였다), 나는 응급 제왕절개와 수차례의 수혈, 출산 외상이 남긴 고통스러운 회복 과정의 여파와도 싸우고 있었다. 우리는 지친 몸과 마음으로 잠시나마 정상적인 삶에 가까운 느낌을 맛보고 싶었다. 그래서 출산 후 처음으로 '저녁 외출'을 계획했다. 몇 시간이라도 다시 서로에게 온전히 집중할 수 있는 시간을 가질 생각이었다. 우리는 외식을 하고 맥줏집에 들러 마침내 둘이 함께 이룬 삶을 자축했다.

그날 밤은 기분 좋게 시작됐다. 성취감과 정서적 안도감이 충만한 시간이었다. 끝없이 이어지는 오밤중의 수유와 기저귀 갈기에서 잠시나마 벗어난 소중한 휴식이었다. 하지만 밤이 깊어지면서 우리가 인식하는 '현실'의 감각이 서서히 무너지기 시작했다. 술기운과 날 것 그대로의 불안정한 무의식 상태가 뒤엉켜 말다툼이 시작되었고, 우리 사이에 반복되던 양상이 그대로 되풀이되었다.[2] 우리는 '갓난아기의 부모'(의식적 자아)에서 13년을 함께한 오래된 연인으로 변했고, 그만큼 싸울 거리도 많았다(무의식적 자아).

그날 밤은 순식간에 무너졌다. 우리는 몇 시간 정도 떨어져 있어야 했다. 그래서 나는 우리 집에서 몇 블록 떨어진 친구의 집으로 갔고, 맥스는 베이비시터가 돌아갈 시간을 얼마 안 남기고 집으로 돌아갔다. 우리 둘 다 각자의 불안정한 내면의 힘에 휘둘렸다.

곧이어 맥스로부터 불길한 문자가 왔다. 나의 오랜 회복의 과정과 분 단위로 돌아가는 현실의 요구 속에 묻혔지만, 여전히 남아 있던 문제들을 건드리는 내용이었다. 그날 밤 맥스는 감정적으로 격앙되고 술에 취해 있었고, 그의 암묵적 기억과 무의식이 전면에 드러났다. 평소의 맥스가 아니었고, 더 깊은 차원의 문제가 있는 것이 분명해 보였다. 우리는 나중에야 그날의 감정의 소용돌이가 사실은 억눌리고 가려진 외상후스트레스장애[PTSD]였다는 것을 알았다. 그리고 우리가 함께한 초반 6년 동안 쌓인 상처에서 비롯되었다는 것 알았다.

솔직히 말하자면, 우리가 함께한 초반 몇 년간 나는 불성실하고 거짓말을 일삼고 때로는 충동적이고 폭발적이었다. 그 시절 우리는 기억하고 싶지 않은 밤을 자주 만들었다. 그중에 내가 아무 잘못도 없는 맥스를 경찰에 신고한 날이 있었다.•

우리가 말다툼하고 맥스가 집으로 돌아간 그날 밤, 그는 전화를 걸었다. 911이었다. 그는 911에 전화할 의도가 없었다고 했다. 그는 내게 문자를 보내 자기가 실수로 경찰에 전화했는데 무슨 말을 했는지 기억나지 않고 곧바로 전화를 끊었다고 알렸다. 그가 왜 911에 전화했을까? 우리는 아직도 모른다. 아무 일도 없었다.[3] 그리고 나는 안타깝게도 당시에는 그 일을 대수롭지 않게 여겼다. 그러나 여러 이유에서 진지하게 받아들였어야 했다. 그로부터 2분도 채 지나지 않아 경찰차들이 도로를 질주하며 내가 머물던 친구네 집 주방 창밖을 지나쳐 곧장 우리 집 쪽으로 향했다. 그 순간 맥스에게서 다시 문자가 왔다. "경찰이 왔어. 제발 도와줘." 나는 급히 계단을 뛰어 내려가 거리 한복판으로 나갔고, 죽을힘을 다해 네 블록을 달렸다.

맥스가 911에 전화를 걸었다가 바로 끊은 단 몇 초간의 사건은 순식간에 악몽이 되었다. 911 접수원은 발신자를 위해 응급 상황 점검 절차를 가동했다. 올바른 조치였다. 그러나 경찰이 도착했을 때, 맥

• 내 인생에서 가장 인정하기 힘든 사건 중 하나다. 때로 우리는 누군가를 끔찍한 상황으로, 그것도 한 번이 아니라 여러 번 몰아넣고, 그 뒤로 평생 그 상처를 갚기 위해 살아야 한다.

스는 그들을 집 안에 들이려 하지 않았고, 집 안 상황이 안전한지 확인하는 절차도 거부했다.

그래서 어떻게 됐을까? 상황이 걷잡을 수 없이 폭발했다. 더 많은 경찰과 특수기동대SWAT, 바리케이드, 경찰견, 위기 협상 전문가들까지 위기의 가정이 아니라 위험한 범죄자를 잡기 위한 대응으로 일이 커졌다. 우리 집이 있던 거리는 비현실적인 악몽의 배경이 되었고, 우리 가족을 가장 안전하게 지키기 위해 만든 우리 집은 감정적이고 심리적인 봉쇄에 이어 이제는 물리적 포위 상태에 놓였다. 무장한 경찰이 우리 집과 남편, 아이를 향해 총구를 겨누는 장면은 형언하기 어려운 공포였다.

몇 시간 동안 가슴을 쥐어짜는 공포와 불안한 순간과 절박한 문자 메시지가 이어진 끝에 결국 맥스는 집 밖으로 나왔다. 그는 혼란스럽고 몹시 불안정한 상태였지만, 다행히 몸은 다치지 않았다. 그는 곧바로 체포되어 수갑이 채워진 채 연행되었다. 결국 대부분의 혐의는 철회되었지만(경찰 대응에 대한 오해로 인한 혐의 하나는 남았다), 그날 밤 사건의 여파는 이후로도 오랫동안 우리 삶의 곳곳을 뒤흔들었다. 그날 밤은 지옥 같은 계시의 순간이었다. 맥스의 무의식적인 심리적 취약성만이 아니라, 나 자신의 취약성까지 적나라하게 드러난 밤이었다.

그날 밤, 나는 갓난아기만 있고 남편은 없는 우리 집에 들어서면서 내가 모르는 낯선 세계로 발을 들여놓는 느낌이었다. 내 몸과 머리는 모든 상황의 의미를 파악하려 애썼다. 복도가 낯설게 느껴지고, 공기는 무겁게 가라앉았다. 나는 곧장 아기 침대로 갔다. 침대가 그날 밤을 증언하는 섬뜩한 상징처럼 우두커니 놓여 있었다.* 나는 아기를 들어 꼭 안았다. 그날 밤의 공기 속에 아직도 떠다니는 긴장감으로부터 아기를 지켜주고 싶었다.

나는 집 안에서 천천히 돌아보았다. 한 걸음 한 걸음이 마치 몇 킬로미터처럼 느껴졌다. 분명 우리 집인데 우리 집이 아니었다. 지난 몇 년간 우리가 함께 만든 '집'은 하룻밤에 우리의 취약성이 그대로 드러나는 무대로 변했고, 우리의 심리적 나약함은 우리만이 아니라 우리가 사는 도시 전체에 고스란히 노출되었다. 나와 맥스의 무의식은 그날 밤 아주 처절한 방식으로 전시되었다.

우리의 몸과 뇌는 우리가 삶에서 겪는 다양한 경험과 우리의 '마음'(감정과 생각, 의식이 담기는 내면의 영역)을 이어주는 다리와 같다. 누군가에게 '제정신이 아니다'라고 할 때는 대개 그 사람이 의식적으로 행동하지 않는다는 뜻이다. 실제로 그 사람의 행동이 무의식에서 나오는 경우다.

우리의 뇌는 현재 일어나는 일에 관한 정보를 처리하면서 생각(아이디어, 이미지, 신념)과 감정을 생성한다. 하지만 우리의 생각과 감정은 단지 현재의 경험에만 영향을 받는 것이 아니다. 생각이 형성되는 동안 이미 우리 안에 들어 있는 과거의 감정과 생각, 기억에 영향을 받는다.

맥스가 PTSD 증상를 겪는 동안 그의 의사 결정은 거의 반사적으

---

* 우리 아들의 아기 침대는 집의 전면 창가에 놓여 있었다. 수많은 총구가 겨누던 바로 그 창문이었다.

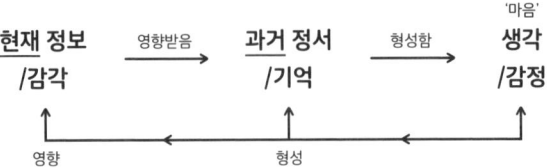

로 나온 반응이었고, 과거의 무의식적 감정과 암묵적 기억도 함께 작동했다. 과거의 기억이 현재의 현실이 되었고(흔히 말하는 플래시백 현상이다), 그의 마음속에서는 과거의 감정과 기억이 너무나도 생생하게 되살아나 망상적인 수준의 행동으로 표출되었다. 하지만 여기서 말하는 '망상'은 일반적인 의미의 망상과는 조금 다르다. 그러니까 자기가 날씨를 조종할 수 있다고 믿는 사람의 터무니없는 '망상'을 의미하는 것이 아니다. 여기서 망상*은 단순히 사실이 아닌 것을 사실이라고 믿는 상태를 말한다. 꼭 비현실적이거나 기괴한 내용이어야 하는 것은 아니다.

맥스가 꼭 '제정신이 아닌' 상태는 아니었다. 그보다는 **'의식적 마음'에서 벗어난** 상태였다. 나도 마찬가지였다. 그날 밤 나는 그토록 원하던 '든든한 아내'이자 '엄마'가 될 기회를 완전히 상실했다. 그날 밤 우리가 '스스로 선택했다고' 확신한 그 선택은 사실 우리의 무의식이 대신 선택한 것이었다.

이미 눈치챘을 수 있지만 이 장의 서두와 이 책 전반에서 몇몇 단

• 무의식의 영향으로 인해 명백한 반대 증거가 있는데도 사실이 아닌 것을 사실로 믿는 상태.

어에 따옴표를 달았다. 예를 들어 '현실', '나쁨', '집', '가족', '마음', '아내', '엄마' 같은 단어로, 이렇게 한 이유가 있다.

우리의 몸에서 뇌로 1초에 1,100만 비트에 달하는 감각 정보가 전달된다.[4] 자그마치 1,100만 개다! 그리고 인간의 평균적인 뇌는 약 250만 기가바이트에 달하는 기억 용량을 저장할 수 있다.[5] 그야말로 엄청난 양의 정보가 우리의 뇌에 입력되고 저장되는 것이다.

이제 이 모든 정보(모든 감각과 과거의 정서, 기억, 생각, 감정)가 정리되지 않은 채 선반 위에 뒤죽박죽 쌓여 있는 모습을 상상해보자. 분류 체계도 없이 창고 여기저기에 어지러이 널려 있는 것이다. 우리는 손전등을 들고 창고 안을 둘러보지만, 이내 압도당한다. 극도로 제한적인 의식 능력(의식은 약하고 작으며 시간 제약까지 받는다)을 지닌 인간이 이처럼 복잡하고 방대한 정보를 정리하지도 않은 채 어떻게 (무의식적으로라도) 결정할 수 있을까? 불가능한 과제로 보인다 (사실 나는 이런 상황을 떠올리기만 해도 불안해진다). 그래서 우리는 진화된 인간의 뇌로 이 문제를 해결해왔다. 우리는 살면서 끊임없이 정보를 받아들이고 우리의 뇌는 그 정보를 바탕으로 '개념Concept'을 형성한다.

개념은 우리의 내면과 외부 세계를 나타내는 정신적 표상이다. 우리가 개념을 마음속에 담고 있지 않다면, 다른 사람이 하는 말을 전혀 알아들을 수 없다. 개념이 없으면 무엇 하나도 일반화되지 않고 모든 것이 구체적으로만 존재한다. 예를 들어 '모자'라는 단순한 단어도 보편 명사로 존재할 수 없고, 세상에 존재하는 모든 모자에 각기 고유한 이름(모자1, 모자2)을 붙여야 한다. 이처럼 일반화가 불가능하면 일상적 대화가 거의 불가능해진다. 대화에서 언급하는 모든 사물이나 개념을 하나하나 구체적으로 설명해야 한다.

따라서 우리 뇌가 과일과 자동차, 경력 같은 단어를 무의식적으로 개념화해주는 기능이 큰 도움이 된다. 그러나 개념화가 사람이나 행동으로 확장되면 그리 유익하지 않을 수 있다. 예컨대 피부색이 다르다는 이유만으로 어떤 흑인을 자동으로 '범죄자' 범주에 넣거나 단 한 번 대마초를 피웠다가 악마를 본 두려운 기억 때문에 약물을 사용하는 모든 이를 '악인'으로 몰아세우는 식이다.•

요약하자면 개념은 사물과 감정, 경험, 안타깝게도 사람들까지 넓은 범주로 묶어 우리의 생각과 경험을 단순화한다. 잘 작동하면 유용하지만, 그렇지 않으면 우리의 인식을 제약하고 해를 끼치기도 한다.

우리의 머릿속에 든 모든 개념을 무의식이라는 창고에 마련된 특정 공간이라고 생각해보자. 마치 이케아 매장에서 여러 방을 돌아다니듯 개념의 방을 탐색할 수 있다고 해보자. 각 방에는 다양한 라벨과 태그가 붙어 있어서 그 방의 개념과 연결된 다양한 요소를 표시해준다. 말하자면 우리가 느끼는 신체 감각, 불현듯 떠오르는 기억, 우리가 아는 정보, 우리가 가진 인식 그리고 우리가 하는 행동이 그 개념과 함께 떠오르는 것이다.

이케아 매장의 '거실'을 돌아다니며 푹신한 소파를 만져보고 텔

• 치료사로서 말하자면, 인간의 마음은 어떤 개념을 형성하면서 (타인을 향해서도, 자기 자신을 향해서도) 놀라울 정도로 파괴적일 수 있다. 그리고 개념화의 근거는 때로는 매우 황당하고 비논리적이며 자기 확신에 가득 차 있다.

레비전을 보는 것과 비슷하다. 하지만 유감스럽게도 당신이 걷는 방은 '아버지'라는 개념이고, 당신은 그 안에서 '두려움'을 느끼고 아버지가 당신보다 더 사랑하는 것 같았던 야구 카드도 발견한다.

개념에 관해 또 하나의 알아야 할 핵심 개념은 **원형**Prototype이다. 원형이란 어떤 개념을 대표하는 전형적인 예시를 의미한다. (잠깐 짚고 넘어가자면, 이 책의 서두에서 내가 '통제 불능'의 전형적인 인물, 그러니까 마스코트 같은 사람이라고 언급한 것을 기억하는가? 당신이 그 말에 공감할 수 있던 이유는 당신의 머릿속에 이미 '마스코트'와 '통제 불능'이라는 개념이 들어 있어서다. 당신의 무의식은 항상 드러난다!)

여하튼 원형이란 어떤 개념을 떠올릴 때 우리가 가장 먼저 생각하는 전형적인 예다. '과일'을 떠올려보라고 하면 대다수가 파인애플보다 사과를 먼저 떠올릴 것이다. 또 '반려동물'을 떠올리라고 하면 캥거루보다는 개나 고양이를 먼저 떠올릴 것이다.

개념과 원형은 단지 추상적 생각만이 아니라 우리의 일상에서 중요한 역할을 한다. 이런 개념은 어디서든 발견할 수 있다. 이를테면 '이상적인 아내'나 '이상적인 남자친구'부터 '정신 건강 장애'라는 개념까지 그리고 '인간'이라는 개념까지, 나아가 어떤 사람은 인권을

개념: 과일

원형

원형

개념

대상: 과일, 공
속성: 빨간색, 작은
관념: 진실, 사랑, 희망
관계: '더 나쁜', '더 똑똑한' 의도

보장받고 어떤 사람은 보장받지 못하다는 개념까지, 우리의 일상의 깊숙이 들어와 있다. 개념은 앞 장에서 다루었듯이 편향되기도 하고 휴리스틱이나 오류에 빠지기도 하지만, 반대로 정교하고 구체적이며 최대한 정확할 수도 있다.

그렇다면 우리 뇌는 이런 개념에 무엇을 넣고 무엇을 넣지 않을지 어떻게 결정할까?

이 장에서는 바로 이 질문에 답하고자 한다. 우리 뇌는 최선을 다하지만, 자주 일을 그르친다. 우리가 원하지 않는 방식으로 작동하기도 한다. 이를테면 뇌는 삶의 경험을 바탕으로 우리가 지금 만나는 사람을 '이상적인 연인'으로 개념화할 수 있지만, 사실 그 사람은 전 애인과 비슷하게 행동하면서도 '좀 더 착해' 보이는 사람일 뿐일 수 있다.

가장 오래된 형태의 심리치료 중 하나가 **정신분석Psychoanalysis**'이라고 불리는 데는 분명한 이유가 있다. 정신분석이라는 용어 자체는 두 부분으로 나뉜다. '정신Psycho'과 '분석Analysis'이다. 'Psycho'는 그리스어 'Psyche'에서 유래한 말로 마음을 뜻하고, 'Analysis'는 그리스어로 조사하고 분석한다는 뜻의 'Analusis'에서 유래한 말이다. 정신분석적 심리치료를 적용하는 정신분석가가 내담자를 치료할 때는 내담자의 마음속에 든 개념과 그것이 작동하는 방식을 심층적으로 탐구한다. 말하자면 내담자의 정신분석적 무의식을 들여다보는 것이다.

정신분석적 무의식은 우리의 마음이 삶의 경험을 통해 쌓은 결과로 이루어진다. 말하자면 우리가 의식적으로 인지하지 못하고 통제하지도 못하는 방식으로 삶의 사건들이 어떻게 우리를 형성해왔는지를 의미한다. 이것은 무의식에서 가장 잘 알려진 영역이고, 흔히 '잠재의식'이라 부르기도 한다. 무의식에서 이 부분은 고통-쾌락의 원리와 사후 가정 사고(우리가 자주 떠올리는 '만약 ~했더라면?' 같은 생각), 학습된 무기력, '나쁨 vs. 좋음', '고통 vs. 쾌락', '수용 vs. 거부', '통제 vs. 무력감' 같은 개념에 반응한다. 이런 개념은 이 장에서 더 깊이 다뤄진다.

정신분석적 무의식은 우리 안에서 역동적인 영역이다. 여기서 과거와 현재가 교차하면서 우리 삶의 이야기가 만들어지고 우리가 삶을 주도할지 옆자리 타서 따라가기만 할지를 결정한다. (2019년 1월 10일에) 우리가 7년간 함께 일궈온 가족과 경력이 완전히 무너질 뻔한 그 밤에 바로 이 부분이 나와 맥스의 무의식에서 거의 전면으로 드러난 것이다.

> [**진실의 교훈**] 우리 마음속의 숨겨진 부분은 우리가 삶에서 어떻게 행동하고 반응하는지에 중대한 영향을 미칠 수 있다. 이미 정해진 개념이 대신 결정하게 두지 마라.

마음속의 괴물을 마주하라

'나쁘다'라는 단어를 생각해보자. 가장 먼저 떠오르는 상황이나 사물, 행동은 무엇인가? 지금까지 이 장과 앞선 장들에서 배운 내용을 바탕으로 자신에게 물어보라. 나는 왜 떠오르는 것들이 '나쁘다'

고 생각하는가?

개인적인 경험 때문이거나(과거 당신을 다치게 한 사람이나 사건) 사회적, 관계적 규범 때문일 수도 있다(어떤 행동이나 사물이 특정 의도나 도덕성, 가치관을 암시한다고 배워서). 대개는 양쪽이 복합적으로 작용할 수 있다.

인류 역사에서 '나쁘다'와 연관된 개념(두려움과 그림자, 미지의 것, 어둠)은 끊임없이 되풀이해 출현했다. 이들 개념은 우리가 확신하지 못하는 것만 의미하는 것이 아니라, 우리가 의식적으로든 무의식적으로든 밀어내고 억누르려 하는 기억과 생각을 상징한다. 우리가 마음속에서 마주하는 이런 '괴물'은 단순한 허구가 아니다. 우리의 뇌 구조, 특히 편도체와 깊이 연관된다. 편도체는 위협을 감지하기 위해 무의식적으로(그리고 끊임없이) 주변을 스캔하는 뇌 속의 아몬드 모양의 작은 기관이다.

우리가 인간으로서 겪는 어려움은 불가피한 외부의 난관만이 아니다. 편도체가 본능적이고 즉각적인 공포만 다루는 것이 아니라는 점도 우리에게는 또 하나의 어려움이다. 편도체는 학습된 공포, 곧 공포의 조건화에도 깊이 관여한다. 공포의 조건화란 본래 중립적인 자극(예: 파란색 정사각형)을 고통스러운 경험(예: 전기충격)과 반복해서 짝지으면 우리 몸이 점차 이 중립적인 자극에도 공포를 느끼는 현상이다(결국에는 전기충격이 없는 상태에서 파란색 사각형만 봐도 공포를 느끼는데, 뇌가 두 가지를 연결했기 때문이다).[6] 감정과 기억과 마찬가지로, 편도체는 의식적으로도 무의식적으로도 작동할 수 있다. 더 자세히 설명해보자.

편도체는 공포를 처리할 때 두 가지 주요 경로를 통한다. 하나는 대뇌피질 경로로, 뇌의 의식적이고 논리적이며 사고 중심적 영역과 연결되고, 다른 하나는 피질하 경로로, 무의식적이고 자동적인 반응을 유발한다.*

편도체가 대뇌피질 경로를 통해 반응할 때는 상황을 신중히 분석해 실제로 두려워할 요소가 있는지 판단한다. 반면에 편도체가 피질하 경로를 통해 작동할 때는 본능에 따라 즉각 반응하며 상황을 완전히 분석하기도 전에 성급히 결론을 내린다. 이런 반응이 도움이 될 때도 있지만, 그렇지 않을 때가 많다.

의식적 뇌가 완전히 작동하지 않는 상황, 가령 주의가 산만하거나 피곤하거나 약물의 영향을 받는 상황에서, 편도체가 상황을 잘못 해석하고 실제 위험성과 무관하게 과도하거나 불필요한 공포 반응이나 방어 행동을 유발할 수 있다. 예를 들어 복도에서 쥐를 보고 뱀이라도 본 양 소리를 지르며 펄쩍 뛰지만, 사실은 이렇게 말하고 싶었을 것이다. "아니야, 저건 그냥 쥐야. 소리 지르지 마, 바보야. 그러다 결혼식 출장 뷔페 직원마저 놀라서 케이크 떨어뜨리겠어!"

우리의 기억, 특히 감정적으로 강하게 각인된 기억은 편도체의 영향을 크게 받는다. 어떤 사건이 감정적으로 큰 무게를 갖는다면 (정신적 외상이든, 큰 기쁨이든, 그 사이의 감정이든) 그 경험은 우리의 마음속에 훨씬 선명하게 각인된다. 그리고 기억의 맨 앞자리에 머물

---

* '대뇌피질'은 뇌의 바깥층인 피질을 가리키고, '피질하'는 대뇌피질 아래 위치한 영역을 가리킨다.

다가 우리가 원하든 원하지 않든 쉽게 떠오르고 계속 되살아난다. 반대로 감정적으로 고통스러운 기억이 우리의 무의식에서 파편화되거나 거부당해 쉽게 떠오르지 않을 수도 있다. 이런 기억이 바로 암묵적 기억이고, 정신분석적 무의식의 대부분을 차지한다.

게다가 편도체는 우리가 **실제로** 마주한 위협에만 반응하는 것이 아니다. 의사소통이나 지시를 통해 유발되는 공포에도 똑같이 반응한다. 무서운 대상을 묘사하거나 경계하는 이야기, 우연히 엿들은 대화만으로도 공포에 영향을 줄 수 있다. 예를 들어 벌에 쏘인 경험도 없으면서 남이 생생하게 묘사하는 알레르기 반응과 고통을 듣고 벌 공포증을 가질 수 있다. 우리가 삶에서 두려워하게 되는 개념('괴물', '악마', '악')은 우리의 경험에 깊이 뿌리를 두고, 그 개념의 형성 과정은 부분적으로 편도체에 의해 통제된다(편도체는 많은 것과 마찬가지로 그 자체의 마음이 있는 것처럼 보이는 뇌 구조물이다).

'나쁘다'는 개념(경험과 정서, 너무나 불편해서 우리 자신에게조차 숨겨진 우리의 일부)은 새로운 것이 아니다. 그런데 이 개념은 어디에서 비롯된 것일까? 그리고 이를 이해하는 것이 어떤 도움이 될까?

무의식과 두려움, '나쁜 것', '괴물'에 대해 이야기하려면, 지그문트 프로이트와[7] 함께 분석심리학의 창시자인 칼 융의 심오한 정신분석적 통찰을 언급하지 않을 수 없다. 두 사람의 이론은 인간이 이런 개념적 공포를 어떻게 정신적으로 처리하고 개념화하고 맥락화하며 때로는 억압하는지를 들여다볼 수 있는 창이 되어준다.

우리는 '감정을 억누른다'거나 '감정을 마음속 깊이 묻어둔다'와 같은 말을 자주 듣는다. 이런 표현 뒤에는 오래된 심리학적 통찰이 숨어 있다. 우리의 마음은 불편하거나 원치 않는 생각과 마주하면 그 생각을 의식 너머의 어두운 구석으로 밀어 넣는 성향이 있다. 프로이트와 융은 모두 이런 의식 너머에 존재하는 마음의 영역을 탐구했지만, 각자의 관점과 결론이 달랐다. 프로이트는 무의식을 기억과 정서, 욕망의 저장소로 보았고, 그중 많은 부분을 '용납할 수 없는'이나 '불쾌한' 것으로 보았다. 그리고 인간의 마음을 세 가지 층위로 구분했다.

첫째, **의식적 마음**: 지금 이 순간 우리가 인식하는 것.
둘째, **전의식적 마음**: 당장 떠오르지는 않지만 얼마든지 꺼낼 수 있는 기억과 생각을 담는 곳('정신적 대기실' 같은 공간이다).
셋째, **무의식적 마음**: 고통스럽거나 받아들이기 힘들다는 이유로 억압된 기억과 감정이 저장된 영역.

흔히 '잠재의식'이라는 용어를 사용해 우리가 인식하지 못하는 사이 의사결정에 영향을 미치는 마음의 영역을 가리킬 때, 이는 알고 보면 프로이트가 말하는 전의식과 무의식이 합쳐진 개념을 의미한다. 하지만 정작 프로이트는 이 두 영역을 합쳐 '비의식적Nonconscious' 마음이라고 불렀다.*

프로이트의 두 번째 3요소 이론은 성격 모형이다. 프로이트의 성

• 여전히 '잠재의식Subconscious'이 아니다. 사실상 우리의 마음에는 다른 영역보다 '아래Sub'에 위치한 영역이 존재하지 않는다. 전체 뇌와 전체 마음은 본질적으로 항상 동시에 작동한다. 다만 어떤 때는 의식하고, 대체로 의식하지 못할 뿐이다.

격 모형은 세 가지로 구성된다. 첫 번째로 원초아^{Id}는 우리의 원초적 욕망이 자리하는 곳이다(앞서 설명한 인간의 근본적인 동기와 유사하지만, 프로이트는 모든 동기를 병적이거나 성적, 공격적 충동에만 뿌리를 둔다고 보았다는 점에서 다르다). 둘째는 자아^{Ego}('의식적' 자아다)이고, 셋째는 초자아^{Superego}(내면화된 윤리적 나침반)다. 프로이트는 우리가 일상에서 보이는 많은 행동을 방어기제로 보았다. 방어기제는 불편하거나 받아들이기 힘든 생각이나 감정과 직접 마주치지 않으려는 마음의 전략이다. 예를 들어 억제^{Suppression}는 우리가 의식적으로 공포를 억누르는 것이고, 억압^{Repression}은 뇌가 자동으로 공포를 억압하는 것이다.

한편 융은 무의식을 개인적 차원에서 더 확장시켰다. 융은 **집단무의식**$^{\text{Collective Unconscious}}$이라는 개념을 도입했는데, 이는 우리가 조상으로부터 물려받은 기억과 개념이 축적된 공동의 무의식적 층위를 말한다. 이 개념의 중심에는 원형^{Archetype}, 곧 보편적으로 인식하는 상징과 양상, 개념이 있다.

융이 제시한 네 가지 대표적인 원형은 다음과 같다.

자기^{Self}: 의식과 무의식의 통합체를 의미한다.

아니마/아니무스$^{\text{Anima/Animus}}$: 남성 안에 존재하는 여성성(아니마)과 여성 안에 존재하는 남성성(아니무스)을 의미한다.•

- 이 개념에는 정말 많은 내용이 담겼다. 사회는 종종 우리 안에 공존하는 이런 상반된 구성 요소를 억누르도록 강요한다.

페르소나Persona: 우리가 사람들 앞에서 쓰는 가면이다. 각자의 경험과 성장 과정, 문화, 전반적인 환경에 따라 다양한 형태로 나타난다.

그림자Shadow: 우리가 싫어하거나 숨기고 싶거나, 인식하지도 못하는 성격의 일면을 포함한다. 융에 따르면, 편견과 선입견은 바로 이 그림자에서 비롯되고, 이 그림자를 직면하고 통합하는 과정이 개성화Individuation, 곧 우리가 본래 되어야 할 존재가 되어가는 과정이다.

마음속 괴물(두려움, 억눌린 외상, 그림자)은 무의식의 모든 영역이 함께 작동하는 결과물이다. 몸은 감지하고, 뇌는 반응하며, 마음은 해석하고, 세 영역 **모두가** 기억한다. 그리고 몸과 마음, 뇌가 모두 흔적을 남긴다.

우리 안의 괴물(1월 10일 밤에 맥스와 내 안에서 드러난 그것)을 인정하는 일은 무의식을 의식적으로 다듬어가는 데 필요한 첫걸음이다. 편도체가 (실제로는 두려움이 존재하지 않을 때조차) 삶에 대한 반응을 무의식적으로 결정하는 방식을 이해하고, 여기에 프로이트와 융의 정신분석적 통찰(인간은 대체로 자신에게는 나쁜 일이 일어나지 않은 것처럼 행동하고, 자기는 남들이 싫어할 만한 생각이나 행동을 하지 않는다고 믿고 싶어 한다)을 결합하면, 우리 자신의 정신분석적 무의식을 들여다보고 이해할 수 있다. 이런 무의식의 한 단면을 보고 인식하고 이해하는 과정에서 우리 안의 '괴물'을 마주하고 길들이며 결국 통제할 수 있다. '나쁜' 것은 정말로 존재할까, 아니면 우리의 편도체가 그렇다고 느낄 뿐일까? 우리는 정말로 '나쁜' 사람인가, 아니면 다른 사람의 삶의 경험에서 파생된 개념에 따라 그 사람으로부터 "너는 나쁘다"는 말을 자주 들었고, 우리는 그저 그 말을 믿은 것일까?

고통과 쾌락의 놀이터

　1995년, 퍼듀 제약Purdue Pharma의 소유주인 색클러Sackler 일가는 강력한 오피오이드계 진통제인 옥시콘틴OxyContin을 출시해 미국의 오피오이드 위기에 결정적인 전환점을 만들었다. 그들은 옥시콘틴이 고통 없는 삶을 가능하게 해준다는 메시지로 야심찬 마케팅 전략을 세웠고, 이 메시지는 어떤 불편감도 피하고 싶어 하는 인간의 근원적 본능을 건드렸다. 대중은 몰랐지만, 색클러 일가와 퍼듀 제약은 무의식이 무엇이고 어떻게 작동하는지를 세 가지 방식에서 예리하게 꿰뚫었다. 우선 우리 몸이 고통을 싫어한다는 신체적 무의식의 복잡한 작동 원리를 이해하고, 우리 뇌가 무의식중에 빠르고 쉬운 해결책을 선호하는 인지적 기제도 간파했으며, 무엇보다도 인간이라면 누구나 '앞으로의 삶이 잘 풀릴 것'이라는 환상을 갖고 싶어 하는 욕망을 간파했다.

　인간 경험의 중심에는 신체적으로든 심리적으로든 쾌락을 추구하고 고통을 피하는 성향이 자리한다. 고통-쾌락 원리는 무의식적으로 작동하면서 우리의 수많은 선택과 행동의 원동력이 된다. 누구나 본능적으로 '기분 좋음'을 느끼고 싶고, '기분 나쁨'을 피하고 싶어 한다. 색클러 일가는 이 본능을 교묘히 이용해, 옥시콘틴이 '기분이 좋아지게' 만드는 최고의 신약인 양 포장했다.

　그들의 마케팅 전략은 과감하고 집요했다. 의사들에게 호화로운 만찬을 접대하고(몸이 기분 좋게 느끼게 해주기 위해), 이국적인 장소에서 열리는 학회에 초대하며(해당 브랜드와 연결된 '좋은 기억'을 갖도록), 금전적 보상도 제공했다(그들의 뇌가 옥시콘틴을 다른 약보다 먼저 떠올리도록 학습시키기 위해). 퍼듀 제약은 옥시콘틴이 시간차 방출 제형이라 다른 진통제보다 더 안전하고 중독성도 적다는 꿈을 팔았다. 그러나 심각한 위험성을 의도적으로 축소하고 은폐했다.

색클러 일가는 즉각적인 안도감을 얻고 싶은 인간의 강렬한 욕구를 철저히 이용했다. 특히 통제감을 약속하는 안도감이 유혹적일 수 있다는 사실을 이용했다. 고통에서 벗어나려는 무의식적 욕망과 '안전성'을 내세운 정교한 마케팅 전략이 결합하자 거부할 수 없는 조합이 되었다. 반면에 감정을 스스로 통제하고 싶어 하는 인간의 본능적 욕구를 악용한 것이기도 했다. 만성 통증은 사람을 무기력하게 만든다. 옥시콘틴의 메시지는 단순하고 명료했다. 당신은 더 이상 고통 속에 살 필요가 없고, 당신이 주도할 수 있으며, 옥시콘틴이 도와준다는 메시지였다. 이 개념은 특히 자율성과 자기결정권을 중시하는 문화권에서 강렬한 울림을 주었다.

그러나 시간이 흐르면서 점차 균열이 드러났다. 중독률이 급격히 치솟았고, 미국 전역의 수많은 지역사회가 오피오이드(마약성 진통제) 유행병으로 황폐해졌다. 처음에는 통증 치료를 위해 정당하게 옥시콘틴을 처방받은 사람들이 점차 약물에 의존하게 되었고, 처방이 중단되자 그중 일부는 헤로인이나 다른 불법 약물에 손을 댔다. 그러다 결국 퍼듀 제약이 옥시콘틴의 중독성에 대한 명백한 증거를 갖고도 의도적으로 은폐한 사실이 드러났다. 이 회사는 안도감과

5장 — 과거의 경험이 나를 통제한다

통제력을 향한 인간의 무의식적 욕구를 교묘히 이용했고, 환자의 건강보다 이윤을 우선시했다.

여기서 색클러 일가와 그들이 옥시콘틴을 어떻게 홍보했는지에 관한 사례를 소개하는 이유는, 우리가 무의식적으로 강하게 쾌락을 추구하고 고통을 피하려 한다는 사실을 아는 것이 얼마나 중요한지 알리기 위해서다. 색클러 일가는 인간의 바로 이런 본능을 통제하고 결과는 전혀 책임지지 않으려 하면서 미국 역사상 최악의 공중보건 위기 중 하나를 일으켰다. 그리고 우리는 다음에 벌어질 법한 비극은 피해야 한다.

[**진실의 교훈**] 우리의 뇌가 고통을 피하고 쾌락을 추구하는 데 얼마나 집중하는지 알면, 남에게 조종당하지 않고 스스로를 지킬 수 있다.

고통과 쾌락에 관해 자신이 어떻게 작동하는지를 이해하는 작업은, 오늘날 인간으로 살아가는 데 필수 요건이다. 인간은 자연스러운 진화를 피할 수는 없고, 좋든 싫든 생존을 위한 원초적 학습 체계로 고통을 통해 배우면서(공포를 통해 고통을 회피하면서) 진화해온 존재다.[8] 내가 말하는 고통-쾌락의 원리가 무엇인지 이해를 돕기 위해 애나 렘키Anna Lembke 박사의 비유를 소개하겠다.[9]

놀이터를 떠올려보자. 아이들이 시소를 타며 놀고 있다. 아이들이 한쪽으로 몰리면 그쪽이 아래로 내려가고 반대쪽은 위로 올라간다. 그사이 시소는 항상 균형을 찾으려 한다. 마찬가지로 우리 뇌도 고통과 쾌락 사이에서 끊임없이 균형을 맞추려 한다. 뇌가 쾌락을 맛볼 때는 아이들이 모두 시소의 한쪽에만 우르르 올라탄 형상이 된다. 뇌가 쾌락 쪽으로 기울면 도파민(그리고 다른 여러 화학물질)이 분비되어 기분 좋게 만들어준다. 도파민은 쾌락과 동기부여, 보상 체계와 연관된 주요 신경전달물질이다. 초콜릿과 친구의 웃음소리, 누군가의 칭찬, 사랑하는 이의 손길처럼 사소한 기쁨도 우리 안의 시소를 쾌락 쪽으로 기울게 만든다. 도박과 불륜, 섹스, 약물, 로큰롤 같은 자극도 시소의 방향을 기울인다.

그런데 이 지점에서 시소의 비유가 얼마나 복잡해질 수 있는지 드러난다. 시소가 다시 균형을 잡으려 하듯, 뇌도 쾌락을 맛본 뒤에는 당장 균형을 되찾으려 한다. 다시 고통 쪽으로 기울어지는 것이다. 마치 아이들이 갑자기 시소에서 뛰어내리기라도 한 듯이, 우리 뇌는 방금 쾌락을 얻은 속도와 똑같은 강도로 고통 쪽으로 뚝 떨어진다. 이런 반응은 초콜릿을 한 조각을 더 먹고 싶다고 갈망하거나 한동안 칭찬이 끊기면 불안이 올라오는 식으로 나타난다.

그런데 시소가 반드시 다시 균형을 잡으려는 이유는 무엇일까?

그렘린의 놀이터

고통 그렘린

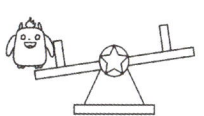

쾌락 그렘린

무엇이 우리 마음속의 고통-쾌락의 원리를 무의식적으로 조절할까? 시소가 균형을 되찾으려 하는 원인은 물리 법칙에 있다. 그렇다면 우리의 뇌는? 애나 렘키 박사의 설명에 따르면, 우리의 뇌에서 이처럼 균형을 잡으려는 반작용의 힘을 **'신경적응 그렘린**Neuroadaptation Gremlin**'**이라고 부를 수 있다. 이 그렘린들은 우리의 내적, 외적 환경에 반응해 항상성을 회복하기 위해 몸과 뇌, 마음의 균형을 되찾으려 한다. 그래서 시소의 반대편, 곧 고통을 힘껏 눌러 우리를 '도와주려' 한다.• **신경적응**Neuroadaptation은 뇌가 특정 상태에 적응해 특정 감정이나 생각, 행동에 대한 내성이나 의존으로 이어질 때 나타난다.¹⁰

그런데 우리가 뇌에 계속해서 쾌락을 공급하면 어떻게 될까? 기분이 조금이라도 가라앉을 때마다 초콜릿 한 조각을 더 먹거나, 평소 선호하는 쾌락적 자극을 계속 찾는다면 어떻게 될까? 그러면 그렘린들은 시소를 계속 고통 쪽을 눌러 균형을 찾기가 점점 더 어려워지고, 결국 우리는 자제력을 완전히 잃은 듯 느낄 것이다. (그러면 우리는 원하지도 않고 '고통'으로 여기는 상태에 빠져들고, 다시 쾌락을 찾아 헤맨다. 악순환이 보이는가?)

여기서 중요하게 짚고 넘어갈 점이 있다. 모든 고통이 해로운 것은 아니라는 점이다. 인간은 본래 고통을 감내하도록 진화했고, 고통은 생존을 위한 도구다. 고통은 위험을 알려서 우리가 위험을 피

• 그 '도움'이 우리에게는 세상에서 가장 끔찍한 일로 느껴질지라도 말이다. 특히 알코올중독의 금단 증상처럼 신체적으로 고통스러운 상황이나, 진실한 사랑을 잃을 때처럼 슬픔이 밀려드는 상황에서는 더 끔찍한 결과로 이어진다.

하게 해준다. 고통은 학습 도구이자 길잡이이자 보호자다. 그러나 현대 사회는 즉각적인 쾌락과 고통 해소를 끊임없이 마케팅하는 현대 사회에서, 이제 우리는 모든 불편을 불필요한 것으로 간주해 즉각 제거할 대상으로 여기기 시작했다. 그래서 불편을 견디고 이해하며 성장의 자양분으로 삼는 능력을 잃어간다. 고통은 여러 가지 면에서 훌륭한 스승이 될 수 있다. 우리가 고통을 느끼고 다루기로 마음먹을 수만 있다면 고통에서도 배울 점이 있다.

그렇다고 해서 고통을 목적으로 일부러 찾아야 한다거나 특정 종류나 강도의 고통을 반드시 겪어야만 인생의 교훈을 얻을 수 있다는 뜻은 아니다.* 다만 우리 삶에서 고통이 어떤 역할을 하는지 기본적인 차원에서 이해해야 한다는 뜻이다. 우리는 고통과 쾌락을 '하나의 체계'에서 양 끝으로 인식한다. 어느 한쪽이 없다면 다른 한쪽도 존재할 수 없다. 따라서 우리의 행동이 고통과 쾌락을 추구하거나 회피하는 무의식적 양상에 어떻게 영향을 주는지 의식적으로 자각해야 한다. (나는 위험 감소 전략을 택하는 내담자들에게 이런 말을 자주 해준다. "약을 사용해도 되지만 약이 당신을 사용하게 놔둬서는 안 돼요.") 다시 말해 고통과 쾌락을 우리 편으로 만들자. 고통과 쾌락이 우리를 지배하게 놔두지 말자.

쾌락만 좇고 모든 고통을 피하려 한다면 우리가 모르는 사이 마음속 시소가 균형을 잃는다. 처음에는 그저 즉각적인 만족을 원하

• 우리가 트라우마 사건을 겪을 때 사람들이 흔히 하는 말처럼 "다 이유가 있어서 그런 거야!"라는 말은 황당한 소리다.

는 해롭지 않은 욕구로 시작했어도 점차 더 많은 것을 갈망하게 만드는 욕구로 번질 수 있다. 균형이 무너진 상태에서는 자연스러운 무의식의 반작용(신체적, 인지적, 정신분석적 무의식)이 우리를 강박적 행동과 선택의 반복으로 몰아넣을 수 있다.

신체적 무의식은 몸의 감각과 연결되어 더 많은 쾌락을 요구하고 신호를 보낸다. 인지적 무의식은 자동적 사고 과정을 통해 '한 번 더 해도 크게 문제 될 거 없어'라거나 '이게 내 삶을 통제하는 가장 쉬운 방법이야'라고 속삭인다. 다음으로 정신분석적 무의식은 과거의 기억과 경험을 토대로 과거의 트라우마와 감정을 파내서 현재 도파민 한 방울에 대한 갈망을 부추길 수 있다.

고통 없는 삶이 매혹적인 것은 사실이다. 하지만 아무런 난관이 없다면 어떻게 진정한 기쁨과 평온, 성취의 순간에 감사할 수 있겠는가? 아무런 방해 없이 쾌락만 존재하는 삶은 결국 아무런 대비와 질감도 없이 순탄하고 무미건조해진다. 잘 생각해보라. 물론 수도자들이 평온해 보일지 몰라도, 내게는 늘 그들의 삶이 조금은 지루해 보였다(물론 기분 나쁘게 들렸다면 죄송하다).

'만약 그랬다면' 상황이 달라졌을까?
—

'내가 다르게 행동했다면 어땠을까?'
'내가 그들에게 차를 빌려줬다면 어땠을까?'
'내가 정말로 하고 싶었던 말을 했더라면?'
'상황이 달랐다면, 그 사람들이 일자리를 잃지 않았을 거야.'

과거의 선택이 현재의 삶을 어떻게 바꿨을지 진지하게 고민한 적이 있는가? 만약 다른 결정을 내리거나 다른 길로 갔더라면 어떻게 됐을까? 조금만 더 노력했다면 학위를 마쳤을 수도 있고, 동네 가게의 그 직원과 데이트 약속을 잡을 수 있었을지 모른다. 신호등의 노란불에 무리하게 달리지 않았다면 사고를 피했을지도 모른다.

이처럼 '만약 그랬다면'이라고 생각하는 것, 말하자면 과거의 대안을 상상하는 것은 인간의 사고와 감정에서 중심 요소다. 이런 생각은 인간 본성에 깊이 새겨져 있다. 우리가 삶에서 일어난 일을 **있는 그대로만** 받아들이고 어떻게 달랐을 수 있는지를 전혀 상상할 수 없다면, 우리는 영원히 현재에 갇힌 채 과거에서 배우지도 못하고 미래를 준비하지도 못할 것이다. 그리고 우리 뇌는 이런 상태를 몹시 싫어할 것이다.

'현재에 집중하라'는 말을 많이 하지만, 한편으로는 마음속에 끊임없이 떠오르는 '만약'의 상황을 생각할 수 있어야 하고 본능적으로 그렇게 하도록 설계되어 있다. 이것은 우리가 경험을 이해하고 실수를 통해 배우며 불확실한 미래에 대비하는 방식이기도 하다. 심리학에서는 이런 상상을 **사후 가정 사고**^{Counterfactual}라고 한다. 사후 가정 사고란 과거의 사건이나 행동의 대안적 상황을 상상하고 상황이 어떻게 다르게 전개될 수 있었을지 탐색하는 사고다. 이 사고는 우리의 마음속에서 세 단계를 거친다.[11]

1단계는 활성화다. 어떤 사건이 일어난다. 예를 들어 지원한 직장에서 탈락했다는 소식을 듣는다. 이 경험은 당신의 몸과 뇌에 저장된 관련 감각과 기억을 연쇄적으로 활성화시킨다. 자신감 있게 지원서를 낸 순간과 면접에서 느낀 긴장감, 며칠 동안 연락을 기다리며 내내 머릿속을 맴돌던 불안감이 활성화된다.

2단계는 추론이다. 이제 당신은 머릿속으로 한 편의 영화처럼 상황이 어떻게 다르게 전개되었을지 상상한다. '만약 그랬더라면'이라는 가정을 탐색하는 것이다. 그 질문에 다르게 대답했다면 어땠을까? 내가 마지막이 아니라 첫 번째로 면접을 봤다면 어땠을까? 이처럼 머릿속에서 실제와 다르게 상황을 구성하는 사이 그에 대한 정서적 반응도 달라진다. 추론이 끝날 즈음 스스로 이렇게 결론을 내린다. '내가 뭔가를 잘못해서 떨어진 거야.'

3단계는 적응이다. 이처럼 사후 가정 사고를 한 뒤에는 자신의 통제 위치(자신의 행동이 결과에 영향을 미친다고 믿는지 아닌지)에 따라 그 사고를 통해 얻은 통찰을 향후의 의사 결정에 반영한다. 예를 들어 다음번에는 면접 시간을 다른 시간대로 정하거나, 회사에 관해 더 많이 조사하거나, 답변을 덜 암기하고 좀 더 자연스럽게 보이도록 준비할 수도 있다. 반대로 자신이 뭔가 잘못했다는 생각에 지나치게 괴로워하며 그 책임을 다른 사람이나 상황에 떠넘길 방법을 찾으려 할 수도 있다.

사후 가정 사고가 우리 삶에 어떤 영향을 미칠 수 있는지 이해해야 한다. 이런 사고를 통해 과거와 현재, 미래를 분석하고 계획하며 예측하거나, 창의력을 발휘하거나, 어떤 좌절 속에서도 의미를 찾을 수 있고, 실제로도 그럴 가능성이 크다.[12] 그리고 1부에서 다룬 **다른 모든 개념**과 마찬가지로, 사후 가정 사고 역시 무의식적이고 자동으로 일어날 수 있고, 좋든 싫든 삶의 경험에 중요하게 영향을 주

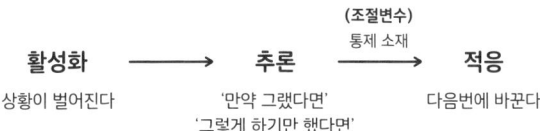

고 또 영향을 받는다.

사후 가정 사고에는 두 유형이 있고, 우리 뇌가 특정 조건에서는 특정 사후 가정 사고를 생성한다.

첫 번째는 **상향적 사후 가정 사고**다. 어떤 상황이 어떻게 **더 나았을** 수 있을지 상상하는 사고다. 예를 들어 '경고 메시지를 좀 더 일찍 받았다면 그들을 구할 수 있었을 텐데'와 같은 생각이다. 이런 사고는 **더 나아지고 싶다**는 동기를 부여한다.

두 번째는 **하향적 사후 가정 사고**다. 당장 기분을 좋게 만들어주는 역할을 한다. 어떤 상황이 **더 나빴을** 수도 있다고 상상하는 사고다. 예를 들어 취업에 실패한 후 '난 애초에 야간근무를 원하지도 않았어. 이 일자리를 얻었다면 오히려 행복하지 않았을 거야'라고 자위하는 것이다. 기분이 더 좋아지게 만들어주는 대안 현실을 상상하는 것이다.

우리가 긍정적 사건을 경험할 때, 뇌에서는 자동으로 하향적 사후 가정 사고를 만들어낸다. 우리가 기분이 좋을 때 뇌에서 자동으로 '이보다 더 나빴을 수도 있어'라고 말하는 것이다. **뇌는 우리가 행복한 상태를 계속 유지하길 원한다.**

하지만 우리가 긍정적 사건을 경험할 때 뇌는 더 긍정적인 결과로 나아가도록 도와주려 하지 않는다. 여기서 더 나아가려면 의식적으로 사고를 통제하면서 가령 '여기서 더 좋아질 수도 있었어'라고 생각해야 한다. 다시 말해 성공하고도 계속 동기를 유지하려면 의식적인 노력이 필요하다. 사실 뇌가 이미 만족감을 느낀다면 더 나아지기 위한 애써 더 노력하지 않으려 한다.*

모든 일이 잘 풀릴 때는, 다음에 더 잘하면 더 좋은 결과가 나올 수도 있다고 상상하기보다 지금 안 좋은 일이 일어나지 않아 다행이라고 생각하기 쉽다. 반대로 부정적 사건을 경험할 때 뇌에서는 자동으로 상향적 사후 가정 사고를 만들어낸다. 마음이 괴로울 때 뇌에서는 자동으로 이보다 더 나았을 수도 있다고 말한다. **우리의 뇌는 우리가 실수에서 배우기를 원한다.**

부정적인 상황이 벌어진 뒤에도 긍정적인 태도를 유지하고 싶다면, 의식적으로 '이보다 더 나빴을 수도 있어'라고 자신에게 말해줘야 한다. 일이 잘못 풀리면 현재 가진 것에 감사하기보다 자책하면서 가지지 못한 것에 집착하기 쉽다. 무의식의 작동 방식에서는 동기를 유지하는 것이 현실에 안주하기보다 어렵고, 수용하는 것이 후회하기보다 훨씬 어렵다. 물론 목표가 후회를 통해 동기를 부여하는 것이거나 안주하기 위해 수용하는 것이라면 이야기가 달라지지만 말이다.

예를 들어 올림픽 동메달 수상자가 은메달 수상자보다 만족감을 더 많이 느끼는 경우가 많은데, 사후 가정 사고 때문이다. 은메달 수

• 다만 애초에 어떤 결과에도 만족하지 못하는 사람들의 경우는 다르다. 이런 사람들은 성공에 따라오는 처음의 행복감조차 느끼지 못한다.

상자는 금메달에 얼마나 가까웠는지 생각하지만(상향적 사후 가정 사고), 동메달리스트는 메달을 아예 받지 못하는 상황을 떠올리며 안도하는 것이다(하향적 사후 가정 사고).[13]

하지만 우리가 통제감을 느끼고[14] 자존감도 건강한 수준이라면[15] 상황은 달라질 수 있다. '이보다 더 나빴을 수도 있어'라는 생각이 부정적인 사건에 대한 우리의 무의식적 반응이 될 수 있고, 반대로 '이보다 더 나았을 수도 있어'라는 생각이 긍정적인 상황에서도 자동으로 떠오를 수 있다. 이제 곧 시작할 '의식의 12단계'는 우리가 삶을 더 통제한다고 느끼게 해주고 자존감을 높여줄 것이다. 말하자면 사후 가정 사고의 양상 자체를 재설정할 수 있다!

그런데 잠깐, 스스로 삶을 통제한다고 느끼고 자신에게 긍정적인 감정을 가질 때 자동으로 떠오르는 사후 가정 사고가 개선된다면, 반대로 삶에 대한 통제력을 잃었다고 느끼고 자신에게 부정적인 감정을 가질 때는 어떻게 될까? 그리고 우리의 뇌가 끊임없이 그저 안주하거나 후회하며 살아가야 한다고 속삭인다면 우리는 어떤 영향을 받을까?

사후 가정 사고는 강력한 도구가 될 수도 있지만, 동시에 양날의 검이기도 하다. 현실과 '만약 그랬다면'의 가능성을 비교하면 안도감이나 만족감부터 불안이나 죄책감에 이르기까지 한층 증폭된 감정의 롤러코스터를 타게 될 수 있다.[16] 무의식이 바라듯 늘 햇살이 비추고 무지개가 뜨는 것은 아니다.

이런 사고를 통제하지 못하면 어두운 방향으로 흐를 수 있다. 후회(무의식이 특히 잘 다루는 감정)는 우울증이나 불안과 강력하게 연결

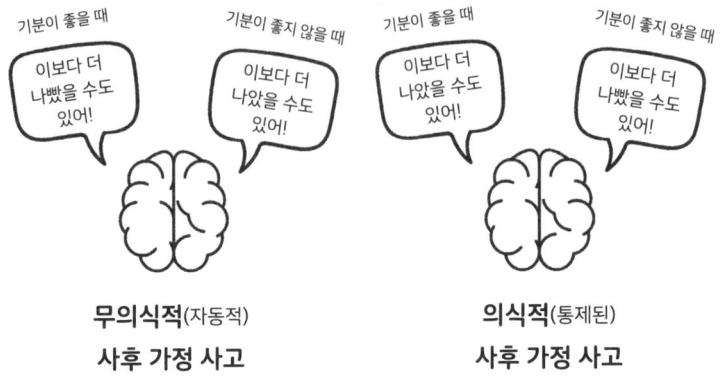

무의식적(자동적) **사후 가정 사고**　　**의식적**(통제된) **사후 가정 사고**

된다. 심각한 우울증을 앓는 사람은 남들에게는 비현실적으로 보이는 사후 가정을 반복해서 떠올리고, 그로 인해 정서적 고통을 가중시킨다.

살면서 겪은 외상 사건도 사후 가정 사고를 유발할 수 있고, 삶의 전반적인 안녕감에 심각한 영향을 미친다. 예를 들어, 사고로 사랑하는 사람을 잃은 이들이 '만약 그랬더라면' 하는 후회에 사로잡혀 산다면, 전반적인 고통 수준이 높아진다. 그리고 이런 유형의 사후 가정 사고를 자주 하는 사람일수록 외상후스트레스장애 증상도 더 심하게 겪는다.

'모든 일에는 이유가 있다'거나 '이미 일어난 일은 어쩔 수 없다'는 말은 삶의 고난을 감내하고 평온을 찾기 위한 숭고한 태도로 여겨진다. 하지만 우리 뇌는 그렇게 단순하게 모든 것을 받아들이도록 설계되지 않았다. 만약 그렇다면 우리는 죽음도 기꺼이 받아들이겠지만, 실제로 우리의 무의식(존재의 95퍼센트를 차지한다)은 가능한 모든 통제력을 동원해 우리가 어떻게든 생존하게 해준다.

생물학적으로 인간은 문제를 해결하고 상황을 평가하며 자신에게 최선을 선택하도록 설계되었다. '수용'이라는 개념이 위안과 평화를 줄 수 있지만, 우리의 본능은 대체로 행동하거나 되돌아보거나 심지어 저항하는 쪽으로 작동한다. 이런 자신을 책망하지 말자. 이것이 인간이다.

정리하자면, 상황을 받아들이는 것이 중요하지만, 우리는 본래 상황을 의심하고 때로는 거부하도록 설계된 존재다. 받아들일 수 없는 상황을 받아들이지 못하는 것은 전혀 잘못이 아니다.

현실적으로도 수동적으로 받아들이기만 하는 태도가 도움이 되지 않거나 위험을 자초할 수도 있다. 예를 들어, 부당한 일을 아무런 저항 없이 받아들이면 계속 피해를 볼 수밖에 없다. 바꿀 수 없다면 그냥 받아들이는 것이 건강한 방법일 수 있지만, 이 과정이 자동으로 일어나는 것이 아니다. 우리 뇌는 좋든 싫든 항상 현재의 현실을 따져보고 분석하고 때로는 도전한다. 이것은 결함이 아니라 우리는 원래 이렇게 만들어진 존재다. 다만 더 수월한 방법은 있다. 2부에서 충분히 다룰 것이다.

통제력을 인식하는 것이 중요하다

1967년, 미국의 심리학자 스티븐 마이어Steven Maier와 마틴 셀리그먼Martin Seligman은 '학습된 무기력Learned Helplessness'이라는 현상을 발견했다. 특정 상황에서 아무리 노력해도 소용이 없다는 사실을 학습하면서 결국 포기하는 현상을 말한다. 두 연구자는 우리가 스스로 무기력하다는 것을 '학습'한다고 주장했다. 그러나 이 가설은 완전히 틀린 것으로 밝혀졌다. 두 연구자도 인정했고, 읽어볼 가치가 있는 이야기다.

다음은 두 연구자가 2016년에 발표한 "이런, 저희가 틀렸습니다"라는 취지의 기사를 요약한 내용이다.[17]

1960년대 초, 심리학 연구가 행동주의(관찰 가능한 행동을 학습하고 수정하는 방식에 관한 연구)에서 인지적 관점(직접 관찰할 수는 없지만 뇌에서 실제로 일어나는 현상에 대한 연구)으로 전환하는 시기에, 두 연구자는 **공포**가 학습에 어떤 영향을 미치는지 이해하고자 했다.

그래서 그들은 개를 세 집단으로 나누었다. 집단 1의 개들에게 고정 장치를 채워 일정 시간이 지난 후 풀어주었다. 집단 2의 개들에게는 전기충격을 주었지만 패널을 누르면 충격을 멈추고 탈출할 수 있게 해주었다. 집단 3의 개들에게는 집단 2와 같은 전기충격을 주었지만 전기충격을 멈출 방법을 주지 않았다.

다음 날, 연구자들은 모든 개를 '셔틀 박스'라는 공간에 넣었다. 낮은 벽을 중심으로 두 구획으로 나뉜 직사각형 공간이었다. 특정 소리와 전기충격이 이어지면, 개들은 낮은 벽을 뛰어넘어 반대편으로 넘어가 전기충격을 피할 수 있었다. 집단 1과 집단 2의 개들은 곧바로 이 구조를 알아채고 벽을 뛰어넘어 전기충격을 피하는 방법을 터득했다. 그러나 집단 3의 개들 대다수는 탈출하려는 시도조차 하지 않았다. 제 자리에 가만히 머물러 수동적으로 전기충격을 기다렸다.

연구자들은 의아했다. 개들이 왜 스스로 벗어나려 하지 않았을까? 이후 이런 현상에 관한 본격적인 연구가 이어졌고, 우리가 '무기력'이라고 부르는 개념과 매우 유사했다. 초창기 연구에서 마틴 셀리그먼과 브루스 오버미어Bruce Overmier는 무기력을 객관적 무기력과 주관적 무기력으로 나누었다.

객관적 무기력은 자신이 어떤 행위를 해도 결과가 바뀌지 않는 상태를 말한다. 아무리 몸부림쳐도 전기충격을 막을 수 없는 상황이 그렇다. 행동으로나 확률로나 자신의 행위로 인해 아무런 변화가 일어나지 않는 것이다. 연구 초반부에 개들은 이런 객관적 무기력 상태였다. 물리적으로 전기충격에서 벗어날 방법이 없었다.

반면에 **주관적 무기력**은 자신의 행위가 나쁜 상황을 막을 수 없다고 스스로 인지하는 상태를 의미한다. 자신이 무기력하다는 생각을 **의식적으로** 학습하고 **인식하는** 것이다. 실험 후반부에 개들이 실제로 도망칠 수 있었는데도 시도조차 하지 않을 때는 주관적 무기력 상태다. 이 연구는 객관적 무기력 상태에 있던 개들이 주관적으로도 자신의 상황을 통제할 수 없다고 학습한다는 점을 보여주는 듯했다. 통제력을 상실한 채 전기충격의 강도가 세지고 시간이 길어질수록 개들은 앞으로도 여전히 통제할 수 없을 거라고 예상했고, 그래서 어떤 시도도 하지 않으려 했다. 결과적으로 연구자들은 집단 3의 개들이 '무기력을 학습했다'는 결론에 이르렀다. 당시 그들이 사용할 수 있었던 연구 도구와 방법을 고려하면, 가장 합리적인 설명이었다.

초기의 (잘못된) 가정 : 통제할 수 없다면 → 무기력이 증가한다.
개 실험 이후, 마이어와 셀리그먼은 각자의 길을 걸었다. 셀리그먼은 인간의 상황에서 무기력을 연구하면서 사람들이 자신의 무기력을 어떻게 **설명하고 묘사하느냐**에 따라 그 상태가 얼마나 오래 지속하는지에 영향을 준다는 밝혀냈고(2부에서 다룬다), 무기력 현상이 우울증에 관해 어떤 통찰을 줄 수 있을지도 고민했다.

반면에 마이어는 신경과학 분야로 넘어가, 뇌 연구에서 다음과 같은 사실을 발견했다. 첫째, 해로운 전기충격은 수동성과 불안을 유발한다(그리 놀라운 발견은 아니다). 둘째, '통제할 수 있다'는 감각을 인식하면 수동성과 불안을 막을 수 있다. 셋째, '통제할 수 있다고 기대하면' 뇌에서 변화가 일어나 해로운 상황을 피하려는 행동을 유발한다. 이 설명이 다소 복잡하게 들린다면, 이렇게 요약할 수 있다. 우리는 고통을 경험하면 몸이 굳고 불안해지지만, 스스로 고통을 피할 수 있다고 판단하면 몸이 덜 굳고 불안도 줄어든다. 나아가 스스로 상황을 통제할 수 있다고 기대하면, 뇌는 고통을 피하는 행동을 유도한다.

1990년대에 이르러 연구자들은 뇌가 고통스러운 자극(전기충격)에 어떻게 반응하는지에 관해 훨씬 많은 정보를 얻었다. 뇌에서 세 가지 주요 영역을 발견했는데, 하나는 수동적 행동이나 불안과 관련된 영역이고, 다른 하나는 공포나 불안과 관련된 영역이며, 나머지 하나는 앞의 두 영역을 활성화시키는 영역이다. 바로 이 지점에서 연구자들은 그동안 완전히 잘못 이해했다는 사실을 깨닫는다.

연구자들은 개 실험을 다시 실시하기로 하고 이번에는 신경 영상 장비와 실시간 측정 장치로 전기충격이 가해지는 동안 뇌에서 무슨 일이 벌어지는지 관찰했다. 그리고 피할 수 없는 충격과 피할 수 있는 충격, 두 가지 모두에서 특정 뇌 영역이 활성화되는 것을 확인했다. 하지만 결정적인 차이는 이런 뇌 활동이 얼마나 오래 지속하는지에 있었다.

피할 수 없는 충격을 받은 후에는 이들 뇌 영역이 훨씬 오래 활성화되었고, 그로 인해 불안과 무기력도 더 오래, 더 높은 수준으로 지속했다. 반면에 피할 수 있는 충격이 주어지고 개들도 상황을 통제할 수 있다는 점을 **학습한** 후에는, 뇌에서 불안 반응과 수동적인 반응이 점점 줄어들었다.

요약하자면, 통제력을 잃어서 **무기력을 학습하는** 것이 아니다. **통제력을 자각하면** 마음이 진정되고 스스로 돕기 위해 행동을 하는 것이다.

두 번째 (올바른) 가정: 통제력을 지각하면 → 무기력이 줄어든다. 그래서 연구자들은 이제 통제를 배워야 했다(당신이 지금 이 책에서 배우듯이). **통제력을 지각하면 무기력이 줄어드는** 듯 보여서였다. 따라서 학습할 대상은 무기력이 아니라 통제력이다. 앞선 연구의 가정과 정반대의 접근이었다. 이후 연구자들은 추가 연구를 통해, 어떤 사람에게 먼저 피할 수 있는 충격(통제 가능한 상황)을 경험하게 한 다음 피할 수 없는 충격(통제 불가능한 상황)을 제시하면, 두 번째 상황에서 불안과 수동성, 공포가 감소하거나 애초에 일어나지 않도록 예방된다는 결과를 얻었다.

하지만 현재 상황을 통제할 수 있느냐의 문제만이 아니었다. 앞으로 어떤 일이 벌어질 거라고 예상하느냐도 중요했다. 일단 통제가 가능한 경험을 해보면 우리 뇌는 스스로 신경회로를 재조직해 미래의 스트레스 상황도 스스로 감당할 수 있을 거라고 기대하게 만든다. 여기서 어려운 상황에 직면해도 비교적 덜 불안하고 더 안정감을 느낄 수 있는 이유를 알 수 있다. 우리가 무의식적으로 이겨낼 수 있다는 사실을 알기 때문이다.

기본적으로 통제를 감지하는 능력만으로도 얼마나 불안이 줄어들고 무력감이 완화되는지 강조하고 싶다. 실제로 **통제하는** 행동 자체보다 **통제할 수 있다**는 사실을 알기만 해도 된다.

한 실험에서는 참가자들에게 여러 가지 인지 과제를 내주고 배경에 집중력을 방해하는 소음을 틀었다.[18] 그리고 일부 참가자에게는 배경 소음을 끌 수 있는 스위치를 제공했다. 그런데 이들은 스위치를 거의 사용하지 않고도 다른 참가자들보다 과제 수행에서 좋은 성과를 올렸다. 스스로 삶을 통제할 수 있다는 믿음만으로도 목표를 방해하는 요인의 영향을 줄일 수 있다는 뜻이다.

치유로 가는 여정은 '통제력'과 '무기력'의 지각과 깊게 얽혀 있다. 우리는 본능적으로 주변 상황과 경험, 무엇보다도 감정을 통제할 수 있기를 갈망한다. 하지만 이 '통제력'이라는 감각은 단지 외부

요인을 관리하는 데만 국한되지 않는다. 자아 인식과 함께 평생 주입받은 서사와도 밀접히 연결된다. 안타깝게도 사회는 종종 개인의 무력감을 개인의 부족함이나 결함 탓으로 돌리면서 부정적인 자기 개념을 더욱 고착시킨다. 사회가 우리에게 "네가 이렇게 느끼는 건 전적으로 네 잘못이다"라고 말한다면(그러면서 아무런 해결책도 제시하지 않는다면), 이것은 단지 외부로부터의 비난만이 아니라 우리 안에서 자기 비난의 서사로 굳어질 수 있다. '이 상황은 절대 나아지지 않을 거야'라는 신념은 상황이 완전히 자신의 통제 밖에 있다고 느낄 때 더욱 강해진다. 그리고 이런 인식은 인지적 차원에서 그치지 않는다. 정서적으로 깊이 뿌리내려 우리의 생존 본능과 연결된 뇌의 원시적이고 정서적인 영역까지 깊숙이 영향을 미친다.

잘 들어보라. 우리는 의식적으로 삶을 통제하고 변화시킬 수 있다. **정말이다.** 지금 이 순간 우리 삶에서 가장 큰 고통을 주는 그 한 가지를 통제할 수 없다고 해도 여전히 우리가 통제할 수 있는 다른 것들이 존재한다. 변화시키고 싶어도 변화시킬 수 없는 것이 존재한다고 해도, 우리 삶에는 여전히 변화시킬 수 있는 요소가 존재하고, **우리가 실제로 그것을 변화시킬 수 있다.**

이 책의 1부에서는 신체적 무의식과 인지적 무의식, 정신분석적 무의식을 다루었다. 생각과 경험에 기반한 다양한 연습을 해보았고, 이를 통해 무의식을 의식적으로 통제할 방법을 경험했다. 예를 들어, 숨을 들이쉬고 내쉴 때 코로 드나드는 공기 온도에 주의를 기울여보기도 했고, 우리의 마음이 얼마나 빠르게 상황을 잘못 판단하는지도 관찰했으며, '나쁜 것을 떠올려보라'고 할 때 가장 먼저 떠오른 것이 왜 나쁜지 자신에게 물어보기도 했다. 이제 우리는 무의식이 어떻게 미묘하고도 일반적인 방식으로 드러나는지 알았다. 하지만 인생에서 미묘한 것들만으로는 어디에도 도달할 수 없다. 그러니 이제 2부로 넘어갈 시간이다.

2부에서는 1부에서 배운 모든 내용을 바탕으로 '의식의 12단계'를 충실히 수행해 삶을 의식적으로 통제하고 변화시키는 방법을 배운다. 의식의 12단계라는 구조화된 지침은 우리가 자기 인식의 차원을 더 끌어올려 삶을 더 통제하도록 설계되었다. 이 지침은 우리가 살아가는 무의식의 세계에서 더 의식적인 인간으로 거듭나도록 도와준다. 맞다, 이 세상도 무척이나 무의식적으로 돌아가기 때문이다. 세상도 우리처럼 95퍼센트 정도는 무의식적으로 작동할 것이다.

이 책의 서두에서 언급했듯이, 우리가 자신과 서로를 형편없이 대하는 이유는 자신을 제대로 이해하지 못해서다. 그래서 의식의 12단계에서 각 단계는 이전 단계 위에 차곡차곡 쌓여 우리 자신과 무의식의 세 부분에 대한 이해를 넓혀줄 뿐 아니라, 우리가 세상과 주변 사람들과 의식적으로 연결되도록 구성되었다.

이제부터는 숨겨진 것을 해킹하고, 자동으로 작동하는 구조를 재설정하며, 우리의 창고에 불빛을 비추어 그 안을 재정리할 것이다.

준비됐는가?*

• Are you ready for it? 테일러 스위프트의 노래 가사 맞다.

5장 요약

- 정신분석적 무의식은 우리의 인생 전체를 관통하는 과거의 경험과 서사를 담고 있다.
- 개념은 삶을 단순하게 만들어주면서 동시에 미묘함과 복잡함을 놓치게 만든다.
- 마음속 괴물은 만들어진 것이기는 하지만, 매우 중요하다.
- 우리가 고통과 쾌락을 통제하지 않으면, 이것들이 우리를 통제하게 된다.
- 상황을 있는 그대로 받아들이는 것이 좋지만, 인간은 본래 수용하도록 설계된 존재는 아니다.
- 인간은 사실 '무기력을 학습'하는 것이 아니라, 통제력을 감지하는 존재다.

YOUR
UNCONSCIOUS
IS
SHOWING

2부

주도권을 되찾는
의식의 12단계

의식의 12단계

2부에서는 총 12단계를 통해 삶을 적극적으로 변화시킬 방법을 구체적으로 안내한다. 먼저 각 단계에는 여러 '질문'과 '경험'이 있다. '질문'은 답하는 과정을 통해 개인이 가진 고유의 무의식을 제대로 마주할 수 있도록 돕는다. '경험'은 무의식을 의식과 연결시켜 통제하는 법을 알려준다. 내 안의 무의식을 꺼내서 해체하고 다시 재설계하는 작업은 매우 힘겹고 지지부진할 수도 있다. 서두르지 말고 한 번에 한 단계씩 나아가보자. 페이지를 넘길수록 더 의식적으로 분명하게 사고하고, 행동하고, 결정하는 자신을 발견하게 될 것이다.

1단계 무의식이 삶을 통제한다는 진실을 받아들여라

2단계 더 나은 '나'가 존재한다는 것을 믿어라

3단계 변화의 도구로서 의식에 전념하라

4단계 무의식의 혼란을 들여다보라

5단계 자신의 무의식적 양상을 타인과 나눠라

6단계 무의식을 조율하고 싶은 방식을 정리하라

7단계 무의식을 의식적으로 조율하라

8단계 무의식적으로 상처를 준 사람들을 찾아라

9단계 인간관계의 상처를 적극적으로 바로잡아라

10단계 자신을 자주 일깨워라

11단계 의식에 대한 이해를 확장하고 조정하라

12단계 이제 다른 사람이 변할 수 있도록 도와라

6장

'먼저 인간이다'를 기억하라

지극히 정상적인 실패

"우리의 무의식은 의식보다 더 동물적인 것이 아니라 대개는 훨씬 더 인간적이다."

— 에드워드 본드Edward Bond, 『전쟁극The War Plays』

2019년 1월의 그 사건이 일어나고 아홉 달이 지난 시점이었다. 맥스와 나는 캘리포니아 서머랜드의 빅옐로우하우스 레스토랑에서 점심을 먹었다. 고속도로 바로 옆에 위치한 이 레스토랑은 밝은 노란색 페인트가 벗겨진 외관 덕에 못 보고 지나치기 어려운 곳이다. 방충망 달린 문과 삐걱거리는 계단, 날씨와 식당 분위기에 맞춘듯 적당히 파리가 윙윙대는 곳이었다. 테이블 위에는 물방울이 맺힌 플라스틱 컵 두 잔과 감자튀김 바구니 하나가 놓여 있고, 맥스와 나는 식탁 너머로 손을 맞잡아 서로의 눈을 응시했다.

그날은 9월 5일, 우리의 기념일이었다. 고등학교 시절 첫사랑으로 연애를 시작한 지 정확히 14년이 되는 날이자, 우리가 결혼식을 올린 날이기도 했다. 나는 테이블 위에 카드 두 장을 놓았다. 하나는 올해 초 뜻하지 않게 무의식의 지옥문을 열어버리고 이후 둘이 함께 그곳에서 빠져나온 과정을 내 방식으로 정리한 카드이고, 다른 하나는 원초적이고 무의식적으로 행동하던 나를 사랑하기 위해 긴 시간 참아준 이 남자에게, 이제는 의식적으로 그를 사랑하겠다는 내 다짐을 전하는 카드였다.

맥스는 카드를 하나씩 천천히 열어 읽었다.

카드 1

사랑하는 맥스,

작년 결혼기념일 이후, 우리는 부모가 되었지. 당신은 여전히 내 남편이고, 나는 당신 아내야. 나는 성장하는 중이야. 당신도 성장하는 중이고. 이런 게 인생이겠지. 내게는 이 인생이 너무도 소중해. 당신도, 우리 아들도 정말 소중해. 당신 자신으로 존재해줘서 고마워. 우리가 살면서 거쳐온, 가장 어두운 행동과 가장 어두운 장면, 가장 어두운 말들에 대해 함께 이야기할 수 있고, 우리가 함께 그 모든 것을 끄집어내 주저 없이 밝은 빛을 비출 수 있어서 감사해. 나는 우리의 사랑이 두렵지 않아. 이 사랑이 깃든 삶도 두렵지 않아. 우리는 서로를 위해 태어났어.

처음 눈이 마주친 순간 내 영혼은 당신이 나의 '그 사람'인 걸 알아봤어.

우리 두 사람, 정말 자랑스러워.

사랑을 담아, 영원한 당신의 아내가.

카드 2

올해 내가 당신에게 주는 선물은 '나의 맑은 정신'이야.

요즘 생각이 많았어. 나는 이제 당신과 함께 온전히 맑은 정신이 있어야만 가능한 방식으로 성장하고 싶어. 그래서 앞으로 1년 동안 당신과 함께 온전히 맑은 정신으로 살아보기로 다짐했어. 당신과 함께 성장하고, 당신과 함께 우리 가족을 성장시킬 시간이 무척 기대돼.

당신의 인내심에 진심으로 감사해.

그날 내가 맥스에게 건넨 카드에서 두 문장이 유난히 돋보였고, 이제 우리가 시작할 '의식의 12단계'에서도 중요한 의미가 있는 문장이었다. 첫 번째 문장은 카드 1에서 "우리가 살면서 거쳐온, 가장 어두운 행동과 가장 어두운 장면, 가장 어두운 말에 대해 함께 이야기할 수 있고, 우리가 함께 그 모든 것을 끄집어내 주저 없이 밝은 빛을 비출 수 있어서 감사해"라는 문장이다. 이 문장은 의식적 성장의 핵심을 전달한다. 자신의 무의식 속 괴물과 그림자, 개념, 편견, 반복되는 양상을 들여다보지 못한다면, 이런 것은 결코 저절로 사라지지 않는다. 결코 변하지도 않는다. 그리고 우리가 모르는 새 우리를 통제할 수도 있다. 카드 1에서 맥스에게 보내는 이 문장은 나만의 '의식의 12단계'를 시작하겠다는 약속이기도 했다. 그리고 이제부터 당신이 걸어갈 여정이기도 하다.

두 번째 문장은 카드 2에 쓴 "나는 이제 당신과 함께 온전히 맑은 정신이 있어야만 가능한 방식으로 성장하고 싶어"라는 문장이다. '의식의 12단계'를 실천하기 위해 반드시 금욕적이어야 하는 것은 아니다. 이 책의 12단계는 익명의 알코올중독자 모임(A.A.)과 같은 각종 중독 회복 집단의 12단계를 참고해 구성되었지만, 반드시 금욕을 요구하지도 않고, 금욕이 이 여정의 핵심도 아니다. 이 여정은 물질 사용으로부터 회복하기 위한 여정이 아니라, 아직 충분히 탐색하지 않은 무의식을 지니고 살아가는 '인간' 존재로부터 회복하는 여정이다.

내 경우에는 내 몸으로부터 분리되는 상태가 손쉬운 대처 전략이었다.• 그리고 내 몸에서 분리되는 가장 빠르고 효율적인 방법은 약물 사용이었다. 그래서 적극적이고 의식적으로 나 자신을 돌보는 시기에는 약물 사용을 자제한다. 그렇다고 내가 철저히 절제하면서 사는 인간은 아니고, 의식적으로 치유하고 성장하고 싶은 모든 사람이 반드시 금욕적이어야 하는 것도 아니다.

당신이 '온전히 맑은 정신'으로 의식의 12단계로 성장하는 과정은 내 방식과 전혀 다를 수 있다. 약물을 끊는 방법보다는 특정 친구 무리와 어울리지 않는 방법일 수도 있고, 당신을 무력하게 만드는 장소나 행사에 가지 않는 방법일 수도 있고, 대화할 때마다 당신의 감정을 흔들고 당신을 앞으로 보내주기보다 뒤로 잡아당기는 가족과 만나지 않는 방법일 수도 있다.

몸과 뇌, 마음, 삶 전반을 정리하고 의식적으로 성장하는 데 필요한 단계를 준비하는 데 무엇이 최선인지는 사실 당신이 제일 잘 안

• 최선의 방법이 아닌 줄 나도 안다. 하지만 아주 어릴 때부터 익혔고, 그럴 만한 이유가 있었다.

다. 당신은 이미 무엇이 자신에게 효과가 있는지, 무엇이 방해가 되는지 안다. **그저 자기 자신, 곧 당신의 전체, 당신의 모든 부분이 하는 말에 귀 기울이기만 하면 된다.** 지금의 당신에게 필요한 것은 무엇인가? 무엇을 덜어내고 무엇을 더하고 무엇을 바꿔야 더 선명하고 더 유능하며 이 길에서 흔들림 없이 꾸준히 나아갈 수 있을까? 잠시 시간을 들여 이 질문을 생각해보자. 이제 당신도 알다시피 당신의 환경(내면이든 외면이든, 의식이든 무의식이든)은 당신이 어떻게 생각하고 느끼고 행동하고 지각하는지에 큰 영향을 미친다.

이 책에서는 성장하고 삶을 통제하려면 의식이라는 손전등을 들고 무의식의 창고를 비추어 그 안을 둘러보고 배우고 때로는 불필요한 것을 버리고 더 이상 통하지 않는 방법은 손을 봐야 한다고 강조했다. 사실 나는 그해 1월의 엄청난 사건과 그로부터 9개월이 흐른 뒤 서머랜드에서의 결혼기념일까지, 곧 소개할 의식의 12단계에서 몇 가지 단계를 실행하지 못했다.

2019년 1월 11일 아침, 맥스가 체포된 다음 날 눈을 떴을 때 우리 집 현관 앞에 뉴스 보도 카메라가 진을 치고 있었고, 맥스의 머그샷이 지역 뉴스 채널에 도배되었다(어느 도시에나 가십거리가 필요했고, 경찰 측에서도 전날 밤의 소동을 설명해야 했다). 나는 숨어 있었다. 7년간의 치유 작업 끝에, 내게 남은 거라고는 커튼을 닫은 채 갓난아기와 함께 숨어 우는 나 자신뿐이었다. 남편이 언제 집으로 돌아올지 걱정하면서 울었다. 그날 나는 충격을 받았고, 무서웠고, 외로웠다. 그동안 필사적으로 벗어나려 안간힘을 써온 바로 그 광경이 내 앞에 펼쳐진 것이다. 어머니가 나를 키우며 겪은 이야기이자, 내 아이에게는 절대로 물려주고 싶지 않은 이야기였다. 나는 괜찮지 않았다.

나는 의식적으로 성장하기는커녕 깊고 어두운 무의식의 창고로 떨어졌다. 이상한 나라에 떨어진 앨리스와 같았다. 두 발이 바닥에 닿자마자 나는 창고의 서류 캐비닛을 마구 집어던져 그 안에 든 내 삶의 개념적이고 지각적인 요소를 흐트러뜨리고 결국 난장판을 만들었다. 그러면서 나는 어차피 이렇게 될 거였다고, 그러니까 과거에 내가 무의식적으로 저지른 행동의 결과가 영원히 따라다닐 거라고 단정하며, 예전에 사람들이 나한테 한 말을 되뇌었다. '세상은 원래 이런 거야. 앞으로도 계속 이럴 거야.'

나는 그 상황을 (부적절하고 부적응적인 방식으로) 견디기 위해 예고도 없이 라스베이거스로 도망쳐 낯선 지역의 사람들과 밤늦게까지 어울리며 내 몸과 뇌, 마음을 마비시켰다. 그리고 나 자신과 내 과거, 내 삶에 대한 부정적인 이야기가 현재의 나를 집어삼키게 놔두었다. 맥스에게 최후통첩을 받고 치유의 여정에서 첫걸음을 내딛기 이전의 나로 돌아갔다. 나는 어쩌다 **다시** 이 지경이 됐을까? 나는 그 이유를 알아야 했고, 다시는 이런 일이 반복되지 않게 해야 했다. 이제는 내 손에 한 아이의 인생이 놓였고, 아무 잘못도 없이 혼란스러운 세상에 내던져져 힘겹게 살아가야 할 아이의 기분이 어떤지 나는 누구보다 잘 알았다. 그래서 2019년 9월 5일부터 나는 나 자신과 사람들에게 이전보다 진실을 더 많이 말하기로 다짐했다. 반드시 그래야 했다. 내 무의식이 항상 존재하는 것이라면 이제부터는 의식적으로 조율해야 했다. 내 삶을 스스로 통제하고 싶다면 피할 수 없었다.

나는 치유의 여정에서 무의식의 여러 측면을 마주했지만, 그것이 전부가 아니라는 사실을 인정해야 했다. 장님과 코끼리의 비유처럼, 내가 모르는 부분에 대한 이해를 넓혀야 했다. 그래야만 내 모든 부분(의식적인 부분과 무의식적인 부분)을 제대로 이해할 수 있을 것 같았다.

그해 나는 두 가지 중요하고 단단한 진실 앞에 무릎을 꿇었다(그리고 10월 말 아들의 첫돌 무렵에 새로 만든 내 소셜미디어 계정 @the.truth.doctor를 통해 그 진실을 세상에 나누기 시작했다).

1. 내 무의식은 드러나고 있었고, 앞으로도 계속 드러날 것이다.
2. 나는 먼저 인간이다(무슨 일이 있어도, 고통스러울 때조차, 아니, 고통스러울수록 더더욱).

이 두 가지 진실에는 흥미로운 측면이 있다. 애초에 역설적이라는 것이다. 무의식이 존재하고 우리를 통제한다는 사실을 더 많이 인정할수록, 얄궂게도 실제로 무의식이 우리 삶을 통제하는 힘은 감소한다. 그리고 우리 자신이 (힘겹게 살아가고 대부분 무의식적으로 살아가며 완벽하지 않은) 빌어먹을 인간이라는 사실을 더 깊이 받아들일수록, 인간으로 살아가는 것이 덜 고통스럽고 덜 수치스럽게 느껴진다. 한마디로 정리하자면 이렇다.

우리가 무의식을 더 많이 받아들일수록, 덜 무의식적인 사람이 된다. 그리고 인간으로 사는 것이 어렵다는 사실을 인정할수록, 인간으로 사는 것이 수월해진다.

우리의 무의식은 지금 이 순간에도 드러나고 있다. 모든 인간이 그렇다. 이것은 피할 수 없고, 무의식은 우리 삶의 모든 곳에 스며 있다. 이 사실을 망각하는 순간, 우리는 통제력을 잃고 자존감이 낮아지며 삶을 통제할 수 없다는 인식과 함께 수치심과 자기 비난, 그 밖에도 우리의 존재 자체를 저주하게 만드는 온갖 방식에 깊이 빠져든다.

다음 장부터 의식의 12단계가 시작된다. 이 여정에서 기억해야 할 세 가지가 있다.

첫째, 우리의 여정이 어떻게 펼쳐질지는 **우리가 정한다**. 더 이상 세상이 이미 만들어놓은 무의식의 청사진에 맞춰서 살아갈 필요가 없다. 이 여정이 얼마나 급진적이거나 영적일지, 얼마나 거창하거나 미묘할지는 오롯이 우리의 선택이다. **우리가 주도권을 쥔다.**

둘째, 우리가 지금 이 모습이 된 것은 우리의 잘못이 아닐 가능성이 크다.

하지만 앞으로 나아가는 것은 **우리의 책임이다.** 다시 말해, 이제부터는 **우리가 주도권을 쥔다.**

셋째, **우리는 자신을 의식할 자격이 있지만** 지금 이 순간 우리가 떠올리는 그 '부정적인' 의미의 자의식은 아니다.

우리가 치유의 여정을 시작하지 못하게 가로막거나 이미 잘 가던 길에서 벗어나거나 아예 치유를 중단하고 스스로 무너지는 쪽(1월의 내 경우처럼)을 선택하게 만드는 요인이 있다. 뭔가가 잘못되었고 통제력을 완전히 잃었으며 모든 것이 거스르는 것 같은 느낌이다. 하지만 여기에는 문제가 있다. 내가 아는 사람 중 나와 내담자들을 비롯해 이런 상태(치유 불가능하거나 오히려 퇴보하는 상태)에 빠지는 사람 대다수가 이런 결정을 내리는 기저에는 스스로 **인간이라는** 사실 자체를 탓하는 마음이 있다. 그러니까 지극히 정상이고 인간적인 행동, 곧 진화적으로 당연한 경험과 행동을 탓하는 것이다.

우리는 흔히 사람들을 정신 건강 분야의 '진단명'으로 판단한다. 어떤 경험이나 반응이 정신 질환이나 조건의 증상 목록에 들어 있지 않으면 '전형적'이고 '정상'이라고 여긴다. 반대로 어떤 진단을 받으면 모든 경험이 '병리화'되어 인간으로서 평범한 경험을 할 수 없는 듯 여긴다.

내가 자주 드는 '샐러드 비유'로 설명해보겠다. 주방을 떠올려보자. 다채로운 재료가 준비되어 있고, 그중에 샐러드에 넣기 좋은 양상추와 토마토도 있다. 며칠 동안 식료품점에 들러 샐러드에 넣을 재료로 치즈와 양파, 해바라기씨를 사온다. 그리고 드디어 샐러드를 만든다. 샐러드는 맛있게 만들어 먹었지만, 양상추와 토마토가 남았다. 그러면 이 두 가지 재료는 이제부터 영원히 '샐러드의 일부'로만 봐야 할까?(그러니까 앞으로 이 재료는 샐러드에만 들어가는 재료로 봐야 할까?) 아니면 그저 주방에 있는 독립적인 음식 재료로 봐야 할까?

아마 이렇게 생각할 것이다. 양상추는 샌드위치에 넣을 수도 있고, 토마토는 파스타에도 쓸 수 있으니까 독립된 재료가 맞다고. 그렇지 않나? 물론, 자연스러운 생각이다. 그런데 우리 자신의 인간적 경험(특히 감정이나 행동과 관련된 경험)에 대해서는 이런 식으로 생각하지 못한다. 그러나 이렇게 생각해야 한다. 우리의 인간적인 경험은 이 샐러드 비유와 유사하다.

우리의 몸과 뇌, 마음을 생각해보자. 우리를 이루는 이들 요소는 저마다의 방식으로 작동하고, 그중 일부는 정신 건강 진단 기준에 따라 질병으로 분류될 수 있다. 예를 들어 불안과 분노, 고통을 회피하고 싶은 욕구 같은 것이다. 앞으로 몇 년 동안 당신은 다양한 경험을 하면서, 그로 인해 새로운 방식으로 작동할 수 있다. 이를테면 버림받을까 봐 두려워하고, 감정이나 인간관계를 조절하는 데 어려움을 겪으며, 때로는 의심과 불안에 시달릴 수도 있다. 그러다 어느 날 이 모든 증상이 포함된 정신 건강 문제를 진단받는다. 스스로 치유해보려 애쓰지만, 여전히 어느 정도는 이런 정서와 감정, 행동에서 벗어나지 못한다. 그렇다면 이런 경험이 앞으로 영원히 당신의 '진단의 일부'로 남을까? 아니면 당신을 포함한 모든 인간이 겪을 수 있는 독립적인 경험으로 보아야 할까? 물론 그 강도가 극단적이거나 맥락을 벗어나는 경우가 아니라면 말이다.

 샐러드 재료는 각기 다른 기능을 가진 독립적인 재료로 간단히 분리할 수 있다. 왜일까? 그냥 샐러드일 뿐이고 생사를 가르는 중대한 문제가 아니며 대다수 사람에게 심각한 영향을 끼치지 않아서다. 하지만 정신 건강 진단의 증상을 인간의 평범한 행동에서 분리하는 작업이 그리 간단하지 않다. 왜일까? 이런 증상이 남기는 상처와 고통의 흔적은 때로는 압도적이고 감정적으로 강렬하며 돌이킬 수 없는 후회로 가득해서다.

 맥스와 관련된 그 모든 상황이 벌어진 그해 1월 아침의 나는 바로 이런 상태였다. 나는 나 자신을 한 인간으로 보지 못했다. 나는 오직 나 자신을 경계성 성격장애를 가진 사람으로, 삶에서 일어나는 모든 일을 감수해야 하는 사람으로만 보았다. 그리고 '치료사'와 '엄마', '아내', '사업가'라는 이름을 달기는 했지만 결국 실패했고 곧 더 크게 실패할 사람으로 보았다. 내 뇌는 무력했고, 삶에 대한 통제력을 완전히 잃은 느낌이었다. 그래서 자기파괴적으로 행동했지만, 사실 나 자신을 그렇게까지 벌주어야 할 만큼 잘못한 것은 아니었다. 하지만 그때는 이 점을 전혀 인식하지 못했다. 내가 내담자들에게 주기로 한 관용과 여유를 정작 나 자신에게는 허락하지 못한 것이다. 내가 만든 자기비판의 틀 안에서 다른 모든 사람은 그저 한 인간으로 존재할 수 있어도 나만은 예외였고, 나는 불완전한 상태이니 처벌받아 마땅하다고 여겼다.

 이 여정을 시작하기 전에 아래 목록을 읽어보고, 앞으로 치유 과정에서 이런 상태가 나타나도 실패의 징조로 여기고 지레 포기하거

지극히 정상적인 인간 상태*

자신의 몸과 분리되었다고 느끼기	과거에 사로잡혀 있다고 느끼기
자신의 몸에 압도당한다고 느끼기	다른 사람의 감정을 느끼기
원하지 않는 감정을 경험하기	타인의 행동을 따라 하기
원하는 감정을 느끼지 못하기	이유도 모른 채 결정하기
자신의 말과 가치관에 어긋나게 행동하기	스스로 어떻게 느끼는지도 모르기
추정하기	부정적인 생각의 덫에 갇히기
실수하기(그것도 여러 번)	고통을 피하고 쾌락을 추구하기
타인을 잘못 판단하기	충분히 괜찮지 않다고 느끼기
잘못인데 옳다고 생각하기	스스로 동기를 부여하지 못하기
옳은데 잘못이라고 생각하기	이미 일어난 일을 받아들이기 힘들어하기
과거의 사건을 기억하지 못하기	때로는 사는 것이 '통제 불가능'하다고 느끼기

나 되돌아가야 한다고 생각하지 말자. 대신 당신은 (온갖 역할과 책임 이전에) 먼저 인간이라는 신호, 당신의 무의식이 드러난다는 신호로 받아들이자. 그리고 그 신호에 맞게 행동하자.

- 앞으로도 이 목록으로 다시 돌아와 점검하자. 이 목록에 포함된 모든 상태가 정상이다. 정상이 아니라고 말하는 사람 말은 듣지 마라. 물론 이런 상태가 장애로 이어질 수 있지만, 객관적으로 병리적인 것은 아니다.

아래 이미지인 'human first'는 내 몸에 새긴 문신 중 하나를 그대로 옮긴 것이다. 이 문신은 '먼저 인간이다'라는 의미를 뜻한다. 내 몸에는 정신 건강과 관련된 문신 여러 개가 새겨져 있다. 풍선처럼 끈에 매달린 뇌를 들고 있는 손, 얼굴이 가면인 소녀와 그 뒤로 엄습하는 어둠, 자물쇠를 이마에 매단 해골과 함께 '마음을 해방시켜라 Free Your Mind'라는 문구도 새겨져 있다. 하지만 다른 무엇보다 이 문신에는 특별한 의미가 있다. 그 의미를 당신과 나누고, 또 당신에게도 전하고 싶다.

human first.

'human first', 곧 '먼저 인간이다'는 당신과 나, 그들, 우리 모두의 인간다움이 최우선이라는 의미다. 그리고 이 문구는 어떤 행동을 하기 전에 자신과 타인의 가장 기본적인 인간적 욕구와 존중, 권리를 먼저 고려하라는 메시지를 담았다. 이것은 우리 자신과 우리가 만나는 모든 사람을 향해 판단과 수치심보다는 공감과 연민을 앞세우는 태도다.

나는 이 문신을 몸에 새기며 요구로부터 자유로워질 필요성을 상기하고 싶었다. 나의 인간다움을 제약하는 개념의 장벽으로부터 자유로워지고 싶었다. 남들이 아니라 내가 만든 순수한 현실을 바라볼 수 있는 열린 마음과 의지를 표현하고 싶었다. 온라인에서 나를 팔로우하는 사람들에게 그랬듯, 당신에게도 이 문신을 몸에 새겨 자신의 인간다움을 되새겨보라고 권하고 싶다.* 내 온라인 커뮤니티의 구성원 중 이 문신을 새긴 사람들은 "이 문구는 생각보다 훨씬 더 필요한 말이었어요"라거나 "내면과 외면이 실제로 조금 더 일치하는 느낌이 들어요. 정말 고맙습니다!"라는 반응을 보였다.

이 문신은 당신이 이 여정의 통제권을 쥐고 있고, 이제 시작할 '의식의 12단계'가 당신에게 어떻게 펼쳐질지 스스로 선택할 수 있다는 뜻이다.

켜라, 맞춰라, 벗어나라. 지금 여기에 있어라

1960년, 하버드가 새로운 교수를 영입했다. 이름은 티머시 리어리Timothy Leary였다. 기존의 틀에서 벗어난 강의 방식과 논란을 일으키는 성향으로 유명한 심리학자인 리어리는 하버드에 들어가 파장을 일으킬 준비가 되어 있었다. 하지만 그는 이 권위 있는 명문 대학에서의 만남으로 그의 인생뿐 아니라 새로운 동료인 리처드 앨퍼트Richard Alpert의 인생까지도 송두리째 바꿔놓을 줄은 몰랐다. 리어리가 교수진에 합류할 때 앨퍼트는 이미 하버드에서 존경받는 심리학자였다. 인간 성격 평가에 관한 연구로 유명한 앨퍼트는 '학자'의 표본이었다. 그러나 변화의 바람이 불어왔다. 당시 미국 사회에서는 반

• 이 책에 실린 도안을 직접 들고 타투이스트에게 가서 보여줘도 된다. 혹은 내 타투 웹페이지(thetruthdoctor.com/tattoos)에 접속해 내가 제작한 다섯 가지 종류의 'human first' 디자인 중에서 골라도 된다. 모두 무료다. 요즘은 반영구 문신도 있다고 하니, 부담도 덜하겠지! 어쨌든 당신은 먼저 인간이다. 영원히.

문화 운동이 일어났다. 소비주의를 거부하고, 다양성을 존중하며, 새로운 삶의 방식을 실험하려는 평화와 사랑, 사회 정의, 혁명의 문화가 떠오르고 있었다. 앨퍼트와 리어리는 이런 움직임에 끌렸다.

두 사람은 실로시빈(Psilocybin, 버섯에서 추출하는 천연 향정신성 화합물)과 LSD 같은 환각제가 의식의 숨은 영역을 열어줄 수 있다고 믿었다. 그래서 두 사람은 실로시빈을 이용해 일련의 혁신적인 실험을 시작했다. 훗날 '하버드 실로시빈 프로젝트 Harvard Psilocybin Project'로 알려진 이 연구는 환각제가 의식을 확장하고 영성을 높이며 우울증과 불안을 치료할 수 있다는 가설을 세우고 진행되었다.

리어리와 앨퍼트는 느긋하게 앉아 연구 결과를 해석하기만 하는 사람들이 아니었다. 팔을 걷어붙이고 학생과 동료를 포함해 자원한 참가자들에게 직접 실로시빈을 투여했다. 물론 통제된 조건에서 철저한 감독하에 실험을 진행했지만, 그들 자신도 실로시빈을 투약하면서 매번 같은 안전 기준을 지킨 것은 아니었다.

리어리의 기록 보관소[1]에는 이 실험이 단순한 연구를 넘어선 어떤 체험이었다는 사실을 보여주는 사진과 기록이 보관되어 있다. 밤이 새벽으로 이어지고, 다양한 사람이 각자의 방식으로 '트립 Trip'을 경험하면서 열정적으로 웃으며 춤을 추는 방, 부서진 문, 카펫 위의 개 배설물 같은 흔적 그리고 리어리가 자기 나이에 물음표로 적고 현재 직업란에는 '천사'라고 적어넣은 글이 남아 있다.*

- 이 여정은 놀랄 만큼 경이롭거나 지독하게 두려운 경험이었다. 아마 둘 다였을 것이다.

두 연구자가 이 실험에서 얻은 결과는 충격적이었다. 참가자들은 신비로운 체험과 자아의 해체, 우주와 깊이 연결된 감각을 보고했다. 리어리와 앨퍼트는 기존 심리학의 규범을 무너뜨리며 미지의 영역으로 들어섰다.•

두 연구자의 발견은 단순히 사람들의 관심을 끄는 정도가 아니라 논란에 불을 지폈다. 하버드뿐 아니라 학계 전체가 충격에 빠졌고, 사회는 이들의 환각제 실험을 환영할지 비난할지 갈피를 잡지 못했다. 연구를 시작하고 몇 년 지나지 않아, 두 연구자는 하버드에서 해고되고 학계에서도 추방되었다. 그리고 과학적 엄밀성과 연구 윤리 기준을 준수하지 않았다는 이유로 연구자로서 신뢰까지 잃었다.[2]

하지만 이 이야기는 여기서 끝나지 않았다. 두 사람의 의식 탐험도 여기서 끝나지 않았다. 언제나 더 과감한 쪽인 리어리는 보다 대안적이고 비순응적인 입장에 섰다. 그는 '켜라, 맞춰라, 벗어나라Turn on, Tune in, Drop out'[3]라는 유명한 문구를 만들어 사람들에게 '변형된 의식 상태'를 탐색하고 사회적 규범에서 과감히 벗어나기를 촉구했다. 그는 하나의 우상이자 반문화의 유명인사가 되었고, 환각제를 도구로 사회적 의식 전환에 도달하자고 주장했다.

앨퍼트는 다른 길을 택했다. 환각제 연구가 자신의 영적 질문에 답을 주지 못한 데 실망해 인도로 떠났다. 인도 여행에서 영적 스승을 만나 삶이 송두리째 바뀌는 체험을 하고 '람 다스Ram Dass'라는 이

- 환각제가 인간 정신의 깊숙한 영역에 대한 이해를 여는 열쇠가 될 수 있다는 사실이 점점 더 분명해졌고, 사람들은 그 사실에 열광했다.

름도 받아[4] 자기 발견을 통해 의식을 탐구하기 시작했다. 이후 그는 영적 세계의 지도자로서 동양 철학과 서양 심리학의 접점을 찾으며 사람들에게 마음챙김과 자비로운 태도로 삶과 의식에 접근하라고 설파했다. 그의 저서 『Be Here Now(지금 여기 있으라)』는 영성과 요가, 명상을 아우르는 400쪽 분량의 의식 안내서로, 뉴에이지 운동의 길잡이가 되었다.

두 연구자는 각자의 방식으로 무의식을 의식적으로 탐색한 선구자였다.[5] 각자가 어떤 여정을 원하고 어떻게 느끼며 상황이 어떻게 전개되기를 바라는지를 스스로 선택했다. 두 연구자가 각자의 고유한 길을 개척한 것처럼, 당신도 그래야 하고 그럴 수 있다. 선택은 당신에게 있다. **당신이 주도권을 쥐고 있다.**

나는 당신이 개인적인 선호와 필요, 욕구, 강점에 따라 스스로 이

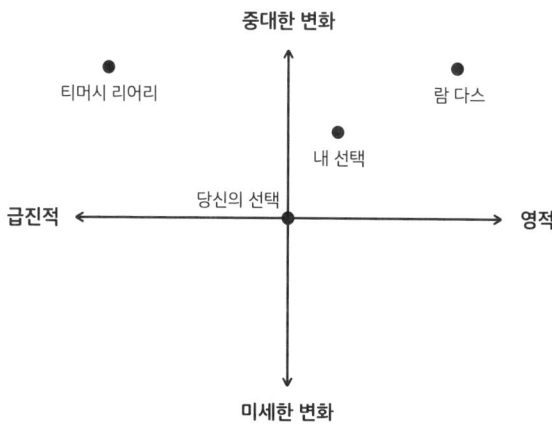

의식의 12단계

6장 — '먼저 인간이다'를 기억하라

여정을 꾸려나갈 여지를 충분히 남겼다. 무엇을 경험할 수 있고 무엇을 경험하고 싶은지는 오직 당신만 안다. 이 여정이 얼마나 급진적이거나 얼마나 영적일지, 얼마나 중대하거나 얼마나 미세할지는 당신이 결정할 몫이다. **당신의 의식은 당신의 것이고, 통제력도 당신의 것이다.**

리어리의 '켜라Turn On, 맞춰라Tune In, 벗어나라Drop Out'와 람 다스의 '지금 여기 있으라Be Here Now'는 '의식의 12단계'에서 반드시 알아야 할 네 가지 행동 지침이다. 간단히 'T.T.D.B'라고 하자.

켜라Turn On: 손전등을 켜라. 그리고 당신의 무의식을 탐색하라(필수 단계다. 무엇이 당신을 붙잡고 있는지 보지 않으면 앞으로 나아가지도 못한다).

맞춰라Tune In: 주변에서 벌어지는 상황에 주파수를 맞춰라. 외부에서 들어오는 자극과 당신을 둘러싼 환경을 살펴보라. 당신의 무의식은 끊임없이 모든 상황을 주시한다. 당신도 그래야 한다. 마음챙김이 강력한 도구인 데는 그만한 이유가 있다. 마음챙김이란 인식에 대한 주도권을 무의식으로부터 되찾아와서 의식에 넘겨주는 과정이다.

벗어나라Drop Out: 더 이상 효과적이지 않은 양상에서 벗어나라. 반복된 양상을 중단하라. 이 작업을 할 수 있는 사람은 오직 당신뿐이다. 변화하라. 선택하라. **주도권**을 잡아라.[6]

지금 여기 있어라 Be Here Now: 의미 있는 순간에는 그 순간에 머물러라. 의식은 바로 그 안에 있다.

지금까지 할 일이 많아 보이는가? 실제로 많다. 지금의 그 무게감

T.T.D.B.

켜라   맞춰라   벗어나라   지금 여기 있어라

은 적절하고 타당하다. 분명 쉽지 않은 여정이다. 이제껏 당신이 얼마나 자신에 대한 통제력을 잃고 살았는지 전혀 몰랐다면(무의식이 세 부분으로 나뉘고, 당신의 95퍼센트는 항상 통제되지 않은 상태라는 사실을 몰랐다면), 당신이 의식 차원에서 현재 수준에 머무르는 것은 당신 탓만은 아니다. 이제는 알았으니 무언가를 해야 한다.

  이제 의식을 추구하는 과정 자체를 당신의 평소 상태로 만들 기회를 얻었다. 지금 당신은 여기까지 와있다. 당신이 이 여정에서 열심히 노력할수록, 이런 노력을 낙인찍지 않고 받아들이고 기꺼이 감싸 안을수록, 주변 사람들에게도 자기 발견의 여정을 시작하도록 격려할 수 있다. 나아가 주변에 '빛의 작업'이 필요한 사람들이 있다는 것도 알게 된다.

같은 세대가 공유하는 무의식

  최근에 나는 헬렌 버클리 Helen Buckley의 「어린 소년 The Little Boy」이라는 시를 읽었다. 흔히 이 시가 창의성과 혁신에 관해 이야기한다고 말한다. 하지만 나는 이 시에서 더 심오한 무언가를 읽었고, 당신도 그럴지 궁금하다.

    이 시는 한 소년의 이야기다. 소년은 자신만의 창의성을 표현하고 자신에 대해 배우며 자신만의 존재로 살아가겠다는 기대를 품고 학교에 입학한다. 미술 시간에 선생님이 그림을 그리라고 하자, 소년은 신나서 크레용을 꺼내고 뭘 그릴지 고민한다.

    하지만 소년이 그리기 시작하기도 전에 선생님은 학생들에게 잠시 기다리라고 말한다. 모두가 동시에 시작해야 한다는 것이다. 그러고는 꽃을 그리라고 주문한다. 다른 것은 안 된다고 한다. 소년은 다소 시무룩해졌으나 선생님의 주문에 따라 파란색과 주황색 크레용으로 꽃을 그리기 시작한다. 그러나 선생님이 소년을 제지하며 '올바르게' 그리는 방법, 그러니까 **빨간색 꽃잎에 초록색 줄기**를 그리는 방법을 보여주면서 선생님과 다른 학생들이 그리는 대로 그리라고 한다. 소년은 자기가 그린 꽃이 더 마음에 들지만, 결국 선생님이 보여준 대로 **빨간색 꽃잎에 초록색 줄기**를 그린다.

    점토 시간에도 같은 일이 반복된다. 소년은 얇고 네모나고 키 큰 모양으로 다양한 형태와 크기의 그릇을 만들고 싶지만, 선생님은 다시 소년에게 기다리라고 하고는 다른 건 안 되고 선생님이 보여준 대로 속이 깊은 그릇만 만들라고 지시한다. 이런 일이 줄곧 반복된다. 시간이 흐르고 소년은 이제 독창적인 디자인을 구상하거나 어떻게 될 수 있을지 상상하지 않고, 그저 보여주는 대로만 따라 만든다. 얼마 안 가 소년은 자기만의 무언가를 만들지 않는다.

    새 학교로 전학한 소년은 교실에 앉아 지시를 기다린다. 그런데 이번에는 선생님이 무엇이든 원하는대로, 원하는 색으로 그려보라고 말한다. 소년은 그 말을 이해하지 못한다. 이제 소년은 스스로 생각하지 못한다. 소년은 혼자 책상에 앉아 꽃을 그리기 시작한다. **빨간색 꽃잎에 초록색 줄기**의 꽃이다.

나는 이 시를 읽으며 소년의 창의력과 혁신적인 사고가 어떻게 제한되는지 보았다. 그리고 선생님이 소년의 경험을 얼마나 제약하는지도 보았다. 그러다 더 큰 그림을 보았다.

우리는 세상에 태어난 순간부터 수많은 선생님에게 둘러싸인다. 선생님은 교실에만 있는 것이 아니다. 우리의 선생님은 사회적 규범과 규칙이고, 우리가 속한 문화와 언어에 감춰져 중시되는 개념이며, 양육자와 공동체 구성원의 신념과 관점이고, 또래 집단과 교육 환경, 직업 환경이며, 우리가 살면서 배워나가는 교훈이다.

우리가 모르는 사이에(태어난 순간부터, 더 정확히 말하면 우리가 인식할 수 있기 전부터), 우리는 남들이 만들어놓은, 진실하지 않은 정체성과 인간다움의 개념에 길들여진다. 어른이 되기 전에 이미 가공된 현실에 놓인다. 물론 주어진 환경에 적응하거나 동화되는 것이 생존에 필수적일 때가 많다. 하지만 많은 경우, 특히 환경이나 양육자가 스스로 무엇을 빚어내는지 알아채지 못할 때, 말하자면 한 개인이 그 자체로서 소중하다는 사실을 제대로 이해하지 못할 때는 자칫 극단으로 흐를 수 있다.

2022년 2월 「뉴욕타임스New York Times」에 실린 칼럼 제목은 "모든 것이 '외상'이라면, 진짜 외상은 무엇인가?"였다.[7] 나는 이 말에 전적으로 동의한다. 나는 공인받은 심리치료사로서 당신이 자신의 삶에서 무엇이 외상이고 무엇이 아닌지 스스로 판단하도록 도와주어야 한다고 믿는다. 이 책 서두에서도 언급했듯이, 치료사는 내담자들이 (삶에서 어떤 것도) 통제하지 못한다는 점을 잘 안다. 이 칼럼은 매우 타당한 질문을 던진 셈이다.

멜버른대학교의 닉 해슬람 Nick Haslam이 지적하듯이,[8] '외상'이라는 단어를 폭넓게 수용하자 신체적, 정신적 상처의 영향을 더 잘 이해하는 데 도움이 되었지만, 시간이 지나면서 점차 '외상'이라는 개념이 그 정확성을 잃었다. 5장에서 설명했듯이, 정신분석적 무의식은 세상을 이해하기 위해 개념을 만들려 하고, '외상'은 이제 이케아의 쇼룸처럼 우리에게 해를 주거나 우리를 부정적으로 바꿔놓은 모든 것을 모조리 몰아넣은 개념이 되었다. 그래서 이제 어떤 이들에게는 개인적으로, 또 넓게는 사회 전체적으로 이 개념을 정리하는 것이 혼란스럽게 느껴진다.

우선 세상이 그 안에 사는 의식적 인간 존재를 얼마나 제대로 돌보지 못하는지 인정해야 한다. 물론 우리는 외상을 겪는다. 그것도 아주 많이 겪는다. 그리고 세대를 넘어 전승되는 집단적, 역사적 외상으로 이른바 세대 외상 Generational Trauma이라는 개념도 있다. 세대 외상에 해당하는 주요 경험은 두 가지 범주로 나뉜다. 하나는 전쟁이나 차별 같은 사회적, 문화적 기반의 경험이고, 다른 하나는 학대나 방임, 폭력 같은 사적인 가족 내 경험이다. 이 모든 경험은 실제로 존재하고, 때로는 참혹할 만큼 파괴적이다.

하지만 외부 환경으로 인해 중대한 영향을 받았음에도 이 범주에 들어가지 않는 사람들은 어떨까? 개인이나 집단의 무의식이 전이되는 현상에는 더 적절한 표현이 필요하지 않을까? 물론 **모든 이**가

세대 외상을 안고 사는 것은 아닐 것이다. '외상'은 특정 유형의 스트레스, 즉 '외상 스트레스'를 가리키는 개념이다. 어쩌면 모두가 가진 것은 세대 외상이 아니라 **세대 무의식**Generational Unconscious일 수도 있다.

세대 무의식은 내가 만든 용어로, 역사적이고 집단적인 무의식적 행동과 정서, 느낌, 판단이 한 세대에서 다음 세대로 전이되는 현상을 의미한다. 이 개념은 무의식 세 부분이 우리 자신과 조상의 경험에서 어떻게 영향을 받는지 설명해준다. 모든 것을 '외상'이라는 하나의 상자 안에 욱여넣지 않고도, 더 진실하면서도 병리화되지 않은 이야기를 통해 우리가 왜 지금의 모습이 되었는지 스스로 설명할 수 있다. 물론 우리가 인간으로서 하는 많은 행위가 명백히 병리적이기도 하지만, 우리가 인간이라는 종 그 자체로서 병리적인 것은 아니다. 우리는 단지 자신의 무의식을 인식하지 못한 채 길을 잃었고, 모든 것을 통제하는 척 살지만 대개는 아무것도 통제하지 못할 뿐이다.

이 책의 1부에서 다룬 내용을 전혀 모르는 환경에서 성장한 사람이라면 지금까지 인간으로서 자신이 어떻게 작동하는지 배우지 못했을 가능성이 크다. 혹은 시간을 들여 인간에 대해 배우려고 노력하기 전까지는 그렇다. 당신이 무의식적으로 살아온 하루하루에 무의식은 점점 더 힘을 키우면서 여과되지 않은 정보를 끊임없이 흡수해왔다. 물론 그사이 무의식은 당신이 살아남도록 도와줄 방법을 터득했다. 그렇다고 해서 무의식이 당신을 지탱해온 모든 방식이 당신에게 꼭 필요한 것은 아니었다(당신을 고통스럽게 하거나 자기혐오에 빠지게 만드는 방식이라면 더더욱 그렇다). 특히 남들이 자기네 무의식적 욕구를 보여주면서 거기에 맞추어 살게 한 그 모든 방식은 당신에게 꼭 필요한 것이 아니었다.

그보다 당신에게는 의식적 양육이 필요했다. 의식적 관계가 필요했다. 의식적 공동체가 필요했다. 당신의 의식은 돌봄받아야 했다.

자, 외상은 반드시 다뤄야 하는 중요한 주제다. 외상은 실재한다. 나는 개인적으로도, 전문가로서도 이런 사실을 잘 안다. 그런데 여기에는 더 깊고 본질적인 문제가 있다. 우리가 무의식적 존재로 태어났다는 사실을 인식하고 받아들이고 무의식과 협력하지 않으면, 타인에게도, 자신에게도 외상을 남긴다는 점이다. 무의식적 상태는 우리의 기본 전제다. 이 사실을 인식하고 의식을 활용해 무의식을 올바른 방향으로 이끌어야 한다. 우리가 날 때부터 대체로 무의식적으로 살아가도록 설계되었다고 해서, 우리 자신과 타인, 세상을 해치는 쪽으로 자율주행하도록 내버려 둬도 된다는 의미는 아니다. 보다 통합적이고 의식적이며 인간 중심적인 미래를 바란다면 이런 방식은 용납되지 않는다.

근본적으로 인류 역사에서 가장 큰 고통을 촉발한 요인은 바로 우리 자신과 사회에 의식적 자각이 부족하다는 사실이다. 다소 대담한 주장일 수 있지만, 나는 이것이 삶의 가장 중요한 진실이라고 믿는다. '트루스 닥터', 곧 진실의 의사로서 이것이 나의 가장 **진실한 진실**이라고 말할 수 있다.

그렇다면 세대 무의식은 어떤 모습으로 드러날까? 삶에서 어떻게 포착할 수 있고, 우리는 무엇을 할 수 있을까? 세대 무의식은 우

세대 무의식

리의 무의식을 구성하는 세 부분, 곧 신체적, 인지적, 정신분석적 무의식 모두에서 드러난다. 우선 신체적 측면에서 어떻게 나타나는지를 살펴보자.

세대 신체적 무의식이란, 역사적이고 집단적인 신체 기반의 행동이 한 세대에서 다음 세대로 전이되는 현상을 말한다. 양육자의 신체 경험(통증에 대한 반응, 건강에 대한 태도, 식습관, 말로 표현되지 않는 정서적 반응)이 일정한 양상으로 굳어져 우리가 인식하지 못한 채 따르는 과정이다.

늘 아프다고 하소연하면서도 병원에 가지 않거나 생활 습관을 바꾸지 않는 부모를 떠올려보라. 많은 가정에서 신체적 반응이나 질환을 제대로 다루지 않고 몸이 보내는 중요한 신호가 아니라 그저 불편한 일상 정도로 치부한다. 아이들은 자라면서 부모의 이런 행동을 보고 배운다. 그래서 아프다고 하지 마라, 통증이 너를 집어삼킬 때까지 모른 척하라는 메시지를 학습한다.

식습관도 한 세대에서 다음 세대로 조용히 전이된다. 양육자가 어떻게 먹었는지는 자녀가 음식과 영양과 맺는 관계에 영향을 미친다. 예를 들어, 배가 고프지 않아도 접시의 음식을 무조건 다 먹으라고 강요받거나 특정 음식을 선택했다고 창피를 당했다면, 아이는 자신의 욕구를 돌보기보다 타인의 기대에 맞춰 먹는 법을 학습하게 된다.

신체 이미지도 마찬가지다. 미디어에서 끊임없이 쏟아지는 이상적인 몸매 기준과 주변 사람들이 특정 체형에 대해 하는 말은 우리에게 자기 수용과 자존감을 희생하면서까지 외부 기준에 맞추려는 욕망을 심어준다.

감정 표현의 방식이나 감정 표현의 부재도 좋든 싫든 우리가 물려받는 특성 중 하나다. 아이들은 감정을 말로만 배우는 것이 아니라, 부모가 무의식중에 드러내는 비언어적 신호를 보고 해석하는 법을 배운다. 예컨대, 부모가 늘 차분해 보이면서도 내면의 고통을 드러내는 식으로 혼란스러운 메시지를 보낸다면, 아이는 타인의 감정을 어떻게 읽어야 할지 몰라 혼란에 빠지고 결국 타인의 감정을 정확히 파악하는 능력에 대한 확신을 잃는다(그러다 남에게 조종당하거나 잘못된 길로 끌려가기 쉽다).

어찌보면 당연한 얘기다. 우리 주변 사람들이 몸이 어떻게 기능하는지 혹은 몸을 어떻게 다뤄야 하는지 모른다면, 그 사람들이 우리 몸을 적절히 돌보지 못하거나 우리가 스스로 돌볼 방법도 가르쳐주지 못하는 것이 당연하다.

다음으로 **세대 인지적 무의식**이란 가족 안에서 대물림되면서 우리의 세계관부터 대인관계 방식까지 삶의 모든 영역에 영향을 미치는 사고 기반의 신념과 편견, 행동이다.

우리는 어릴 때부터 가족 내에서 물려받은 신념 체계 안에서 세상을 살아가는 법을 배웠다. 예를 들어, 부모가 "부자와 결혼하라"거나 "외국인은 만나지 마라"거나 "남자는 다 쓸모없다"거나 "여자는 부엌에 있어야 한다"고 되풀이해서 말할 수 있다. 어릴 때부터 이런 말을 듣고 자라면 부모에게 배운 규범에서 벗어나지 못하면서도 이를 인식하지 못할 수 있다. 이런 가르침은 기대에서 벗어나는 데 대한 두려움을 심어주어, 결국 우리는 사회나 다른 사람들이 원하는 대로 생각하게 된다.

우리의 선택은 우리에게 허용된 관점과 그 선택이 누구에게 영향을 미치는지(자신이나 타인, 집단 전체)에 따라 점차 줄어들었다. 예를 들어, 가족이 원하는 활동만 해야 했고, 그렇게 하지 않으면 '이기적'이라는 말을 듣고 자랐을 수도 있다. 혹은 다른 형제자매가 항상 우선권을 가져갔거나, '생각이 느리다'는 말을 자주 들었을 수도 있다. 결국에는 우리를 위한 결정을 내리면서도 남들의 반응을 살피는 법을 배웠고, 우리가 진정으로 좋아하거나 원하거나 필요로 하는 것이 무엇인지 충분히 고민하지 않게 되었다.

자아에 기반한 정당성은 우리가 세상과 진정성 있게 상호작용하는 능력을 더 복잡하게 만든다. 가족 안의 권위자가 "나는 부모이니 항상 옳다"와 같은 말로 무오류성을 주장하는 환경에서 자랐다면, 힘이 곧 옳은 것이라는 신념을 형성할 수도 있다. "내가 권력을 가졌으니 너를 통제할 자격이 있다." 이런 사고방식은 다양한 관점을 이해하고, 권위가 **진실**과 동의어가 아니라는 사실을 인식하는 데도 방해가 된다.

그리고 마지막으로 **세대 정신분석적 무의식**이 있다. 이는 융의 집단 무의식처럼 우리의 내면에 깊이 뿌리내린 심리적 양상이 세대를 거쳐 대물림되는 현상을 말한다. 우리에게는 개념적 제약이 있는데, 환경과 주변 사람들의 관점에 의해 형성된 사고방식에 얽매인다는 뜻이다. 예를 들어, 가족이 '성공'을 아이비리그 대학 학위와 명문가와의 결혼으로 정의했을 수도 있고, '타인에 대한 존중'은 가족의 규칙을 철저히 따르고 자기만의 의견을 갖지 않는다는 의미였을 수 있다. 우리는 이런 제약 안에서 성장하면서 다른 사람들의 이상과 기준에 미치지 못할 때 스스로 실패자라거나 나쁜 사람이라는 생각에 휩싸인다. 이런 기준 아래에서 성장하면, 그 기준을 충족시키지 못할 때 스스로 무가치하고 부족하고 느낀다.

게다가 쾌락과 책임에 대한 태도 역시 초년기의 환경에 영향을 받는다. 성장기에 위험한 수준의 약물 사용과 도박, 그밖에도 다양한 쾌락적 행동을 일상적으로 보면서 자란 사람이 많다. 이런 무절제한 탐닉이나 위험한 행동으로 스트레스에 대처하는 모습을 자주 보면, 나중에 환경이 달라져도 쉽게 버리지 못하는 습관으로 굳어진다. 현재는 과거와는 정반대의 환경에 살면서도 여전히 안전하지 않은 상황에서 위험할 수 있는 사람들과 함께 머물 때 가장 편안함을 느낀다. 해로운 방식으로 위안을 찾는 데 익숙해진 이유는 그것이 우리가 아는 전부여서다.

게다가 양육자나 지역사회가 상황을 개선할 수단도 없이 힘겹게 살아가는 모습을 어릴 때부터 보고 자랐다면 어린 나이부터 통제할 수 없다는 감각에 길들여진다. 예를 들어, 부모가 여러 가지 일을 하고도 겨우 생계를 유지하는 모습을 보았거나, 친척이 병을 이겨내기 위해 최선을 다했지만 결국 상태가 나빠지는 모습을 보았거나, 어린 시절에 자연재해로 고향이 파괴되는 경험을 했을 수도 있다. 이처럼 세상이 통제 불가능하다는 인식과 함께 무력감이 마음속 깊숙이 뿌리를 내리면, 나중에 성인이 되어서도 난관 앞에서 쉽게 무기력해지고 스스로 상황을 바꿀 수 있다는 감각을 키우기 어려워진다. 요즘 같은 세상에서는 일이 잘못되면 앞으로 무슨 일이 닥치든 통제할 수 있다고 느끼기보다 무력감에 빠지기 쉽다. 그래도 이런 감정을 느끼는 사람이 당신만이 아니다.

우리는 무의식과 의식이 공존하는 세상에서 무의식적이면서도 의식적인 사람들과 함께 무의식적이면서도 의식적인 존재로 살아간다. 그 자체로 복잡하고 어지러운 인간 존재의 공식이다. 우리가 정리할 일이 많지만 우선 우리 자신에게 집중해야 할 때다. 이제는 남들에 의해 구성된 우리의 모든 면을 하나하나 정리할 때다. 그 어느 때보다 우리 자신을 의식적으로 바라볼 때다.

'자기를 의식하는' 행위를 좋은 일로 만들자

베셀 반 데어 콜크^{Bessel van der Kolk}는 저서 『몸은 기억한다』[9]에서 사람들이 과거의 외상과 현재 상황을 **의식적으로** 연결할 수 있을 때 대체로 긍정적인 결과를 얻는다고 말한다. 반 데어 콜크는 치유의 첫걸음으로 자기 안에서 일어나는 감정과 내면의 과정을 감지하고 이름을 붙이며 인식하는 것이라고 강조한다. 다시 말해, '거기에 없는' 것이 '여기에 있는' 것에 어떻게 영향을 미치는지 알아챌 때 더 긍정적인 감정이 생긴다는 것이다. 치유의 출발점은 상처를 바라보고 이름 붙이고 인식하는 것이다.

매우 중요한 이야기다. 반 데어 콜크는 외상에 관해 한 말이지만, 우리는 이 개념을 확장해 인간으로서 겪는 무의식적 경험 전체를 바라볼 수 있다. 과거의 외상을 현재 상황과 연결하는 과정은 무의식을 의식과 연결하는 과정과 정확히 일치한다. 다만 과거의 특정 사건이 아니라 인간의 보편적인 조건을 사용할 뿐이다. 우리의 무의식은 과거를 기반으로 결정하고, 우리의 의식은 현재 순간, 곧 '지금'에 존재한다. 양쪽 사이를 연결하면 긍정적 변화와 치유가 일어난다.

그런데 왜 우리의 특정 부분을 의식하는 것이 그토록 고통스럽게 느껴질까? 외상이란 본래 심각하게 고통스럽고 충격적인 경험이라서 삶에서 겪은 외상 경험을 돌아보고 분석하는 작업이 고통스러운 것은 당연하다. 다만 왜 이렇게 많은 사람이 근본적인 수준에서 자신을 돌아볼 때조차 큰 고통을 느끼는지를 설명하기는 어렵다.

그래서 나는 우리가 '자기를 의식하는' 행위 자체를 빼앗겼다는 결론에 이르렀다. 자기를 들여다보는 행위는 주로 우리가 어떤 일을 망쳤을 때나 누군가가 우리에게 불만을 품을 때, 우리가 사회의 기대에 맞지 않을 때 해야 하는 일로 여겨진다.

우리가 태어난 첫날부터 내면을 비춰볼 수 있도록 마음의 손전등

자기를 의식하기

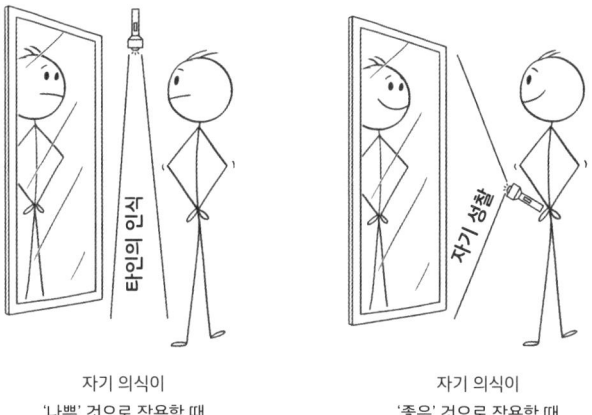

자기 의식이
'나쁜' 것으로 작용할 때

자기 의식이
'좋은' 것으로 작용할 때

을 받았는데, 세상이 그 손전등에 특정 필터를 끼워서 다시 우리에게 건넨 격이다. 이 필터는 오직 우리가 어디에 어울리지 않는지를 보여주는 용도다.

생각해보라. 이제껏 필터 없이 자신을 들여다본 적이 있는가? 개념화하지 않고, 판단하지 않고, 또 자신을 들여다볼 때 일어나는 몸의 감각을 거부하지 않은 채 오롯이 자신을 바라본 적이 있느냐는 뜻이다. 나는 없다. 시도도 해보고 조금씩 그런 상태에 가까워지고는 있지만 아직은 도달하지 못했다. 내가 이 책의 1부에서 수도자의 삶을 약간 비판적으로 언급했으니, 이제 균형을 맞추고 싶다. 나는 수도자들이 이처럼 인간의 마음이 만들어낸 개념화를 벗어나 자신을 들여다보는 능력으로 통달한 사람들이라고 생각한다. 언젠가 당신과 나도 그들처럼 자기를 넘어서 우리 자신을 관찰할 수 있기를 바란다. 우리가 그 길을 향해 계속 나아가겠다는 의지를 잃지만 않는다면 그럴 수 있으리라 믿는다.

그때까지 '의식의 12단계' 여정에서 자기를 의식하는 힘을 되찾고 주도적으로 참여하기 위해 따라야 할 몇 가지 규칙이 있다.

자기 의식을 위한 규칙

할 일	하지 말아야 할 일
피드백을 받아들여라.	피드백만 기준으로 의사결정을 내리지 마라.
자기 성찰을 기꺼이 수용하라.	남들의 시선으로 자신을 바라보지 마라. 그런 시선은 과감히 거부하라.
자기 의식을 꾸준히 실천하라.	기분이 '나쁠' 때만 자기 의식을 사용하지 마라. '좋은' 일에도 똑같이 관심을 기울여라.
부정적인 자기 대화에 도전하라.	정적인 자기 대화가 생각을 지배하게 놔두지 마라. 당신이 주도권을 쥐고 있다.
실수로부터 배워라.	실패를 두려워하지 마라. 실패에 어떻게 반응할지 통제하라.

강력한 자기 의식은 강력한 자기 연민을 요구한다.[10] 이제 1단계로 넘어가기 전에 다음의 말을 명심해야 한다. 종이에 적어놓든, 휴대폰 배경화면으로 띄워놓든, 각자의 방식으로 상기해야 한다. 이 여정은 당신의 것이다. 당신이 통제하고 당신이 원하고 당신이 자

기를 의식하는 이유는 … 마땅히 그래야 하기 때문이다. 우리 모두 그래야 한다. 이것은 인간의 권리다.

　이제 시작하자!

> **6장 요약**
>
> ▸ 우리는 무엇보다도 먼저 인간이다.
> ▸ 우리의 여정이 어떻게 펼쳐질지는 우리에게 달려 있다.
> ▸ 현재 우리의 인생이 우리의 책임이 아닐 수는 있지만, 그것을 변화시킬 책임은 우리 자신에게 있다.
> ▸ 모든 사람이 세대 외상을 갖는 것은 아니지만, 모든 사람은 세대 무의식을 갖는다.
> ▸ 우리는 자기를 의식할 자격이 있다. 이것은 우리의 권리다.

7장

무의식을 인정하라

자기 인식과 수용의 1~4단계

1993년, 누군가의 삶이 피할 수 있었는데도 번번이 무너지고, 그러다 마침내 서서히 변화에 성공하기 시작하는 내용을 담은 짧은 시 한 편이 나왔다. 포샤 넬슨Portia Nelson의 「다섯 개의 짧은 장으로 된 자서전Autobiography in Five Short Chapters」이다.[1] 이 시가 처음 발표되었을 때나 이후 어느 시점에라도 접했다면 좋았을 텐데, 내가 이 시를 접한 건 발표된 지 26년이 지난 2019년이었고, 이때 나는 어쩌다 또 한 번 삶이 무너질 뻔한 지경에 이르렀다.

넬슨의 시는 이제부터 우리가 시작하려는 의식의 12단계 여정을 단순하면서도 강렬하게 그린다. 내가 이 책을 쓰기까지 지나온 여정이기도 하다. 이 시는 어떤 여자가 반복되는 문제, 곧 길 위에 난 구멍과의 관계 속에서 점차 깨달음을 얻는 여정을 따라간다. 여자는 길을 걷다가 처음 구멍에 빠지고는 "나는 길을 잃었어. 나는 가망이 없어 … 내 잘못이 아니야!"라고 외친다. 그리고 겨우 구멍에서 빠져나온다.

이후에도 몇 번씩 구멍이 있는 줄 알면서도 부정하거나 습관처럼 다시 빠지면서 여전히 책임을 회피한다. 그러다 서서히 그 구멍과 자신의 습관적인 실수를 알아채고, 자신이 문제일 수도 있다고 인정하며 구멍에서 빠르게 빠져나온다. 마침내 여자는 현명해져서 구멍을 완전히 피해간다. 결단을 내리며 전혀 다른 길로 가기로 선택한다.

누구나 이런 경험이 있다. 삶의 여정을 지나오며 똑같은 구멍에 반복해서 빠지는 경험 말이다. 삶의 구멍은 각자에게 다른 형태로 나타난다. 예를 들어, 자신의 신체적 욕구를 무시하거나, 무시하고 싶은 생각에 휘둘려 행동하거나, 자기 파괴적인 심리적 경향성으로 나타나기도 한다. 무의식은 이런 구멍을 파서 우리를 그 속으로 밀어 넣는다.

법정에서 정의하는 '광기Insanity'는 일반적으로 생각하는 정신 질환과는 다르다. '광인'은 '심각한 정신 질환을 앓는 사람'이라는 통념과 달리, 법적으로 광기란 '건전하지 못한 정신 상태'를 의미한다. 자신의 행동이 잘못이거나 비합리적이거나 비논리적이거나 … 해롭다는 것을 인식하지 못하는 상태다. 같은 길에서 같은 구멍에 번번이 빠지면서도 그것이 자기 잘못이 아니라고 말하는 것과 같다.

당신이 아는 사람 중 이런 '광기'의 개념에 부합하는 사람이 몇이나 되는가? 다시 말해 같은 일을 반복하면서 다른 결과를 기대하는 사람은 몇이나 되는가? 헬스장 회원권을 끊어놓고 3주 만에 발길을 끊는 사람들, 술잔을 내려놓고 다시 집어 드는 사람들, 사과하고는 다음에 더 나쁜 행동을 하는 사람들 말이다. 이런 사람들은 진심으로 나아지고 싶어 하지만, 오래 가지 못한다.

나도 그런 사람을 많이 안다.

나도 그런 사람 중 하나다.

앞서 말했듯, **모든 인간**은 인생 전반이 아니더라도, 적어도 자신에게 중요한 일부 영역에서는 반드시 변화해야 할 과제를 안고 살아간다. 예를 들어, 타인을 판단하는 빈도를 줄이거나 자기를 일관되지 않게 보살피는 습관을 고치는 과제일 수 있다. 물론 이 같은 '광기' 어린 행동으로 감옥에 갈 일은 없겠지만, 이런 행동을 외면하고 변화하지 않으면 자기만의 감옥에 갇힌다.

포샤 넬슨이 길 위의 구멍을 만난 것처럼 당신도 이제 자신의 세 가지 무의식에 대해 배우고 이런 무의식이 이제껏 어떤 식으로 당신을 어둠의 구멍으로 밀어 넣었는지 알아채면 놀라움과 혼란, 심지어 부정하고 싶은 마음까지 들 수 있다. 넬슨이 처음 구멍에 빠졌을 때 내뱉은 '나는 길을 잃었어. 나는 가망이 없어'라는 말은, 내가 처음 내 무의식적 양상이 내 삶의 전반에 걸쳐 영향을 미친 사실을 깨달았을 때 느낀 감정을 정확히 대변해준다.

바로 이어서 나오는 '내 잘못이 아니야' 역시 내가 이 여정을 시작했을 때 가졌던 생각 그대로다. 우리 가족에게 1월의 그 사건이 터진 이후, 처음 아홉 달 동안 나는 내 책임을 조금도 인정하지 않았다. 솔직히 말하면, 인생의 처음 스물아홉 해 내내 나는 책임질 준비가 되어 있지 않았다. 내가 대부분의 결정을 무의식에 맡긴 사실을 깨닫는 과정이 무척 고통스러웠다. 하룻밤의 결정이라도 마찬가지였다. 단순하지만 극도로 어려운 사실 하나를 인정하는 상태, 바로 우리가 무의식적 행동에 휘둘린다는 사실을 받아들이면서도 처음에는 그 이유를 이해하지 못하고 어떻게 극복해야 할지도 모르는 채 시작하는 상태, 이것이 바로 우리 모두의 출발점이다.

    당신은 지금 여기에 와 있다.

    이제 의식적 변화를 시작할 지점에 도달했다. 아직은 무엇을 어떻게 해야 할지 몰라도 된다. 단계별로 안내해줄 것이다.

1단계 인정
무의식이 삶을 통제한다는 진실을 받아들여라

―

앨버트 우가 병원에서 레지던트 2년 차로 일하던 시절, 다른 레지던트가 한 환자의 심장에 체액이 고인 것을 발견하지 못한 실수를 저질렀다.[2] 그 환자는 그날 밤 급히 수술실로 옮겨졌고, 이 실수에 대한 소문이 빠르게 퍼져나갔다. 결국 이 사건은 병원 동료들 사이에 재판처럼 다뤄졌고, 해당 레지던트는 의사로서 무능하다는 판결을 받았다.

이 사건으로 앨버트는 걱정에 휩싸였다. '나도 저런 실수를 저지를 수 있지 않을까? 그랬다면 나도 똑같이 모두에게 냉담한 대우를 받았을까?' 그는 누군가가 자신의 실수를 인정할 때, (그 실수가 무의식적으로 벌어진 일이든, 의식적으로 간과한 일이든) 그에 따른 결과가 얼마나 혹독한지 목격한 것이다. 의료계에서는 실수가 거의 용납되지 않는다. 의사가 자신의 오류를 인정하는 순간, 거액의 소송에 휘말리고, 자격 정지나 의사 면허 박탈, 심지어 인명 손실에 대한 책임을 져야 한다.

그래도 좋은 소식도 있다. 우리는 날마다 생사를 가르는 중대한 결정을 내리지 않을 가능성이 크고, 또 **모든 사람 앞에서** 자신의 실수를 밝혀야 하는 의사도 아니다. 1단계에서는 단지 우리의 삶과 결정을 **혼자서** 되돌아보면 된다(아직까지는).

훨씬 쉽다. 다행이다!

하지만 우리가 환자의 생명을 위험에 빠트린 레지던트가 아니라고 해서, 우리의 행동과 결정, 반응 대부분이 무의식에 통제된다는 사실을 인정하는 것이 수월해지는 것은 아니다. 우리 뇌는 끊임없이 '더 나은 인간이 되어야 한다거나 더 나은 인간이 되고 싶다'는 생각을 불어넣지만, 아직 이런 사실을 솔직히 인정하기 쉽지 않다.

우리는 오랫동안 자신을 비판적으로 바라보는 것을 '나쁜 일'로 여겼기에, 죄책감과 수치심이 드는 것도 당연하다. 이제껏 우리가 자신을 통제하지 못했다는 사실을 깨닫는 것은 정말 끔찍한 일이다. 하지만 강력한 무의식을 가진 사람은 우리만이 아니고, 그 무의식과 싸우는 사람도 우리만이 아니다. 무의식적으로 살아간다는 것은 곧 한 인간으로서 존재한다는 뜻이다.

'1단계 인정'에서는 당신의 행동 중 상당 부분이 보이지 않는 내면의 영역에서 비롯된다는 사실을 인정하라고 요청한다. 1부에서 읽은 내용을 다시 검토하고 그 내용이 사실이라고 받아들여야 한다. 말하자면 당신에게는 무의식이 있고, 무의식은 당신에게도, 타인에게도 명백하게 드러난다는 사실을 인정해야 한다. 지난 1년 동안 드러난 당신의 무의식적 양상을 찾아내고, 심사숙고하지도 않고 최선으로 판단하지도 않은 채 휘말린 상황을 되짚어본다. 의도하지 않은 결과로 이어진 행동과 결정 그리고 지금 당신이 바꾸고 싶고 통제하고 싶은 부분과 마주할 것이다.

1단계에서는 두 가지 목록을 만든다. 하나는 무의식적 결정과 행동을 정리한 목록이고, 다른 하나는 그로 인해 발생한 결과를 정리한 목록이다. 첫 번째 목록은 **무의식 목록**으로, 당신의 삶에서 무의식이 어떻게 드러나는지를 기록한 개인적이고 사적인 목록이다. 오래 시간을 가지고 작성해보라. 이 목록에는 당신이 자신을 바라보며 '나는 왜 이 모양이지?', '나는 왜 이런 행동을 하지?', '이렇게 될 지 정말 몰랐어'라고 말하게 되는 행동이 들어간다.•

두 번째 목록은 **결과 목록**이다. 지난 12개월 동안 무의식이 당신의 삶을 주도하게 놔두었을 때 어떤 일이 일어났는지 정리한 목록이다. 이 목록은 무의식 목록을 바탕으로 작성된다. 그리고 특정 선택과 직접 연결되지 않더라도 자유롭게 추가해도 된다.

1단계를 시작하기 전에 한 가지 더 제안하고 싶다. 이 과정을 혼자만의 힘으로 해내려고 애쓰지 말라는 것이다. 연구에 따르면 '책임 동반자', 곧 이 여정을 함께 하거나 주기적으로 당신과 함께 확인해줄 사람이 있으면 변화의 성공률이 65퍼센트에서 최대 95퍼센트까지 증가한다는 결과가 있다.[3] 당신의 삶에서 지지적이고 신뢰할 수 있는 사람을 떠올려보자. 그 사람에게 찾아가거나 전화하거나 문자를 보내 이렇게 말해보자. "나 이제 '의식의 12단계'를 시작하려고 해요! 이 과정을 통해 내 삶에서 더 많은 통제력을 얻을 수 있을 거예요. 설레기도 하고 무섭기도 해서 당신에게 알리고 싶었어요." 물론 이 여정을 혼자 시작하고 싶다면, 그것도 괜찮다. 치유의 여정은 대부분 조용히 내면에서 시작된다. 이후 여러 단계에서 다시 다른 사람들과 함께하는 과정을 다룰 것이다.

당장은 그저 **한 번에 한 단계씩** 나아가면 된다. 1단계에서는 질문

- 자신이 저지른 '나쁜' 일을 적는 것이 두렵다면, 지극히 적절한 감정이다. 용기에는 두려움이 따른다.

한 가지씩 차근차근 답하면 된다. 기록할 노트를 꺼내고 당신의 손전등을 켜라. 이제 어둠 속을 들여다볼 시간이다.

 **질문**

아래 질문에 서두르지 말고 이 과정을 존중하는 마음으로 천천히 답해야 한다. 모든 답변을 기록으로 남기자. 매우 중요한 과정이다!

Q1. 지금까지 더 나은 선택을 하기 위해 어떤 노력을 했는가? 결과는 어땠는가? 심리학이나 인간 행동을 공부하거나, 심리치료를 받거나, 대처 기술 사용하거나, 약물 사용을 줄이거나, 환경을 바꾸려 한 행동이 있는지 떠올려보라.

Q2. 자신의 몸을 얼마나 이해하고, 자신의 몸과 얼마나 연결되어 있으며, 자신의 몸을 얼마나 신뢰하는가? 왜 그 정도이고, 왜 더 많거나 더 적지 않은가?

Q3. 인지적 구두쇠나 순진한 과학자, 동기로 움직이는 전략가 중 어느 유형에 더 가깝다고 느끼는가? 왜 그렇게 느끼는가? 필요하다면 4장을 다시 참고하라.

Q4. 지금 이 순간 자신의 '삶의 이야기'를 얼마나 통제한다고 느끼는가? 개념적 차원에서 생각해보라. 왜 특정 인물과 장소, 그

리고 '가족', '일', '사랑' 같은 것에 대해 지금처럼 생각하고 느끼는가?

Q5. 당신의 삶에서 어떤 계기로 이 책을 집어 들고 자신을 들여다보게 되었는가? 현재 당신의 삶에서 '받아들일 수 없는 것'은 무엇인가?

Q6. 지난 한 해를 돌아볼 때 당신이 무의식적으로 한 선택이나 결정 중, '그렇게 하지 않았으면 좋았을' 만한 것은 무엇인가? 이 질문의 답이 곧 당신의 **무의식 목록**이 된다.* 부록 '의식의 12단계 예시 답변'에 내가 작성한 무의식 목록, 예시를 확인할 수 있다(이하 예시 답변은 부록 참고).

Q7. 이런 무의식적 행동과 결정의 결과는 무엇인가? 이런 행동이 당신의 자아상과 신체 건강, 인간관계, 일이나 학업, 공동체적 지지에 어떤 영향을 미쳤는지 생각해보라. 이것이 당신의 **결과 목록**이 된다(예시 답변은 부록 참고).

자, 1단계를 마무리했다. 잘 해냈다! 여기서 작성한 두 가지 목록을 꺼내 놓고, 각 항목을 찬찬히 살펴보라. 자기 안의 이런 부분을

- 첫 번째 작업은 꽤 힘든 경험이 될 수 있다. 서두르지 말고 천천히 충분히 생각하고 정리하자. 이 작업이 당신에게 마침내 '털어냈다'는 해방감을 안겨주기를 바란다.

인정하면 생각과 감정, 행동이 어떻게 달라지는지 느껴보라. 기분이 좋지 않을 수도 있다. 하지만 애초에 기분 좋은 상태가 아니었을 것이다.

이제 당신은 날마다 경험하고 관여하는 감각과 생각, 감정, 행동, 결정에 대해 점점 더 의식하게 된다. 쉽지 않은 작업이지만 드디어 현실로 구현했다. 이제부터 신체적 무의식이 '지금 물 한 잔 마시면 좋겠어'라고 속삭일 때, 예전처럼 모른 척하지 않고 정말로 물을 따라 마실 수도 있다. 예전보다 누군가의 행동에 피드백을 주거나 지적하는 빈도가 줄었을 수도 있다. '아니요'라고 말할 때가 늘어났을 수도 있다. 어떤 변화가 일어났든, 그 변화를 의식적으로 인정하라. '좋은 변화'도 스스로 인정할 수 있어야 한다. 자신을 자랑스럽게 여기고, 자신을 믿어라.

2단계 믿음
더 나은 '나'가 존재한다는 것을 믿어라

―

지능에 관한 두 가지 상반된 관점을 들어본 적이 있을 것이다. 하나는 '성장 사고방식'이고, 다른 하나는 '고정 사고방식'이다. 심리학자 캐럴 드웩Carol Dweck의 연구에서 나온 개념이다. 드웩은 사람들이 지능을 '점진적으로 발달하는 것'으로 보거나 '고정된 실체'로 본다는 사실을 밝혀냈다.[4] 말하자면 어떤 사람들은 지능 면에서 성장하고 발전할 수 있다고 믿고, 또 어떤 사람들은 지능이 고정된 실체라 바뀌지 않는다고 믿는다는 뜻이다. 그러니까 새로운 방식으로 사고하고 행동하는 법을 배울 수 있다고 믿는 사람이 있는가 하면, "사람은 원래 그런 거야, 절대 바뀌지 않아"라고 말하는 사람도 있다. 여기서 핵심은 두 관점이 우리가 인간으로서 실패와 좌절을 어떻게 받아들이는지에 중대한 영향을 미친다는 것이다.

지능이 유연하다고 믿는가? 그렇다면 실수는 다음에 더 잘할 기회가 된다(이때 내적 통제 위치, 곧 내 안에서 통제력을 느끼는 감각이 높아진다). 반면에 지능이 고정되어 있다고 믿는가? 그렇다면 실수는 개인의 고유한 결함이자 영구히 변화하지 않을 문제로 보인다('어차피 내가 할 수 있는 게 없었어'라는 외적 통제 소재).

이처럼 상반된 사고방식은 우리가 앞으로 의식적으로 더 나은 선택을 하도록 도와준다. 하지만 단지 의식적 자아에만 유효한 것이 아니라, 무의식도 긍정적으로 변할 수 있다. 미시간주립대학교의 한 연구에서는 무의식적 뇌가 이들 두 가지 관점에 따라 다르게 반

응하는지 심층적으로 분석했다.[5]

연구자들은 두 집단의 학생들을 대상으로 실험을 진행했다. 한 집단은 노력하면 나아질 수 있다고 믿었고(성장 사고방식), 다른 집단은 능력이 고정되어 바뀌지 않는다고 믿었다(고정 사고방식). 학생들이 수행한 과제는 다섯 글자 중에서 가운데 글자를 식별하는 간단한 과제였다. 모든 글자가 같은 경우도 있고, 가운데 글자만 다른 경우도 있었다.

연구자들은 학생들이 실수하는 순간 뇌가 어떻게 반응하는지를 알아보기 위해 뇌의 전기적 활동을 측정했다. 실수 자체가 실험 과제의 일부이므로 얼마나 많이 틀렸는지는 중요한 변수가 아니었다. 이 실험의 주된 관심은 뇌에서 그 실수를 어떻게 처리하는지에 있었다. 성장 사고방식의 뇌는 실수하면 더 강한 긍정 신호를 보이며 이후의 과제에서 더 좋은 성과를 올렸다. 이 연구는 스스로 어떤 일을 더 잘할 수 있다고 믿으면 그냥 기분만 좋아지는 것이 아니라 실제로 뇌가 더 긍정적으로 작동하도록 변화시킬 수 있다는 것을 보여준다.

결국 우리가 어떻게 믿는지는 단지 얼마나 노력을 기울일 수 있는지에만 영향을 미치는 것이 아니라, 앞으로 의식적 노력을 덜 들이는 데도 영향을 미친다. 무의식적 뇌도 기꺼이 다시 시도하려는 태도를 갖기 때문이다. 사후 가정 사고를 기억하는가? 우리 뇌를 움직이는 가장 강력한 동기는 후회다. '나는 나아지고 싶고, **나아질 수 있다**'고 말해도 된다. 아니, 그래야 한다.

'**2단계 믿음**'에서는 **더 나은, 더 의식적인** 자신을 상상해야 한다.

이것은 당신이 마주할 준비가 되고 마주하고 싶은 자기 모습이다. 그리고 당신이 성장하면서 도달하려는 모습이기도 하다. 이 단계에서는 시간이 흐르는 사이 의식적으로 성장할 수 있다는 것을 깨달을 것이다. '나는 원래 이런 사람이야'로 끝나는 이야기가 아니다. 자신에게 몇 가지 질문을 던지고, 처음 세 가지 '경험'을 차례로 겪을 것이다. 각 경험은 세 가지 무의식 중 하나와 의식적으로 연결할 수 있도록 도와주는 연습이다. 행운을 빈다!

STEP 2 질문

Q1. 무의식의 각 부분과 의식을 어떻게 정의하는가? 각 개념에 대해 자신만의 정의를 적어보라. 부록에 한 내담자가 작성한 정의가 있다(동의하에 공유함).

나의 신체적 무의식은 _____이다.

나의 인지적 무의식은 _____이다.

나의 정신분석적 무의식은 _____이다.

나의 의식은 _____이다.

Q2. 이 책을 읽기 전에는 '무의식'과 '의식'에 대해 어떤 신념을 갖고 있었는가? 당신이 마음속으로 다시는 돌아가고 싶지 않은 과거의 모습에 대한 '이전' 이미지를 그려보게 해주는 중요한 질문이다.

Q3. 더 의식적인 존재가 되는 것이 삶을 개선하기 위해 유일한 선택인가? 왜인가 혹은 왜 아닌가? 이것은 함정 질문으로, 정답은 '그렇다'이다. 자기 치유의 모든 여정에는 의식이 개입된다. 말하자면 문제를 인식해야 한다. 이 질문에 대해 진지하게 기록해보라.

Q4. 당신에게 더 의식적인 삶이란 신체적으로나 인지적으로나 정신분석적으로나 전체적으로 어떤 모습인가? 이 질문의 답을 참고하고 싶다면 부록을 참고하자(예시 답변은 부록 참고).

Q5. 다음 진술에 동의하는가?

감정은 반드시 느껴져야 한다.	(예 / 아니오)
내 몸은 나의 친구다.	(예 / 아니오)
내가 항상 옳은 것은 아니다.	(예 / 아니오)
나는 개념적으로 조건화되었다.	(예 / 아니오)
나는 나의 치유에 책임이 있다.	(예 / 아니오)
나는 더 의식적으로 선택할 수 있다.	(예 / 아니오)

위 진술에서 어느 한 가지에라도 '예'라고 대답하기 어렵다면, 왜 그 진술을 받아들이기가 어려운지 탐색해보자. 과거에 그 진술이나 그와 반대되는 내용을 강제로 주입받은 적이 있는가? 그 진술에 담긴 개념에 어떤 감정적 반응이 일어나는가? 그 감정은 어디에서 비롯되었는가?

Q6. 당신의 삶에서 가장 의식적인 순간은 언제였는가? 의도적으로 어떤 선택을 했거나, 어떤 일에 온전히 머무른 경험이 또렷이 떠오르는 순간이다.

Q7. 당신이 그 시기에 더 의식적일 수 있었던 이유는 무엇일까? 그 시기의 스트레스 수준, 주변 환경, 그 시기의 삶의 목표, 그 즈음 곁에 있던 (혹은 없던) 사람을 떠올려보라.

이 책의 첫 번째 부분에서는 우리가 의식적으로 생각하지 않아도 몸과 뇌가 자동으로 하는 일들을 알아채는 연습을 해보았다. 예를 들어, 콧속 온도를 느껴보거나, 간단한 산수 문제에 자동으로 답하는 연습이다. 이런 연습은 비교적 단순했다.

이번에는 당신의 삶을 들여다볼 시간이다. 당신에게 실제로 일어난 일들, 그러니까 더 개인적이고 그리 단순하지만은 않은 일들을 살펴볼 차례다. 2단계의 다음 과정에서는 적극적이고 의식적인 경험을 활용해 당신의 무의식에 메시지를 보낼 것이다. 이제부터 당신이 주도권을 쥐면서 더 의식적이고 사려 깊은 사람이 되기 위해 노력하겠다는 메시지다.

 경험*

세 가지 선택지가 있다. 세 가지 모두를 해볼 수도 있고, 가장 끌리는 한 가지만 선택할 수도 있으며, 현재 당신의 필요에 가장 잘 맞는 두 가지를 선택할 수도 있다. 하지만 세 가지 모두 해보기를 권한다. 그래야 당신의 전체 무의식을 적극적으로 점검할 수 있어서다.

(1) 바디 스캔 명상하기

멈춰라. 지금 이 순간 당신 그대로의 모습에 머물러보자(자세를 고치거나 '편하게 자리를 잡으려' 하지 마라). 천천히 숨을 들이쉬되, 현재의 자세를 그대로 유지하라. 이제 머리부터 발끝까지 의식적으로 몸을 스캔하자. 몸의 각 부위에서 어떤 감각이나 긴장감, 느낌이 있는지 알아차리자. 3분간 그대로 머무른다. 길고 깊게 숨을 내쉰다. 이제 방금 의식적으로 알아차린 것 중에서 이전에는 전혀 인식하지 못한 것을 글로 적거나 마음속에 기록하라. 스캔하기 전에 몸을 충분히 이완하지 않았기에 감각적으로나 인지적으로 다채로운 신호를 알아챘을 것이다. 가령 어깨에 힘이 들어가 있다든가, 배가 고프다든가, 발이 따뜻하다든가, 안경이 조인다든가 하는 감각을 알아챘을 것이다(스캔을 하기 전에 알아채지 못한 모든 감각은 무의식에 의해 통제되고 관리받던 것이다. 몸은 느낄 수 있었지만, 당신은 아니었다. 당신의 뇌는 이런 감각이 일어나는 것을 알았지만 당신은 몰랐다. 믿기 힘들겠지만 사실이다).

- yourunconsciousisshowing.com에서 '2단계 경험 양식'을 무료로 내려받을 수 있다.

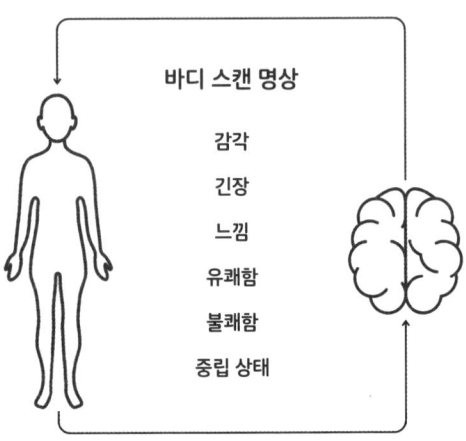

방금 수행한 바디 스캔 연습은 당신의 의식과 신체적 무의식을 만나게 해준다. 이 연습은 당신이 자신의 감각과 반응에 연결되고 나아가 이것을 통제하게 해준다. 이제 이 연습은 당신의 도구이자 기술이 되었다. 계속 반복해서 연습하기를 권한다. 당신의 몸을 찾아보자. 몸은 당신이 알아채고 도와주기를 간절히 바란다.

여기서 도움을 하나 주겠다. 이 연습을 하면서 불쾌한 감각이 느껴진다면 조금 더 오래 견디며 머물러보라. 압박 부위나 가려움, 따끔거림이 느껴져도 이런 감각을 없애거나 자세를 바꾸지 말고 그대로 머물러 느껴보라. 이 연습은 중요한 자제력을 길러준다. 가려움이 사라질 때까지 견디는 연습만 해도, 웬만한 불편한 회의 자리에서 참고 앉아 있거나 어려운 대화를 견디는 데 큰 도움이 된다. 우리의 마음이 불편함을 즉각 피하지 않고 견딜 수 있도록 훈련하는 것이다. 이 경험은 누군가에게는 불편할 수 있다. 좀 더 편안한 방법을 원한다면 3장에서 소개하는 신체 감각 목록에서 한 가지를 골라 며칠이나 몇 주에 걸쳐 그 감각을 점검하는 것도 좋다. 예를 들어, 배고픔이나 갈증의 정도, 잠들고 깨는 시간을 관찰하는 것이다. 이 연습의 궁극적인 목적은 몸이 어떻게 느끼고 무슨 말을 하려 하는지 알아채고 이해하는 것이다. 자신의 몸을 더 의식적으로 알아챌 수 있다면 어떤 방법이든 이 과정에서 효과가 있다.

(2) 감정적 만족 지연 검사하기

어떤 상황이나 대화 중에 강한 감정을 경험할 때 그 감정을 다른 사람에게 표현하거나 겉으로 드러내기 전에 일정 시간(예: 10분) 기다리기로 의식적으로 결정하라. 감정 표현을 지연하기 이전과 이후의 느껴지는 감정을 기억하거나 가능하면 기록으로 남겨보라.

기다리는 동안 상황을 바라보는 관점이 달라졌는가? 어떻게 달라졌는가? 기다린 결과로 상황에 대한 반응이 달라졌다고 생각하는가?

이 연습은 자제력을 기르기 위한 또 하나의 방법이다. 그리고 신체적 무의식과 인지적 무의식을 모두 통제할 기회를 제공한다. 좋은 감정이든 나쁜 감정이든 감정이 고조되는 순간에는, 몸과 뇌가 빠르고 감정적으로 반응하게 된다(때로는 원하지 않는 행동으로 이어진다). 물론 감정을 숨기는 것이 항상 실용적이거나 최선의 선택은 아닐 수 있다. 하지만 감정을 표현하면 안 되는 순간도 있고, 어쩔 수 없이 표현하지 못하는 순간도 있다. 우리는 흔히 충동적이고 즉각적으로 반응한다. 이 연습은 그런 충동을 조절하는 데 도움이 된다.

감정적 만족 지연 검사

10분 지연

여러 번 반복해서 연습하자.

추가로 상반된 감정, 가령 기쁨이나 행복 같은 유쾌한 감정과 분노나 슬픔 같은 불쾌한 감정에도 이 연습을 해보자. 각 감정을 지연시킬 때 의식적인 경험이 달라졌는지 기록해보라. 만약 한 유형의 감정이 다른 유형의 감정들보다 지연하기 쉬웠는가? 왜일까?

(3) 개념 형성 회상하기

오래전 기억 중 심리적 외상까지는 아니어도 정서적으로 강렬한 기억을 떠올려보자. 그 기억과 관련된 정신분석적 개념을 나열하고, 각 개념에 대한 당신의 정의가 그 기억 속 사건을 경험하는 데 어떤 영향을 미쳤는지 해석해보자.

당신이 선택한 기억과 관련해 탐색해볼 대략적인 개념은 다음과 같다. 시간, 아름다움, 성공, 도덕성, 두려움, 행복, 지혜, 선이나 악, 비쌈이나 저렴함, 중요함이나 중요하지 않음, 매력적임이나 매력적

개념 형성 회상

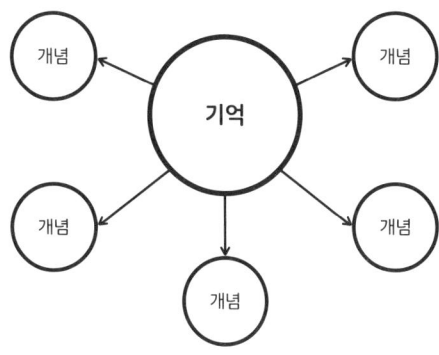

이지 않음, 도덕적임이나 비도덕적임, 가치 있음이나 가치 없음, 아동, 노인, 부자, 가난한 사람, 범죄자, 소통, 사랑, 권력, 권위 등이다.

예를 들어보자. 어떤 사람이 당신의 차를 살짝 들이받아 접촉 사고를 냈고, 이 사고로 당신은 온종일 정서적으로 혼란스러웠다. 회사에 출근해서도 업무에 집중하기 어려웠고, 모든 사람과 모든 일에 화가 났다. 온종일 화를 내며 보냈다. 당시 당신에게 영향을 준 한 가지 개념은 '시간'이었을 것이다. 그 사고로 잃어버린 30분이 직장에서 절실히 필요했기에 화가 났지만, 결국에는 사고를 낸 사람이 당신에게서 빼앗아간 시간보다 당신과 당신의 무의식이 감정적으로 격해져서 그 사람을 저주하며 허비한 시간이 훨씬 길었다.

이처럼 개념의 소용돌이는 재앙이 될 수 있다. '지금 이 순간 나를 통제하는 개념이 무엇인가?', '이 상황을 어떻게 다르게 볼 수 있을까?'라는 질문으로 소용돌이에 휩쓸리지 않아야 한다.

당신의 마음속에 든 개념을 되돌아보는 연습은 일상에서 무심코 튀어나오는 판단이나 감정을 조율하는 데 강력한 도구다. 예를 들어, 특정 순간에 '시간' 개념이 당신을 가장 힘들게 하는 이유라는 사실을 알아챌 수 있다면, 스스로에게 이렇게 물을 수 있다. '어떻게 하면 시간을 더 확보할 수 있을까?' (그 답은 대개 뇌가 분노의 되새김질을 멈추고 대신 눈앞의 일을 처리하는 것이다.) 당신이 세상을 바라보는 개념의 렌즈는 곧 당신이 세상을 의식적으로 어떻게 경험하는지를 결정한다.

다음 단계로 넘어가기 전에, 잠시 당신이 해낸 일을 음미해보자. 당신은 지금 당신 안에 있었지만 충분히 인식되지 않던 자신의 일부를 탐색하는 중이다. 대다수 사람은 이런 숨겨진 자신과 씨름하면서 의식적이고 통제된 삶을 살기 위해 애쓰지만, 자주 무시당하거나 실패하고 포기할 것 같은 느낌에 빠진다. 하지만 지금 당신은 이 연습을 통해 당신이라는 존재와 당신의 모든 부분을 인정하고 있다. 분명 자랑스러워해도 되는 일이다. 자부심을 가져보라.

3단계: 의식에 전념
변화의 도구로서 의식에 전념하라

—

 14주년 결혼기념일에 빅엘로우하우스 레스토랑에서 맥스에게 약속 카드를 건넨 일은 내 인생에서 가장 두려운 선택 중 하나였다. 2012년에 받은 맥스의 최후통첩은 나를 흔들어 깨우며 더 의도적으로 살자고 다짐하게 했다. 하지만 이번에 나는 자기 인식의 여정으로 더 깊이 들어가기로 마음먹었다. 평소처럼 감정을 마비시켜 회피하지 않고 이 작업을 끝까지 해내기로 했다. 고통과 정면으로 마주하겠다고 결심하니 벅차고도 두려웠다. 실패할까 봐 두려웠다.

 의식에 제대로 전념하려면 자신의 삶에서 무엇을 바꿔야 하는지 진지하게 고민해야 한다. 이 결단이 제대로 자리 잡으려면, 스스로 행동 양식을 바꾸거나 환경을 바꾸어 선명하고 또렷한 정신 상태를 유지해야 한다. 예를 들어, 나는 '의식의 12단계'를 실천하는 중에는 1년 내내 술을 입에도 대지 않았다. 그뿐만 아니라 대학 시절부터 열한 해 동안 살던 도시를 떠나 고향으로 돌아갔다. 내게 도움이 되지 않는 낡고 자동화된 양상으로 다시 빠져들지 않기 위해서였다. 다시는 그런 위험을 감수하고 싶지 않았다.

 당신이 변화시켜야 하는 영역은 당신이 얼마큼 변화를 필요로 하는지에 따라 비례해서 크거나 작을 수 있다. 삶에서 대대적인 전환이 필요하다고 느낀다면 잠시 멈추고 먼저 변화를 시도하자. 준비되었을 때만 전념할 수 있다. 3단계에서는 일상에서 의식을 실천하는 연습을 해본다. 거의 매일 이 연습에 전념할 수 없다면, 효과가

오래 가지 않을 것이다.•

'**3단계 의식에 전념**'은 하나의 결정, 단 하나의 결정을 내리는 과정이다. 앞으로 살면서 시간과 에너지와 노력을 다해 '의식'을 삶의 중요한 길잡이로 삼겠다고 결정하는 것이다. 한마디로 의식에 **전념하는** 것이다. 감정에 더 주목하고, 행동하기 전에 생각하며, 행동과 감정의 근원을 찾아보겠다는 뜻이다. 이 단계는 다른 단계들에 비해 짧고 단순해 보일지 몰라도, 전념에 대해 충분히 깊고 진지하게 고민해야 한다. 이 단계를 효과적이고 중심이 되는 경험으로 삼아야 한다.

 질문

Q1. **당신이 주로 무의식적 인간으로 살아간다고, 곧 거의 항상 '통제에서 벗어난' 존재라고 생각할 때 가장 두려운 점은 무엇인가?** 이런 두려움과 그에 얽힌 세세한 감정은 의식적 성장에 장애물이 될 수 있다. 이런 두려움을 알아채고 마주하고 다루어야 지속 가능한 성장을 이룰 수 있다.

Q2. **당신은 지금까지 자신의 삶을 완전히 통제하지 못한다는 사실을 어떤 식으로 받아들이려 하지 않았는가? 과거나 현재에**

• 처음부터 매일 해야 하는 것은 아니다. 꼭 그럴 필요가 없을 수도 있다. 하지만 가로막혀 있거나 계속 중심을 잃고 자극을 받고 무언가에 취하고 감정적으로 휘말린다면, 계속해나가기 위한 통제력을 유지하기 어렵다.

그 사실을 받아들이는 것이 왜 그렇게 어려웠는가? 앞으로는 왜 어려울까? 통제력을 잃는다는 감각은 무섭다. 이런 두려움 때문에 우리가 애초에 무의식적인 존재라는 사실을 망각하게 된다. 하지만 그럴수록 상황은 더 악화하고 무의식적 경향이 더 강해진다. 그렇지만 이 질문에 답하는 사이 미래의 장애물을 미리 알아채고 대비할 수 있는 통찰력이 생길 것이다(예시 답변은 부록 참고).

Q3. **당신은 의식적으로 성장할 준비가 되었는가?** 의식적 변화를 준비하기 위해 당신 자신과 주변 환경, 당신의 삶에서 무엇을 해야 할까? 아직 하지 않은 일은 무엇인가?

Q4. **당신은 내면의 창고를 들여다보고 그 안에 들어 있는 무언가를 마주할 때 이전보다 더 불편해질 각오가 되어 있는가?** 결국 인정하기 어려운 자신의 일면과 마주할 때, 자신을 어떻게 돌볼 것인가?

Q5. **당신이 과거에 지키려 했던 다짐은 어떤 장애물에 가로막혔는가?** 반대로 어떤 계기로 그런 다짐을 지키는 것이 수월해졌는가?

Q6. **당신은 누구를 위해, 혹은 무엇을 위해 의식의 12단계를 완수하려는가?** '나 자신'이라는 대답이 나올 때까지 계속 이 질문

에 머물러보라. 남들을 위해 해볼 수도 있지만, 결국 자신을 위한 노력이 아니라면 오래 가지 못한다.

Q7. 당신이 의식적 선택을 할 수 있는 사람이라는 사실을 날마다 되새기기 위해 무엇을 할 것인가? 다음의 3단계 경험이 이 질문에 도움이 되겠지만, 이미 당신만이 가진 좋은 생각이 있을 수 있다.

Q8. 매일 적극적으로 의식적 선택을 하면서 살아간다면, 당신의 삶은 어떻게 달라질까? 중요한 질문이다. 가능하다면 구체적인 순서를 그려보자. "이렇게 하면 그다음엔 이렇게 되고, 그러면 이렇게 되고…"

STEP 3 경험*

의식이 부재할 때, 무의식이 그 자리를 차지한다. 그리고 무의식이 대신 선택한다. 3단계 경험은 당신이 의식적 존재라는 사실을 의식적으로 기억하도록 도와주는 과정이다(다소 어색하게 들릴 수 있지만 정말이다. 매우 중요한 과정이다). 자신의 내면과 주변에서 일어나는 일에 주의를 기울이는 습관이 들지 않으면, 정신없이 바쁘게 살아가면서 정작 자신의 삶을 놓칠 수 있다. 이 연습은 이런 문제를 바로

- youruncsciousisshowing.com에서 '3단계 경험 양식'을 무료로 내려받을 수 있다.

잡기 위한 것이다.

(1) 일상 속에서 의도적으로 의식을 해보자.

일상의 의사결정에서 의식을 적극적으로 개입시키자. 날마다 의식에 전념하자. 하루를 시작할 때 그날의 행동과 반응을 이끌어줄 한 가지 목표를 정해자. 일주일 이상 아침마다 하루를 어떻게 헤쳐 나가고 싶은지 잠시라도 생각해보는 시간을 가져라.

목표는 이렇게 정리하자. '이런 일이 생기면, 이렇게 반응하겠다.'

예를 들어, '오늘 상사가 내게 무례하게 굴어도 나는 평정심을 잃지 않고 감정적으로 대응하지 않겠다'라고 다짐할 수 있다(물론 이런 일이 반복된다면, 직장을 옮기는 방법을 고민할 시점일 수 있다). 혹은 '감정이 북받쳐 오르면, 90초 정도 그 감정을 충분히 느껴본 다음에 겉으로 표현하겠다'라고 다짐할 수도 있다.

온종일 이 목표를 마음속에 간직하려면, 포스트잇에 적어 생활 공간 곳곳에 붙여두거나, 하루를 시작하기 전에 거울 앞에서 혼자

일상에서 의도적으로 의식을 사용하는 연습

의식적인 '나'
"'X' 상황이 생기면 의식적으로 'Y' 반응을 선택하겠어."

내 안의 무의식
"계속 그렇게 해줘. 그럼 나도 도와줄게!"

되새기거나, 의도를 상기시켜주는 열쇠고리와 같은 작은 물건을 몸에 지니고 다니는 것도 좋다.

하루 중에, 특히 어떤 결정을 내리려는 순간에, 아침에 다짐한 목표를 떠올리자. '오늘 나의 의식적인 목표가 뭐지?' 이렇게 자문하면 하루를 더 의식적이고 통제력 있게 살아가는 데 도움이 된다. 그리고 하루를 마무리할 때는 그날의 목표가 당신의 선택과 감정에 어떤 영향을 미쳤는지 잠시 돌아보는 시간을 가져보라.

도움을 주자면 하루에 한두 번 정기적으로 '의식 알람'을 설정해보라. 알람에 '몸, 뇌, 마음'이라는 제목을 붙이고 간단히 무의식을 점검하자. 이렇게 점검하는 사이 '지금 내 몸이 뭐라고 말하지? 내 뇌가 무슨 생각을 하지? 내 마음이 어떻게 느끼지? 지금 이 순간에?'라고 묻는다. 이 과정은 60초 정도면 충분하다. 이 연습은 다음과 같은 문장으로 가능하다.

'나는 매일 [시간]에 [방법]으로 나의 무의식과 연결할 것이다.' 예를 들어, '나는 매일 밤 12시에 일기장에 짧은 기록을 남기면서 나와 연결하겠다'와 같은 식으로 설정해도 된다.

추가 도움 하나 더. 'human first(먼저 인간이다)'라는 문구를 몸에 새겨* 당신이 의식적 존재인 동시에 무의식적 존재라는 사실 그리고 인간으로서 어떻게 살아갈지를 **당신이** 어떻게 결정하는지를 항상 기억하자. 궁극적인 전념의 상징이다![6]

• 정말로 문신을 새기려면 thetruthdoctor.com/tattoo에 방문해 무료 도안을 받아볼 수 있다.

2부 — 주도권을 되찾는 의식의 12단계

3단계를 마무리했다면 이제 의식에 전념하기로 했다는 뜻이다. (잘했다!) 하지만 여기에는 중요한 한 가지 단서가 있다. 진정으로 깨어 있는 의식 상태의 삶에 전념하려면, 반드시 자신의 무의식 상태와 그 안에 무엇이 있는지, 의도가 무엇이고 어떤 영향을 끼치는지를 **구체적으로** 알아야 한다. 3단계에서 전념하기로 결심했다면, 이제 **'4단계 무의식 점검 목록'**에서 결심을 증명해야 한다. 4단계에서는 의식의 12단계 여정에서 처음으로 무의식의 세 부분을 깊이, 정직하게, 용기 있게 들여다볼 것이다. 자, 시작하자.

4단계 무의식 점검 목록
무의식의 혼란을 들여다보라

―

익명의 알코올중독자 모임의 12단계 중 4단계에서는 술에 취해 저지른 행동을 정리하면서 알코올중독자로 살아온 삶을 돌아본다. 그런데 이 단계에서 많은 사람이 다시 술을 마신다. 그만큼 자신의 결함을 인정하기란 쉽지 않다. 하지만 진정한 용기는 두려움을 무릅쓰고 행동하는 것이다. 조금이라도 두렵지 않다면 그것은 용기가 아니다. 의식의 12단계 중 4단계도 역시나 만만치 않지만, 충분히 해낼 수 있다. 당신은 이겨낼 것이다.

1단계에서 지난 1년간의 무의식적 결정과 행동을 되짚어보았다면, **'4단계 무의식 점검 목록'**에서는 신체적, 인지적, 정신분석적 무의식을 다섯 가지 경험을 통해 살펴본다. 이들 경험은 신체 감각과 연결하는 작업부터 당신이 삶을 판단하는 데 사용하는 개념을 평가하는 작업까지 다양하다.

'무의식 점검 목록'을 만드는 과정에서 이제껏 당신을 이끌어왔지만 보이지도 않고 인식되지도 않은 힘을 탐색할 것이다. 당신이 진정으로 가치를 두는 것은 무엇인가? 당신의 신념과 개념에서 어느 것이 진짜 당신의 것이고, 어느 것이 아닌가? 당신의 뇌는 자동으로 무엇을 생각하는가? 당신의 몸은 실제로 무엇을 말하는가? 이들 질문의 답을 적어 펼쳐놓아야 그 내용을 바탕으로 진정한 대면을 시작할 수 있다.

이 과정에서 방어적인 감정을 느끼고 중단하고 싶어질 수도 있다. 방어하거나 정당화하고 싶은 마음은 지극히 자연스럽다. 특히 현재의 자아상이나 지각된 자아상, 이상적인 자아상과 어긋나는 행동을 본다면 더더욱 그렇다. 그러나 다양한 관점을 경험하는 것 자체가 이 과정의 일부다. 진정 의식적으로 자기를 성찰하려면 이런 무의식적 방어를 넘어서야 한다.

이 과정에서 모든 것을 완벽하게 해내고 싶을 수도 있다. 왜일까? 그만큼 당신에게 중요한 경험이기 때문이다. 지금까지 살면서 벌어진 일에 관심이 많고, 더 나아지길 바라기 때문이다. 그래도 과도하게 자책하지는 말자. 자책은 당신과 당신의 뇌가 충분히 해왔다.

'무의식 점검 목록'을 만드는 과정을, 말 그대로 당신의 무의식을 들여다보고 재고Inventory 목록을 작성하는 과정으로 생각하자. 이 단계는 스스로 '이대로는 안 되겠다'라고 깨닫게 해주는 데 목적이 있다. 편안하기 어려운 과정이다. 그러니 불편함 속에 머물러야 한다.

지금 당신에게 불편함을 견디라고 요청하는 것이다. 불편함을 견딜 뿐 아니라 아직 아무것도 정리하지 말라고, 지금 그대로 있어 보라고 요청하는 것이다(물론, 아무것도 하지 않고 가만히 있는 상태가 더 스트레스를 줄 수 있다. 하지만 이것이 곧 고통을 견디는 힘, 곧 '고통 인내력'이다. 우리는 함께 그 지점에 도달할 것이다. 당신은 분명 도달할 수 있다).

무의식은 당신에게 고개를 돌려 외면하라고 말할 것이다. 무의식은 이미 모든 것이 어디에 저장되어 있는지 알고, 나름의 조직 체계와 우선순위를 갖추고 있으며, 기존 질서가 바뀌기를 원하지 않는다. 그러니 지금 당장 뭔가를 없애자는 것이 아니라 단지 둘러보고 관찰할 뿐이라고 무의식을 설득해 안심시켜야 한다. 당신은 이제 자율주행으로 달리던 차가 절벽 아래로 떨어지려 하는 상태를 참을 수 없어졌다. 마땅히 그래야 한다.

STEP 4 경험 (무의식 점검 목록)•

4단계에서 수행할 다섯 가지 경험의 순서는 다음과 같다. (1)가치관을 정립하고, (2)무의식의 계보를 들여다보고, (3)신체적 무의식을 점검하고, (4)인지적 무의식을 관찰하고, (5)정신분석적 무의식을 평가한다. 중간에 쉬는 시간을 두고 천천히 해야 한다. 이 단계가 상당히 큰 단계로 보일 수 있는데, 실제로 그렇다.

(1) 의식적 가치관 평가하기

다음 페이지에 있는 스물여덟 가지의 개인적 가치관 목록을 참고해, 현재의 당신과 앞으로 되고 싶은 당신에게 가장 큰 울림을 주는 가치관에 표시를 해보라. 다음으로 세 가지에서 다섯 가지 범위만 선택하라(모든 것을 중요하게 여기면 결국 아무것도 진정으로 중요하지 않게 된다). 다음으로 최근에 겪은 부정적이고 불쾌한 사건이나 결정 중 당신에게 어느 정도 책임이 있던 상황을 한 가지에서 세 가지를 떠올려라. 그리고 그런 행동과 상황이 당신이 선택한 가치관과 어떤 관계가 있는지 분석한다. 당신의 가치관과 일치하는가? 아니면 충돌하는가? 당신이 진심으로 바라는 가치관이 아니라 당신의 무

- yourunconsciousisshowing.com에서 '4단계 경험 양식'을 무료로 내려받을 수 있다.

의식적 가치관 점검

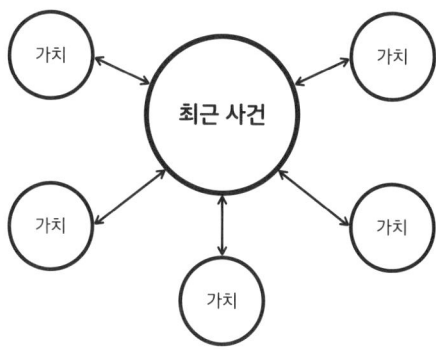

의식이 선택한 가치관은 무엇인가? 그리고 **이 과정을 자동으로 방해한 것은 무엇인가?**

예를 들어, 당신이 배우자와 말다툼을 벌였다. 처음 시작은 당신이 상대에게 상처를 받아서였다. 그래서 당신은 상대에게 상처 주는 말을 하고 상대의 행동을 비난하기로 했다. 여기서 당신의 무의식이 선택한 가치는 '공정성'이다. 상대가 당신에게 상처를 주었으니, 당신도 상처를 갚아주자는 것이다. 그런데 지금 당신이 의식적으로 선택하려는 가치는 '호기심'이다. 그렇다면 다음에는 상대의 잘못을 속단하고 비난하기 전에 이런 질문을 던질 수 있을 것이다. "나한테 왜 그랬어?", "무슨 뜻으로 그런 말을 한 거야?"*

자신의 가치관을 파악하기 어렵다면, 한두 가지 정도 '긍정적이

---

* 단정하지 말자. 속단은 대개 좋은 선택이 아니다. 필요하다면 상대에게 직접 확인해 당신의 가정이 맞았다는 것을 증명하라. 그러면 두 번이나 맞은 셈이니, 항상 더 바람직하다(마지막 문장은 농담이다).

스물여덟 가지 개인 가치관
(이외에도 각자의 가치관을 선택할 수 있음)

이타심	연결성	유연성	공정성
신뢰성	단호함	열린 마음	용기
진실성	평온함	균형	수용
관대함	지지적임	비판하지 않음	적응력
감사	인내	신의	성장
안녕감	자립성	책임감	안정성
호기심	내적 조화	지혜	자기 및 타인 존중

고' 의미 있는 기억을 떠올려보라. 그리고 가치관 목록을 다시 살펴보면서 의미 있는 어떤 상황에서 당신이 보고 경험하고 느낀 가치가 무엇인지 알아보라. 각 기억에서 발견한 가치가 곧 당신 안에 존재하는 가치일 수 있다.

이 연습의 목적은 당신의 무의식이 중시하는 가치와 '당신'이 중시하는 가치 사이의 차이를 보여주는 데 있다.

(2) 세대 무의식 분석하기

당신의 세대 무의식을 들여다보는 연습이다. 당신의 무의식 형성 과정을 들여다보고 당신이 계승한 무의식적 신념을 확인하는 과정이다. 당신의 행동 양상을 유심히 살펴보라. 대개 당신의 가족과 당신이 속한 사회, 당신이 속한 세대에서 온 것이다. 목록으로 정리해

세대 무의식 분석

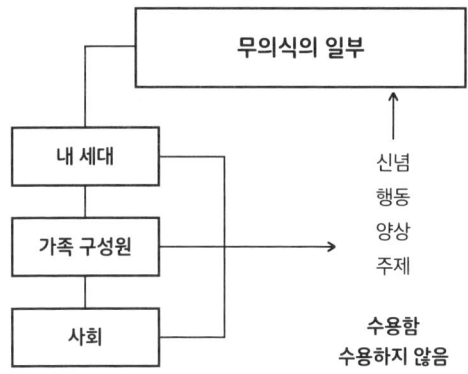

보자. 어떤 행동과 사고방식이 당신 안에 깊이 자리 잡았고, 그것이 현재의 삶에서 어떻게 드러나는지 살펴보라. 가능한 한 구체적으로 적어보라. 그런 신념과 행동이 정확히 어떤 모습으로 표현되는가?

　이것은 세대 트라우마 분석이 아니라, 세대 **무의식 점검 목록**을 작성하는 과정이다. 지금 당신이 할 일은 자신의 의식을 확장해야 한다고 스스로 인정하는 것이다(그래서 우리가 어질러온 모든 무의식의 혼란을 드러내는 것이다). 하지만 당신의 무의식은 트라우마를 넘어 다양한 영역에서도 깊이 영향을 받았고, 이런 요소도 세대 무의식 점검 목록에 들어가야 한다. 6장으로 돌아가 당신에게 해당하는 세대 무의식의 예시를 찾아보라. 당신의 무의식 중 어떤 부분이 가장 강하게 조건화되었는지 찾아보라(모든 부분일 수도 있다). 그 과정에서 외상을 입은 사건이나 기억이 떠오른다면 목록에 넣어도 좋지만, 꼭 그럴 필요는 없다. 때로는 그런 부분까지 다루기에는 벅찰 수 있다.

추가로 가족과 가족의 가치관이나 신념에 관해 대화를 나눠보자. 그중에 어떤 것을 그들이 스스로 형성했다고 생각하고, 어떤 것을 무의식적으로 물려받았다고 생각하는지 물어보자. 가족과 당신 사이의 차이점과 유사점을 적어두자. 이 대화를 통해 당신의 무의식적 양상 중 일부가 어디서 기원하는지 더 깊이 이해할 수 있다.

(3) 신체 점검

이 연습은 두 부분으로 이루어진다. 첫 번째로 신체와의 관계를 점검한다. 당신의 몸과 완벽히 조화를 이룬 듯한 순간, 모든 것이 딱 맞고 균형 잡힌 듯한 순간, 그러니까 내면 감정 측정계에 '0'이 뜬 것과 같은 순간을 떠올려보라. 이제 의도치 않게 몸의 욕구를 무시했거나 반대로 몸의 메시지에 압도된 순간을 떠올려보라. 예를 들어, 아침에 눈을 뜨자마자 스트레칭을 하거나 물을 마시지 않고 한 시간 넘게 휴대폰을 들여다보는 습관이 들었을 수도 있다. 혹은 스트레스를 받을 때마다 밤늦게 야식을 먹는 습관이 굳어졌을 수도 있다. 이런 행동은 도중이나 이후에는 알아챌 수 있어도 행동을 시작하기 전에 '그래, 지금 이걸 하고 싶으니까 할 거야!'라고 명확히 알아채는 것이 아니다. 당신이 몸과 가장 단절되거나 몸의 신호에 압도된 시기를 목록으로 정리해보라. 시기마다 어떤 사람과 어떤 장소, 상황이 있었는가? **그 시기에 당신의 의식은 어디에 있었는가? 무엇에 몰두했는가?**

두 번째로 신체적 무의식과 의식적으로 다시 연결한다. 먼저 몸

신체적 무의식과 다시 연결하기

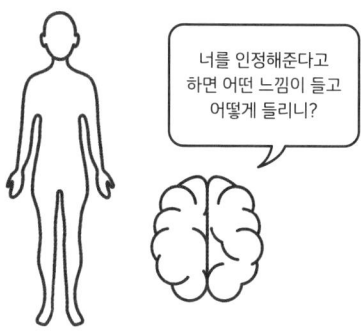

의 각 부위에 집중하면서 지금 어떤 느낌인지 기본적인 감각을 기준으로 관찰하라. 가령 뜨겁다, 차갑다, 빠르다, 느리다, 조인다, 느슨하다, 조용하다, 시끄럽다, 강하다, 약하다 같은 느낌이다. 예를 들어, 손과 팔에 집중하고 싶다면 손을 씻어보거나 손뼉을 조용히도 쳐보고 크게도 쳐보라. 두 손바닥을 맞대어 눌러보기도 하고, 손등과 손바닥을 가볍게 문질러보기도 하라. 목표는 몸의 각 부위의 감각을 알아채고, 그에 대한 몸의 자동적 반응을 온전히 느껴보는 데 있다.*

이 연습으로 당신의 의식과 신체적 무의식 사이의 거리를 좁혀나갈 수 있다. 그러면 당신은 몸의 건강에 유익하거나 해로운 영향을 미치는 양상과 습관, 행동을 알아챌 것이다. 가령 당신이 배를 만지지 않으려는 이유가 정신분석적 무의식이 들려주는 이야기 때문일

• 나의 내담자 중 이 연습을 하면서 울음을 터뜨린 사람이 얼마나 많았는지 모른다(헤아릴 수 없이 많았다). 다들 자신의 몸과 단절되어 있는 것이다. 그저 집중에서 손뼉을 쳐보기만 해도 눈물이 날 정도다.

수도 있다. 혹은 신체 일부를 대상으로 이 연습을 시작했다가 중단하고 다른 연습으로, 신체와 무관한 연습으로 건너뛸 수도 있다(무의식에 지지 않으려고 노력해야 한다. 사실 지기 쉬운 게임이다).

이 연습은 몸을 더 잘 이해하기 위한 것이지만, 때로는 어떤 기억이나 감정이 올라와 감당하기 힘들 수도 있다. 하지만 이 역시 과정의 일부다. 무엇보다도 이런 감정을 온전히 느껴보면서 당신의 몸이 기쁨과 슬픔, 강점과 약점에서 중요한 역할을 한다는 사실을 알아채는 것이 중요하다.

감정이 버거울 정도로 격해진다면 주저하지 말고 도움을 요청하라. 이 연습에서 각자가 느끼는 감정이 다르고, 정답도 오답도 없다.

(4) 문장 완성

이 연습은 당신의 마음이 얼마나 무의식적으로 결정하고 신념을 형성하고 결론에 도달하는지 드러낸다. 4장에서 소개한 인지적 구두쇠인 '찰리'를 기억하는가? 뇌가 항상 지름길을 찾으려고 한다는 부분 말이다. 이번에는 찰리가 무엇을 하는지 엿볼 것이다. 당신이 의식하지 못하는 잠깐 사이에 무슨 생각을 하고 무엇을 보며 어떻게 판단하는지를 엿볼 것이다. 그리고 당신의 행동을 이끄는 사고 양상을 밝혀낼 것이다.

주어진 개방형 문장을 보고 맨 처음 떠오르는 생각을 적어 문장을 완성하라. 당신이 경험한 다양한 상황과 생각, 감정으로 빈칸을 채운다. 문장을 모두 작성한 후에는 각 문장을 다시 읽어보면서 그 생각이나 신념, 관점이 과거 당신 삶에서 어떻게 드러났는지, 또 지금은 어떻게 나타나는지 살펴보자. 완성한 문장마다 하나 이상의 실제 사례를 찾아보라.

추가로 인지 양상을 찾아낸 후에는 그것에 도전하라. 당신이 완성한 문장 중 부정적이거나 제한적인 내용이 있다면, 긍정적이고 힘을 불어넣는 문장으로 반박하라. 다음은 세 가지 문장 완성 양식과 작은따옴표 속 문장을 교체할 단어들이다(예시 답변은 부록 참고).

나는 _____ 이 '두렵다'.
(예시 단어: 좋아하는 것, 할 수 없는 것, 느끼는 것, 실패, 사랑, 후회, 바라는 것, 알고 싶은 것 등)

나는 _____ 하면 '행복할' 것이다.
(예시 단어: 슬픔, 분노, 질투, 좌절, 놀람, 혐오 등)

나는 '직장에서/동료들과 함께 있을 때', _____
_____ 한다.
(예시 단어: 집에서, 배우자와 함께 있을 때, 엄마와 함께 있을 때, 낯선 사람들과 함께 있을 때, 줄 맨 끝에 있을 때, 다른 성별의 사람들과 함께 있을 때 등)

(5) 개념 평가의 진화

4단계의 마지막 연습이다. 당신 마음속에 존재하는 다양한 개인적인 개념을 하나하나 분석해보자. 각 개념을 적고, 현재 그 개념을 어떻게 생각하는지도 함께 적는다. 다음으로 과거에는 같은 개념을 어떻게 생각했고, 미래에는 어떻게 생각할지도 함께 적어보라. 시간이 흐르는 사이 생각이 어떻게 진화했는지 살펴보자.

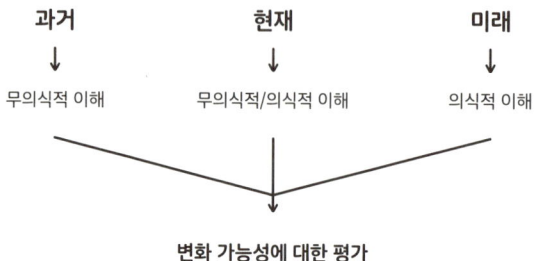

이들 개념이 어떻게 진화했는지 살펴보면 당신이 얼마나 성장했는지 확인할 수 있다. 더 의식적인 존재가 되기 위해 중요한 과정이다. 어떤 개념은 여전히 확고하고, 어떤 개념은 많이 달라졌을 수 있다. 특히 크게 달라진 개념에 주목하자. 그런 변화가 왜 일어났는지 생각해보라. 긍정적인 변화였는가? 아니면 그렇지 않았는가?

추가로 다른 문화적, 세대적 배경을 가진 사람과 이런 개념에 대해 대화해보자. 그들과 당신의 유사점과 차이점을 비교하고 함께 고민하자.

아래는 이 연습을 시작하기 위한 개념 목록이다(필요에 따라 개념을 추가해도 된다). 여기서 '성공'을 선택한 예시가 부록에 있다.

사랑	성공	상심	실패
인간관계	건강	교육	일
가족	여가	공동체	자연
모험	전통	돈	지혜

 질문

4단계 경험을 모두 마친 후 다음의 질문에 답하라.

Q1. 당신이 수치심이나 죄책감을 느끼는 것은 무엇인가? 이제 무의식을 깊이 들여다보고 그 속이 얼마나 혼란스러운지 확인하는 거대한 작업을 마무리했다. '기분이 나쁘다'거나 '압도감이 든다'거나 '불편하다'는 감정이 들어도 괜찮다. 이런 감정을 있는 그대로 허용하고, 그 감정에 머물러보라.

Q2. 당신은 항상 주로 무의식적으로 행동해왔는가, 아니면 시간이 흐르는 사이 통제력을 잃었거나 얻었다고 느끼는가?

Q3. 당신의 무의식은 어디서 왔는가? 중요한 질문 중 하나다. 이 질문에서 오래 머물러보라.

Q4. 누군가가 당신의 무의식적 행동을 판단하면서 당신에게 상처를 준 적이 있는가? 그 사람에게 분노를 느끼는가? 그 분노는 정당한가? 이런 감정은 중요하다. 이런 감정이 당신의 무의식적 의사결정에 영향을 미친다. 깊이 탐색해보라.

Q5. 당신이 가장 허락하지 못하는 감정은 무엇인가? 그 감정을 느낄 때 당신은 어떻게 행동하는가?

Q6. 독선에 빠져본 적 있는가? 예를 들어 확신, **절대적 올바름**, 도덕적 우월감 등 누군가나 무언가에 대해 자신이 틀렸을 가능성을 조금도 인정하지 않으려는 태도다. 당신의 행동이 정당하지 않거나 당신이 틀렸다고 밝혀진 상황을 떠올려보라. 이런 상황에서 반복되는 양상이 보이는가?

Q7. 그밖에도 당신의 무의식적 행동에서 반복적으로 나타나는 뚜렷한 양상이 보이는가? 그것에 대해 자세히 적어보라.

Q8. 당신의 무의식에서 '최악'인 부분이 가장 사랑하는 사람에게 있다고 상상해보라. 그 사람과 그 사람의 행동을 어떻게 바라볼 것인가? 그 사람이 겪은 일을 생각해 연민을 느낄 것인가, 아니면 비판적으로 나갈 것인가? 여기서 당신의 반응은 무슨 의미인가? 깊이 탐색해보라.

Q9. 4단계를 완수하고 어떻게 자축할 계획인가? 대단한 성취다. 꼭 축하해야 한다.

이제 당신은 '의식의 12단계'에서 핵심 구간인 첫 번째 구간(1단계, 2단계, 3단계, 4단계)을 통과했다. 자신의 무의식을 인정하고, 의식을 믿기 시작하며, 의식에 전념하고, 세 가지로 구성된 무의식이 일상에서 어떻게 작동하는지를 정리한 무의식 점검 목록도 만들었다.

첫 네 단계를 통과하는 과정이 때로는 외줄타기처럼 힘겨웠을 수도 있다. 도전적이고, 다소 불안정하게 느껴졌을 수도 있지만, 당신은 놀라운 힘과 용기로 해냈다! 곧 안도감이 찾아올 것이다. 약속한다.

> **7장 요약**
>
> ▸ 우리는 실수를 여러 번 되풀이하고 나서야 바로잡는다. 우리 뇌가 본래 이런 식으로 작동하기 때문이다.
> ▸ 스스로 무의식적 존재라는 사실을 인정하는 과정이 통제력을 얻는 첫걸음이다. — 1단계
> ▸ 더 의식적 존재가 될 수 있다고 믿는 것이 두 번째다. — 2단계
> ▸ 세 번째는 실제로 의식적인 행동으로 사는 데 전념하는 것이다. — 3단계
> ▸ 네 번째는 자신의 무의식과 마주하는 과정이다. 자신을 (그 안의 모든 부분까지) 들여다보는 일은 자율주행 모드에서 벗어나 진실하고 의도적인 자기 통제로 나아가는 길이다. — 4단계

8장

의식적으로 조율하라

변화와 화해의 5~9단계

이 책을 처음 펼쳤을 때 아우구스티누스의 인상적인 인용문을 볼 수 있었을 것이다. "여기에 적힌 말은 개념이다. 당신이 직접 경험해야 한다." 5장에서 보았듯이, 인간이 인식하는 현실은 개념에 의존한다. 지금까지 이 책에서 접한 모든 단어와 모든 기억, 모든 감각은 개념으로 가득하다. 하지만 1장부터 지금까지 당신이 느낀 변화와 통제력은 당신이 기꺼이 통과해온 경험의 직접적인 결과다.

말은 쉽다. 하지만 당신은 실제로 해냈고, 앞으로도 할 일이 많다.

이 책의 서두에 아우구스티누스의 인용문을 배치한 것은 신중한 문학적 장치로 보일 수 있지만, 그보다 더 심오한 의미가 담겨 있다. 아우구스티누스의 삶은 단순히 4세기에 살다간 한 성인聖人의 이야기가 아니다. 시대를 초월하는 이야기로, '의식의 12단계' 중 특히 5단계에서 9단계까지의 여정과 깊은 관련이 있다.

우리는 흔히 역사적 인물, 그중에서도 앞에 '성인'이 붙은 인물을 떠올리며 그들이 날 때부터 신성하고 순결했을 거라고 상상한다. 사람들이 '치료사'라고 하면 전형적인 치료사의 이미지를 떠올리는 것처럼 말이다. 그러니까 쉰 살 넘은 사람이 무채색 카디건을 입고 역시나 은은한 표지의 자기계발서가 꽂힌 책장 앞 베이지색 소파에 앉아 한 시간 동안 내담자의 말을 들어주는 모습을 떠올리는 것이다. 하지만 이 책의 저자이자 몸에 문신이 여러 개 있고 다소 노출이 있는 옷을 즐겨 입으며 방송 스튜디오를 배경으로 '젠장'이라는 욕을 스무 번 넘게 내뱉는 나 같은 사람이 오랜 고정관념을 깨트렸듯이, 아우구스티누스 또한 성인의 고정관념을 깨트렸다.

'성 아우구스티누스'가 되기 전 그는 '반항'이라는 개념의 화신이었다. 청년 시절 그의 이야기는 요즘 미디어가 유명인이나 인플루언서에 관해 쏟아내는 현대판 타블로이드 기사와 맞먹을 정도다.

아우구스티누스는 쾌락을 좇는 사람으로 악명이 높았다. 말하자면 즉각적 만족과 감각적 쾌락을 추구하는 선택을 많이 했다는 뜻이다. (어째 무의식의 소행 같지 않은가?) 그는 최초의 자서전 중 하나인 『고백록』에서 무분별한 행동으로 점철된 삶을 살았다고 고백했다. 초년기에는 주로 충동적인 결정과 육체적 욕망(성적 욕망, 촉각과 미각 같은 감각적 자극에 대한 탐닉, 인간 본연의 생물학적, 인지적, 심리적 욕구에서 비롯된 욕망)에 집착했다. 게다가 '그럴 수 있으니까'라는 이유만으로 규칙을 어기는 데도 능했다.

상징적이면서도 다소 약한 일화로, 배가 고프거나 필요해서가 아니라 그저 금지된 행동의 짜릿함을 맛보고 싶어서 과일(배)을 훔친 일이 있다. 이번에는 좀 더 '쎈' 일화를 들자면[1], 그는 어떤 여성과 교제하며 아들을 낳았지만, 10년 넘도록 그 여자와의 관계를 책임지려 하지도 않고 결혼도 하지 않았으며(그 시절로서는 엄청난 사건이었다), 이후 다른 여자들과도 관계를 맺었다. 정략결혼으로 맺어진 신붓감은 어린아이였고, 결혼하고 나서도 다른 여자들을 만났다. 그는 스스로 인정하듯 관계에 대한 헌신과 충동 조절에 어려움을 겪었고, 그런 자신을 진심으로 바꾸고 싶어 했다.• 아우구스티누스의 행동은 그를 진심으로 사랑한 이들에게도 상처를 주었다. 그중에 어머니 모니카도 있었다. 그가 충동적으로 행동하거나 방탕에 빠져 살 때마다 어머니는 가슴 아파했다. 그러나 어머니의 고통도 아우구스티누스를 변화시키기엔 충분하지 않았다. 한동안은 그랬다. 그로부터 여러 해가 지난 후, 완전히 무너질 뻔한 혼란의 소용돌이 속에서 마침내 그의 삶은 궤도를 틀었다.

    왜 우리는 항상 이 지경까지 추락하고서야 변화를 시도할 수 있을까? 반드시 변해야 한다고 절감하지 않는 이상 변화를 거부하기 때문이다. 그래서 1단계에서 당신의 삶에서 더는 받아들일 수 없는 생각과 감정, 인식, 행동을 목록으로 정리해보라고 제안한 것이다. 당신의 몸과 뇌, 마음이 이제 변화할 때라는 것을 절감해야 한다. 자신에게 최후통첩을 날려야 한다.

    많은 사람처럼 아우구스티누스 역시 통렬한 개인적 통찰을 통해 자신의 결정과 가치관, 삶의 목적에 의문을 던지게 되었다.『고백

• 이 같은 문제를 일으킨 사람도 결국 성인이 될 수 있었다면, 우리도 괜찮을 것이다.

록』에는 내면의 고군분투와 그로 인한 변화상이 담겨 있고, 오늘날까지도 개인의 성장과 구원에 관한 강력한 증언으로 남았다. 그리고 이 책의 서두에서 인용한 구절도 들어 있다.

누구나 근본적인 변화를 이룰 수 있다. 우리의 정해진 사고방식과 행동, 신념이 아무리 뿌리 깊어도, 삶의 항로를 바꾸기에 늦지 않았다. 5단계, 6단계, 7단계, 8단계, 9단계에서는 의식적으로 성장하면서 자신이 한동안 바라던 방식으로 자신을 되찾을 수 있다. 우리가 '성인'이 될 가능성은 희박하지만, 앞서 말했듯 꼭 영적으로 접근해야만 의식적 존재가 되는 것은 아니다. 이 단계의 목표는 더 깨어 있고, 더 의식적이며, 더 … 인간다워지는 것이다.

이번 장의 첫 번째 단계는 **'5단계 의식적 정직함'**이다. 고백의 단계인데, 여기서 말하는 고백은 종교적 의미의 고백이 아니라, 가식 없는 솔직함을 의미한다. 이 단계에서는 자신의 무의식적 양상과 편향, 행동을 다른 사람에게 말로 표현해야 한다. 두려운 과제로 들릴 수 있고, 실제로도 그렇다. 당신이 지금까지 배웠고 어쩌면 원래도 알았듯이, 인간은 본래 쉽게 판단하고 편견에 사로잡히며 자기를 방어하는 존재다. 그러면서도 안전하다고 느끼면 이해심이 깊고 호기심이 많으며 서로 연결하고 싶어 한다. 안전함과 안도감은 진실을 말하는 데서 나온다. 이 말을 잠시 생각해보라. 다시 말하겠다.

"안전함과 안도감은 진실을 말하는 데서 나온다."

무의식의 어두운 면을 다른 사람과 나누면 자신의 행동에 책임감이 생기고 의식에 대한 전념이 더 굳건해진다(내가 지금까지 이렇게 솔직히 고백한 것도 그런 이유다. 그것만이 나를 구해냈다). 5단계는 마치 옷을 다 벗고 거울 앞에 서서, 그것도 누군가가 함께 있는 상태에서 자신을 바라보고 또 상대도 나를 보는 것과 같다. 완전히 노출되는 것이다.

우리가 진실을 밖으로 꺼내 놓으면, 그 진실이 우리를 쥐고 흔들지 못한다. 우리는 이제 도망치지 않고, 숨지도 않으며, 지금 이 순간에 벌어지는 현실을 이해하게 된다. 이제부터 여러분이 이런 경험을 얻을 걸 생각하니 무척 기대된다.

5단계에서 당신의 무의식을 다른 누군가에게 보여준 후, 이어지는 '**6단계 준비**'는 말 그대로 준비 단계다. 실제로 행동을 취하고 의식적으로 삶을 변화시키고 통제할 수 있도록 마음과 감정을 준비하는 단계다. 6단계는 무의식을 바라보고 이해하는 상태와 실제로 무언가를 바꾸기 위해 실행하는 과정을 연결해주는 다리 역할을 한다. 이전까지의 단계에서 무의식이 어떻게 작동하는지를 살펴보았다면, 6단계에서는 무의식의 세 부분(신체적, 인지적, 정신분석적 무의식)에서 나타나는 구체적인 행동을 목록으로 정리한다. 자동차를 정비소에 끌고 가서 고장 난 부분을 진단받는 것과 같다. 당신은 차체(신체적 무의식)와 엔진(인지적 무의식)을 점검하면서 이렇게 생각할 것이다. "내가 대체 요즘 어디로, 어떻게 운전하고 다닌 거지? 차가 완전히 엉망이잖아!"(정신분석적 무의식)

다음으로 '**7단계 의식적 통제와 변화**'에서는 당신의 내면에서 의식적 조율이 필요한 부분과 본격적으로 맞닥뜨린다. 말하자면 자신의 CEO로서 단순히 서명만 해주는 것이 아니라, 직접 개입하고 감독해야 하는 대상과 마주해야 한다. 이 단계는 무의식의 창고를 대

청소하면서 구석구석을 정리하고 신선하고 활기 넘치는 의식적 에너지와 빛이 흐르게 해준다. 구멍 속으로 반복해서 다시 빠지고 싶지 않다면, 그 구멍으로 가는 길부터 정리해야 한다.

7단계에서는 **의식적 조율 실행 계획**을 세워서 바꾸거나 통제하려는 무의식적 행동 하나하나를 계획한다. 이 단계에서는 실행 가능하고 실질적인 변화가 일어나기 시작한다(물론 이미 일어나고 있을 수도 있다). 당신의 인생 전반에 걸쳐 다시 이 단계로 돌아올 것이다.

'8단계 무의식의 해악'(가장 어렵기는 해도 그만큼 보람이 있는 단계다. 4단계와 비슷하다)에서는 당신이 반드시 직면해야 하는 진실을 마주한다. 그 진실은 당신의 무의식적 행동이 의도치 않게 다른 사람에게 상처를 주거나 원하지 않는 방식으로 영향을 미쳤을 수 있다는 점이다. 아니, 솔직히 말해서 상처를 주었다. 의도하지 않았어도 누군가를 다치게 했다. 괜찮다. 인간은 누구나 그렇다. 다만 인식하지 못할 뿐이다.

하지만 8단계에서는 단순히 인정하는 데서 그치지 않고(사실 인정하기만 해서는 기분이 크게 나아지지 않는다), 한 걸음 더 나아가 무엇을 할 수 있을지 탐색하게 해준다. 이 단계에서는 당신이 상처를 주었을지 모르는 사람의 목록을 만들고 크고 작은 구체적인 기억을 정리한다. 꼭 인생을 뒤흔드는 거대한 갈등만이 아니라, 당신이 모르는 사이 누군가에게 상처를 입혔을 법한 미묘한 방식을 기록한다(약한 공격[2], 가볍게 툭 던진 한마디, 당신은 인지하지 못하지만 다른 사람들에게 보이는 비언어적 반응 같은 것이다).

8단계는 관계 안에서 책임감을 갖기 시작하는 단계다. 우리는 인간이라는 이유로 자신을 과도하게 몰아붙인다(정말 안타까운 일이다). 이제는 그만두어야 한다(직접적으로든 비유적으로든 자신을 몰아붙이는 것도, 그 핑계로 타인을 몰아세우는 것도 그만두어야 한다).

마지막으로 **'9단계 화해의 실천'**은 대담하고 용감한 단계다. 이 단계에서는 겸손한 자세로 과거의 잘못을 바로잡을 기회를 적극적으로 알아본다.• 그러려면 자신의 실수를 인정하고, 실수를 바로잡고, 자신이 저지른 잘못을 보상할 방법을 찾아야 한다. 당신이 상처를 준 사람들에게 직접 사과하거나, 공동체를 위한 활동이나 실질적인 생활 양식의 변화를 통해 간접적으로 잘못을 바로잡을 수 있다. 이 단계는 미안하다고 말하는 데서 끝나지 않는다. 자신의 행동이 어떤 영향을 미쳤는지를 깊이 이해하고, 그것을 바로잡기 위해 실질적인 조치를 실행하는 단계다. 치유하고 화해하며 의식적인 관계를 발전시키는 과정이다.

아우구스티누스의 이야기에서 명백한 사실은 변화가 성인이나 현자만의 특권이 아니라는 것이다. 변화는 인간의 보편적인 능력이다. 당신이 진실로 원한다면 성인의 길을 걸을 수도 있다. 혹은 나의 여정처럼, 당신만의 길을 갈 수 있다. 하지만 변화와 부활, 의식적 진화의 약속은 변하지 않는다. 이 여정은 과거의 당신에서 벗어나 가능한 당신으로 나아가는 길이고, 당신은 지금 그 길 위에 있다.

• 맞다, 절대적으로 필요한 단계다. 이제 자신의 세상과 환경을 바꿔야 한다. 우리가 무의식적으로 끼친 고통으로부터 우리의 삶과 우리가 사랑하는 사람들을 자유롭게 해주지 않는다면, 의식적 성장을 이룰 수 없다. 화해는 필수다.

5단계 의식적 정직
자신의 무의식적 양상을 타인과 나눠라

이제 누군가와 마주 앉아 진솔한 대화를 나눌 시간이다. 이 단계에서는 4단계에서 작성한 무의식 점검 목록과 그 내용을 다른 사람과 나눈다(두려울 수 있지만 계속 읽어보라).

여기서 대화를 나눌 상대는 이 여정을 시작할 때 선택한 '책임 동반자'와는 조금 다를 수 있다. 이번 단계에서는 인생의 여정에(혹은 이번 한 단계만이라도) 동행해줄 사람을 찾아야 한다. 물론 그 사람이 당신의 책임 동반자여도 괜찮다. 앞의 네 단계가 개인적 과정이었다면, 이제부터는 관계로 확장해 자신만이 아니라 관계에 의식적으로 주목해야 한다.

5단계에서는 '취약성'을 인정해야 한다. 아, 취약성이라니. 내가 썩 좋아하지 않는 또 하나의 표현이다. 왜냐고? (나는 치료사인데도?) 『새로운 옥스퍼드 영어사전 New Oxford Dictionary of English』에서 '취약성 Vulnerability'은 '신체적으로나 정서적으로 공격받거나 해를 입을 가능성에 노출된 상태'로 정의된다. 유의어로는 '무방비의, 허약한, 약한, 무력한, 노출된, 위험한, 위태로운' 등이 포함된다.[3]

이쯤 해서 이런 의문이 생긴다. 취약한 행동의 결과로 상처를 받고 해를 입을 위험에 노출될 수 있다면 대체 누가 취약한 행동을 하겠는가? 그 누군가가 바로 당신과 나다. 왜냐고? 우리가 인간으로서 겪는 고통과 무의식적 성향에 관해 대화를 나누는 행위 자체가 오랫동안 '취약성'이라는 표현과 얽혀 있어서다. 우리가 좀 더 나은 사람이 되고 싶다고 생각하고 우리의 발목을 잡은 것이 무엇인지 인식한다고 해서 공격당하거나 상처받을 위험에 내몰려서는 안 된다. 5단계는 바로 이 부분을 도와주기 위한 단계다.

5단계는 평가에 대한 두려움이나 취약성에 대한 두려움에 도전장을 내민다. 우리가 지금 인정하려는 것은 인간이라면 누구나 갖는 결함이다. 말하자면 누구에게나 무의식의 세 부분이 드러나고 누구나 성장을 위한 엄청난 잠재력을 가지고 있다고 인정해야 한다. 누구나 인간으로 산다는 것 자체에 어려움을 겪고, 그로부터 회복할 시간이 필요하다.

5단계의 성공은 누구와 함께 이 여정을 헤쳐나갈지에 달려 있다(당신의 취약성이 드러나고, 그로 인해 상처받고 싶지는 않을 것이다). 진심으로 당신의 삶을 더 나은 방향으로 이끌어 줄 사람이라면 당신을 다르게 보고 당신의 말을 다르게 들으며 당신을 다르게 지지해줄 것이다. 이런 사람은 당신의 무의식만 드러날 때도 당신의 인간성과 의식을 봐줄 것이다. 맥스와 내가 서로를 바라보듯이. "우리가 인생에서 저지르고 보고 말한 가장 어두운 면에 관해 이야기할 수 있고, 이런 것들에 함께 빛을 비출 수 있듯이."

항상 당신을 다른 모든 사람과 똑같이 존중받아 마땅한 존재로 대접해준 사람을 떠올려보자. 정작 당신 자신은 그런 자격이 없다고 느낀 순간에도 그렇게 대해준 사람 말이다. 당신의 무의식 점검 목록을 공유할 사람을 선택할 때, 과거에 그 사람이 당신을 어떻게 대해주었는지, 특히 당신이 무의식적으로 행동할 때 어땠는지 생각해보라. 당신에게 '단호한 사랑'을 보여준 사람이나 연민으로 대해

준 사람, 당신 곁에서 똑같이 무의식적으로 머물러준 사람, '의식적 인간 존재'의 전형 같은 사람(주변의 '현대판 수도승'으로 보이는 친구들)이 있을 수 있다. 이들은 모두 당신의 무의식적 결정과 행동에 대해 각기 다른 방식으로 방향을 제시하거나 조언을 건넸을 것이다.

   5단계에서 이들이 각기 다른 방식으로 당신을 도와줄 수 있다. 지금의 당신에게 어떤 방식이 가장 도움이 될지는 스스로 판단하자. 그리고 스스로에게 물어보자. 내 무의식 점검 목록을 다른 사람에게 공유하는 것에 대해 어떤 감정이 드는가? 이 연습을 성공적으로 해내기 위해 관계의 측면에서 가장 필요한 것은 무엇인가? 5단계의 목표는 자신의 '결함'을 인식하고 공유하되, 죄책감이나 수치심에 휘말리지 않는 데 있다. 그러니 이 여정의 동반자로 누구를 선택할지 신중히 결정해야 한다. 이 연습은 되돌릴 수도 지울 수도 생략할 수도 없다. 당신은 이미 12단계를 해내기로 마음을 먹었다.

   당신만 이 과정을 주도할 수 있다. 계속 앞으로 나아가라.

   이 단계에는 두 가지 경험이 포함된다. 첫 번째는 자기 성찰이고, 두 번째는 누군가에게 당신의 거울이 되어주게 허락하는 일이다. 어떤 사람은 아무런 방해 없이 오롯이 자신과 마주하며 자신의 무의식을 의식적으로 **느끼고 바라보는** 일을 버겁게 느낄 수 있다. 당신이 그렇다면, 먼저 다른 사람에게 당신의 무의식을 보여주고 싶을 수 있다. 그에 반해 어떤 사람은 자신의 무의식 점검 목록을 다른 사람과 공유하는 일을 상상만 해도 무섭고 끔찍한 경험으로 느낄 수 있다. 그러면 먼저 자신과 마주 앉는 쪽이 더 편할 수 있다.

   어느 쪽이든 끝까지 해낼 의지가 생길만한 순서로 진행하면 된다.

STEP 5 질문

Q1. 당신이 의식의 12단계를 완수하려는 목적은 무엇인가? 이 질문을 통해 새로운 단계와 새로운 장을 시작하면서 다시 한번 집중력을 되찾을 수 있다.

Q2. 당신은 얼마나 오래 자신의 무의식과 스스로 '최악'이라고 여기는 부분을 숨겨왔는가? 이 과정이 마치 '비밀'을 고백하는 시간으로 느껴진다면, 전체 여정이 실제보다 무섭게 다가올 수도 있다. 얼마나 오래 통제력을 잃은 채 살았는지 되돌아보면서도, 동시에 날마다 조금씩 통제력을 되찾는다는 점도 기억해야 한다.

Q3. 자신의 무의식적 부분을 다른 사람에게 ('진심으로') 인정받는 것에 대해 어떻게 느끼는가?

Q4. 5단계를 마치면 삶이 더 나아질 거라고 믿는가? 어떤 방식으로 나아질 것 같은가? 스스로 용기를 북돋아주자. 이 모든 걸 혼자 간직하는 삶이야말로 인간답지 않은 방식이다.

Q5. 당신이 가장 신뢰하고 편안함을 느끼는 사람의 이름을 적어보라. 그들 중 누군가가 당신의 5단계 동반자가 되어줄 수 있을까? 언제, 어떤 방식으로 그 사람에게 부탁하고 싶은가?

 **경험**

5단계에는 두 가지 경험이 있다. 어느 쪽을 먼저 하든 순서는 상관 없다. 자유롭게 정하라.

(1) 의식적 자기 인정

이 경험에는 자기 성찰이 포함된다. 내면을 들여다보고, 현재 무의식에 대한 수용의 폭과 정도가 4단계를 마친 순간과 비교해 얼마나 달라졌는지 점검한다. 자신과 대면하는 시간을 내서 다음의 질문에 답하라.

무의식을 본 이후 무의식과의 관계가 어떤가? 여전히 두려운가? 여전히 감정적으로 격해지는가? 아니면 이제 무의식이 어디론가 사라지지 않는다는 사실을 알기에 마음이 점점 편안해지는가? 무의식이 통제 가능하다고 느껴지는가?

위 질문에 진지하게 답해야 한다. 매우 중요하다. 다음으로 의식적 자기 인정 연습인 '명상적' 자기 인정과 '마음챙김' 자기 인정 중 한 가지나 두 가지 모두를 선택하라.

명상적 자기 인정을 선택했다면, 편안한 자세로 앉거나 누워 몸의 에너지 소모를 줄이고 몸의 감각과 생각에 집중한다. 눈을 감고 뱃속까지 숨을 들이마시면서(심호흡이 필수는 아니지만 권장한다), 4단

• yourunconsciousisshowing.com에서 '5단계 점검 목록 공유 양식'을 무료로 내려받을 수 있다.

의식적 자기 인정

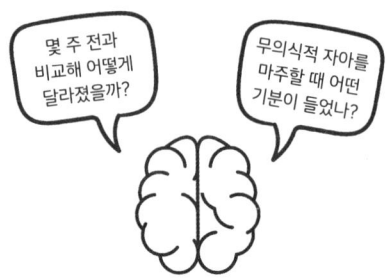

계의 무의식 점검 목록에서 떠오른 기억과 경험에 집중하라. **그중 어떤 통찰이 가장 큰 울림을 주는가?**

'돈'이라는 개념이 오랫동안 당신이 가족의 필요를 외면하게 만든 근원이라는 사실을 깨달았을 수도 있다. 마침내 몸의 메시지를 들으며 눈물이 났을 수도 있다. 당신이 작성한 문장에서 배우자를 떠나거나 직장을 그만두고 싶다는 무의식적 욕망이 드러났을 수도 있다. 그것은 어렴풋이 알기는 했지만 인정하지 못한 욕망일 수도 있다. 그리고 현재 당신의 진정한 가치관과는 동떨어진 삶을 산다는 사실을 깨달았을 수도 있다. 어떤 결과가 나왔든, 그 안에 깊이 잠겨보라.

무의식을 들여다본 이후, 최근의 행동과 결정을 돌아보라. 4단계 경험이 남긴 효과와 의미가 생각보다 빠르게 사라지지 않았는가? 만약 그렇다면 당신의 무의식이 다시 드러난다는(그리고 영향을 미친다는) 신호다. 처음에는 이런 일이 자주 일어난다. 그래도 괜찮으니 계속 나아가라.

여기서는 본격적인 명상 시간을 가지라는 뜻이 아니다. 최대한 산만하지 않게 '지금 이 순간'에 집중하면서 당신 내면의 모든 부분이 성찰하게 해주는 데 목적이 있다. 그 과정은 다음과 같을 수 있다. 무의식 점검 목록의 한 항목을 읽고 눈을 감고 성찰하고, 이어서 다음 항목을 읽고 성찰한다. 이런 식으로 반복한다.

마음챙김 자기 인정을 선택했다면, 그렇지만 명상을 선호하지 않는다면 대안으로 기악곡 위주의 마음챙김 플레이리스트를 만들고,• 편안하고 안전하다고 느끼는 장소에서 산책하라. 눈을 감고 가만히 앉아 있어야만 내면의 재고 목록을 성찰할 수 있는 것은 아니다.

(2) 무의식 점검 목록 공유

의식의 여정에서 가장 중요한 인간관계 과제 중 하나다. 이 연습에서는 4단계에서 작성한 무의식 점검 목록을 당신이 선택한 누군가와 공유해야 한다. 4단계에서 얻은 통찰과 질문에 대한 답변, 그리고 이 모든 것이 '인간으로서의 당신', 곧 최선을 다하는 사람으로서의 당신에 대해 무엇을 말해주는지에 관한 당신의 성찰을 공유한다. 공유할 때는 다음과 같은 구성을 사용하라.

| 무의식을 공유할 때의 순서

동반자 선택하기: 온전히 믿을 수 있는 사람을 선택하라. 친구나

• 기악곡 위주의 마음챙김 플레이리스트는 가사가 없는 곡으로 구성되어 마음을 차분하게 가라앉혀 생각을 이어가게 해준다. 스포티파이에서 '트루스 닥터 자기 인정 플레이리스트The Truth Doctor Self-Admission Playlist'를 검색해 내가 구성한 플레이리스트를 사용할 수 있다.

가족, 치료자, 멘토 중 누구든 좋다. 당신의 이야기를 아무런 판단 없이 들어주고 비밀로 지켜줄 사람이어야 한다.

신체적, 정서적, 정신적으로 준비하기: 동반자를 만나기 전에 잠시 시간을 내어, 이 과정을 왜 하려는지 되새기고 가능한 한 균형 잡힌 상태로 만든다. 이 과정은 누군가의 인정을 구하는 것이 아니라, 당신의 진실을 말로 꺼내 다른 인간에게 알리는 것이다.

장면 설정하기: 두 사람 모두 방해받지 않고 대화할 수 있는 조용하고 편안한 공간을 찾는다. 대화를 시작하기 전에 먼저 이 과정에서 무엇을 얻고 싶은지 그리고 그것이 당신의 변화 여정에 얼마나 중요한지를 설명하라. 또 동반자에게 솔직한 반응을 받고 싶다고 알린다. 따라서 상대가 진실한 반응을 보일 때(표현 방식과 의도까지) 당신이 감당할 수 있는 사람을 선택해야 한다.

진실을 말하기: 무의식 점검 목록을 지침으로 삼아 자기 인정을 말로 표현하라. 사실 그대로 말하려고 노력하되, 자책이나 죄책감에 빠지지 않아야 한다. 여기서 핵심은 인정이지 속죄가 아니기 때문이다.

적극적으로 들어주기: 당신의 이야기를 나누었으면 상대가 말할 시간을 준다. 상대가 통찰을 제시하거나 위로를 건네거나 자신의 경험을 나눌 수도 있다. 이런 대화를 나누며 상대의 반응에 대해 당신이 무의식적으로 어떻게 반응하는지(신체 감각, 자동적 사고, 활성화된 개념)에 주목하자.

감사의 마음 전하기: 여정을 함께해준 동반자에게 시간을 내서 이해해주고 비밀을 지켜주어 고맙다고 마음을 표현한다. 상대도

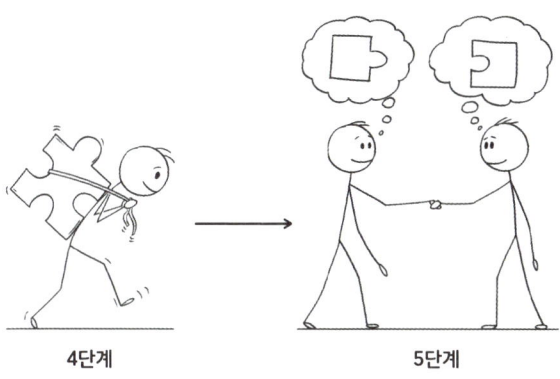

4단계   5단계

당신에게 고마워할 수 있다. 누군가에게 신뢰받는 것은 의미 있는 일이다.

반성하고 기록하기: 동반자와 만난 후에는 함께 나눈 경험에 대해 자신을 점검하고 어떤 감정이 드는지 시간을 들여 살펴보라. 자기 인정을 말로 표현해보니 어땠는가? 새로운 깨달음을 얻었는가? 동반자의 의견이나 관점이 당신의 이해에 어떤 영향을 주었는가?

이제 5단계를 마쳤다. 당신이 누구인지, 무의식이 어떻게 드러나는지를 공개적으로 인정했다. 남에게 판단을 당할까 두려워도 과거의 실수를 인정하고 솔직한 자세로 자신의 좋은 면과 나쁜 면을 모두 인정하는 것이 중요하다. 모두가 솔직하고 의식적으로 말하고 행동할 수 있다면, 더 이상 고립감을 느끼지 않고 나 혼자만 인생을 망쳤다는 생각도 훨씬 줄어들 것이다.

물론 누구에게나 명료해지는 순간이 있고 의식적인 순간도 찾아오지만, 인간으로서 진정한 성공은 **삶과 관계**를 의식적으로 구축하기 시작할 때 찾아온다. 그때는 우리의 결점을 감추기 위해 더 깊이 숨기려 하기보다는 솔직하게 인정할 때다. 그리고 마음을 다치지 않고도 진실을 말할 수 있을 때다.

6단계 준비
무의식을 조율하고 싶은 방식을 정리하라

—

혹시 다른 사람이 당신에 대해 작성한 '단점 목록'을 본 적이 있는가? 나는 있다.

2010년, 맥스에게서 최후통첩을 받기 전이자 경계성 인격장애 진단을 받기 전에(내 행동이 얼마나 무의식적이었는지는 상상에 맡기겠다), 나는 맥스가 다니는 대학교에 가서 (우리는 잠시 헤어진 상태였다) 물건을 꺼내려고 그의 옷장을 열었다가 검은 노트를 발견했다. 아무도 모르게 숨겨 놓은 듯했다.

나는 노트를 펼쳤다(그 시절의 나는 존중이나 사생활 개념을 제대로 이해하지 못했다). 노트의 맨 위에 내 이름이 적혀 있고 중간에 세로로 선이 하나 그어져 있으며 첫 줄에 '장점과 단점'이라고 적혀 있었다. 나의 '좋은 점'과 '나쁜 점'을 하나하나 열거한 목록이었다. 사실 당시의 맥스로서는 그런 목록을 작성하는 일이 매우 중요한 작업이었을 것이다. 다시 말하지만, 치료사가 되기 전의 나는 그야말로 엉망인 사람이었다. 그 장단점 목록에 구체적으로 어떤 내용이 적혀 있었는지는 기억나지 않지만, 그 목록을 처음 발견한 순간의 감정은 지금도 생생하다. 나라는 인간이 정말 그렇게까지 엉망이었을까? 내 행동이 그의 삶에 얼마나 해로운지 조목조목 정리해야 할 정도로? 안타깝게도, 답은 그렇다였다. 나는 그때 처음으로 내 무의식적 행동이 초래한 결과를 보았다. 그것도 다른 사람이 작성한 형태로 말이다. 고통스러운 경험이었다. 내가 이미 알았어도 두려워서 인정하지 못한 사실을 눈앞에 펼쳐 보여주는 것 같았다.

지금까지 당신은 자신의 무의식에 대해 많은 것을 배웠다. 하지만 자신의 무의식적 양상을 알아채고 인정하는 것과 실제로 고쳐나갈 준비가 되어 있는 것은 전혀 다른 이야기다. 내가 좋은 예다. 처음에 맥스가 정리한 내 단점 목록을 보았을 때, 나는 아직 감당할 준비가 되어 있지 않았다. 그러다 결국 2년 뒤 맥스에게 최후통첩을 받은 것이다(다들 눈치챘겠지만, 내게는 고쳐야 할 점이 분명히 드러났는데도 애써 외면하고 미루는 무의식적 양상이 있었다).

6단계는 준비 과정이지만, 그 중요성은 아무리 강조해도 지나치지 않다. 누군가 작성한 당신의 단점 목록을 보고도 아무 행동도 하지 않는 것과 달리, 이번 단계에서는 당신이 직접 자신의 '단점' 목록을 작성하고, 앞으로 이 목록에 따라 조치해야 한다. 지금 당장, 당신의 무의식에 말하라. 말하고 또 말하라. 당신은 의식적 행동을 취할 것이고, 그 행동이 **당신이** 통제할 거라고 말하라.

이미 여러 번 언급했듯이, 무의식은 나쁜 것이 아니다. 때로는 무의식적으로 행동하는 것이 기분 좋게 느껴지기도 한다. 그냥 '내가 옳다'고 믿고 그대로 밀어붙이는 순간이나 변화보다 익숙함을 택하며 무의식적 습관을 유지하는 순간이 그렇다. 그러면 더 쉽고 빠르고 에너지가 덜 들고 삶이 단순해진다고 믿기 때문이다. 예를 들어, 항상 마감 직전까지 일을 미루거나 돈이 없는 줄 알면서도 계속 돈을 쓰는 습관 같은 것이다. 이런 모습이 바로 **인간이다**. 우리는 모두 이런 식이다. 하지만 이번 단계에서는 당신의 삶에서 어떤 무의식적 양상이 더는 효과적이지 않은지 스스로 판단하고 그것을 어떻게 바꿔 나갈지 명확히해야 정한다.

 **사전 질문**

6단계 경험을 시작하기 전에 아래 질문에 답하라.

Q1. **"의식을 사용해 무의식을 바꾸고 통제할 수 있다"는 말이 당신에게 어떤 의미인가?** 요즘 의식적으로 살아가는 것이 당신에게 얼마나 중요한지 생각해보자. 1단계 이후 삶이 어떻게 달라졌는가?

Q2. **의식의 여정에서 당신이 통제할 수 있는 부분은 얼마나 되는가?** 이 질문을 고민하면서 현재 당신의 통제 위치가 어디에 있는지 알 수 있다. 필요하다면 1장의 통제 위치에 대한 네 가지 질문을 다시 살펴보라.

Q3. **무의식의 세 부분의 '장점'은 무엇인가?** 중요한 질문이다. 이 여정에서는 무의식을 없애려는 것이 아니라 무의식과 협력하는 법을 배운다. 이렇게 생각해보라. 동료와 함께 일해야 하거나 여러 동료와 함께 그룹 프로젝트를 진행할 때, 같이 일하는 동료를 조금이라도 좋아할 수 있다면 업무 자체가 훨씬 즐겁고 생산적이지 않겠는가?

Q4. 당신은 스스로 정직한 인간이라고 말할 수 있는가? 이 여정의 여러 단계를 거치면서 당신은 더 진실한 사람이 되었는가? 정직함은 타인에게도, 자신에게도 필요하다. 스스로 무의식적 상태에 있다는 사실을 인정하지 않는다면, 특히 지금처럼 무의식적 과정에 적극적으로 관여하는 순간에도 부정한다면, 퇴보할 수도 있다(물론 그래도 괜찮다. 완벽이 아니라, 진전이 중요하다).

Q5. 진정한 변화를 이루는 과정에서 가장 걱정되는 점은 무엇인가? 이 걱정을 다루기 위해 무엇을 할 수 있는가? 바로 이어지는 단계에서는 당신이 수행할 가장 크고도 중대한 의식의 과제가 시작된다. 그러니 이 질문에 진지하게 답해야 한다.

STEP 6 경험

6단계 경험은 두 단계로 구성된다. 첫 번째 단계에서는 무의식의 세 부분에 의해 나타나는 모든 행동을 목록으로 정리하고, 두 번째 단계에서는 그중에서 실제로 바꾸고 싶은 행동을 선택한다. 선택의 기준은 당신의 삶에 가장 큰 변화를 가져올 것 같은 행동인지, 당신에게 가장 많은 통제력을 줄 것 같은 행동인지다.

- youruncsciousisshowing.com에서 '6단계 경험 양식'을 무료로 내려받을 수 있다.

무의식적 변화 목록

(1) 무의식적 변화 목록

당신이 각 무의식을 통해 세상에서 자동으로 보이는 행동을 목록으로 정리하자. 이것이 당신의 **무의식적 변화 목록**이다. 이 목록은 길어도 되고 짧아도 된다. 내 목록은 … 꽤 길었다. 그중 다수는 흔한 행동이라는 점을 기억하라. 우리는 모두 기본적으로 비슷한 방식으로 작동하고, 사람마다 정도의 차이가 있을 뿐이다. 여기서 핵심은 이런 행동이 당신 자신이나 당신의 삶, 당신 주변 사람들에게 부정적인 영향을 미치는지를 중심으로 목록을 만드는 것이다. 아래는 인간의 무의식이 드러나는 가장 흔한 방식이다. 이 목록에서 선택해도 되고, 당신만의 행동을 추가해도 된다.

신체적 무의식

신체 건강 방치: 규칙적인 운동과 영양 섭취, 건강 검진을 무시하

는 행동.

과로: 육체적, 정신적으로 지친 상태에서도 휴식하거나 회복하지 않고 무리하게 밀어붙이는 행동.

통증 무시: 신체적 불편감이나 만성 통증을 무시하는 태도.

신체 긴장 반응: 턱을 꽉 물거나 어깨에 힘이 들어가는 등 반복적으로 긴장하는 경향.

신체적 상해: 사물이나 사람을 때리거나 자해하는 식의 과격한 신체 반응.

움직이지 않는 생활: 일관되게 신체 활동이 거의 없는 생활.

수면 관리 부족: 불규칙한 수면 습관을 유지하거나 수면의 질을 무시하는 태도.

실질적인 자기 돌봄 방치: 몸단장이나 위생과 같은 자기 돌봄 습관을 소홀히 하는 경향.

중독 습관: 무감각해지기 위해 약물 남용이나 과도한 운동, 과식 등 기타 중독적 습관.

민감도 증가: 자신의 감각이나 타인의 신체적 통증과 불편감에 대해 민감도가 증가하거나 둔감해지는 경향.

기타: _____

인지적 무의식

반복적 사고 양상: 특정 생각이나 걱정에 강박적으로 집착하고 끊임없이 되새김질하는 경향.

과잉 일반화: 제한된 정보만으로 전체를 부정적(또는 긍정적)으로

단정하는 태도.

자동적인 부정적 자기 대화: 일관되게 자신을 비판하거나 후회하거나 자기 만족적인 내적 독백.

인지적 절약: 가장 쉽고 당장 떠오르는 해결책만 선택하는 경향.

추정적 사고: 확인하지 않고 추정만으로 사실이라고 믿어버리는 경향.

경직된 사고: 문제 해결 시 유연하게 사고하지 못하고 대안을 고려하지 않는 경향.

인지 부조화 회피: 상충하는 신념이나 생각에 직면하지 않고 외면하는 태도.

또래 압력 및 반사 행동: 주로 환경이나 문화의 영향에 따라 행동하는 경향.

불안 성향: 끊임없이 부정적인 결과를 예측하며 걱정을 멈추지 못하는 상태.

판단 성향: 충분한 정보 없이 사람이나 상황을 즉각적으로 판단하는 태도.

완벽주의: 자주 수정하거나 검토하는 등 완벽주의적 행동 양상.

기타: _____

| 정신분석적 무의식

자기 성찰 회피: 내면을 들여다보거나 성장하려는 시도를 피하는 태도.

건강하지 않은 양상 반복: 해로운 관계나 파괴적인 행동을 반복하는 경향.

은밀한 행동: 가까운 친구나 가족에게도 삶의 일부를 숨기거나 비밀스럽게 행동하는 경향.

감정 억압: 감정을 받아들이고 표현하기보다 억누르거나 부정하는 경향.

자기 파괴적 행동: (반복적이지 않더라도) 성장이나 성공을 방해하는 행동.

도피적 공상: 현실을 회피하기 위해 자주 몽상이나 환상에 빠지는 경향.

끊임없는 추구: 공허함을 메우기 위해 끊임없이 새로운 경험이나 관계를 찾는 태도.

회피 행동: 감정적으로 어려운 상황이나 대화를 회피하는 태도.

분열된 정체성: 일관되고 안정된 자아 감각을 유지하는 데 어려움을 느끼는 상태.

기타: _____

(2) 간추린 목록 & 무의식적 변화

다음으로 할 일은 자신에 대해 고치고 싶은 부분의 목록을 간추려서 실현 가능한 형태로 압축하는 것이다. 바꾸고 싶은 자동적 습관이 많이 보였겠지만, 모든 것을 한꺼번에 바꿀 수는 없다.

당신의 '무의식적 변화 목록'을 살펴보고, 무의식의 각 부분에서 먼저 다루고 싶은 한두 가지를 선택하라. 7단계에서는 이 간추린 목록의 행동 중 실제로 바꿀 준비가 된 행동을 고를 것이다. 그러니 실제로 바꿀 의지가 있는 행동을 적어야 한다. 반드시 구체적으로 적어야 한다. 자세히 적어둘수록 그 행동이 드러날 때 쉽게 알아챌 수 있다(예시 답변은 부록 참고).

 **사후 질문**

6단계 경험을 마친 후 다음 질문에 답하라.

Q1. 무의식적 변화의 긴 목록과 간추린 목록을 모두 보고 당신의 첫 반응은 어땠는가?

Q2. 길고도 어려울 수 있는 행동 변화 과정을 앞두고 준비가 되었다는 말에 어떤 생각과 감정이 올라오는가? 두려워하지 마라. 당신은 이미 길고도 어려운 시간 동안 자기도 모르는 새 무의식의 선택과 행동 아래 살아왔다. 그렇지 않았다면 이 책을 집어 들지도 않았을 것이다. 이제부터 시작할 과정에서는 당신이 생각하고 느끼는 방식을 많이, 더 깊게 통제할 것이다.

Q3. 여전히 의식을 사용해 삶을 통제하고 변화시키는 데 전념하는가? 이 과정을 시작한 뒤로 꽤 긴 시간이 지났다. 이제 이 과정이 더 쉬워진 것 같은가, 더 어려워진 것 같은가? 어려워졌다면 이 과정을 더 편안하게 만들려면 어떻게 해야 할까?

한 가지 조언을 하자면 속도를 늦춰보라. 조급하거나 불안정한 느낌이 든다면, 이전 단계들을 되짚어보라. 당신이 한 일을 돌아보고 필요한 부분을 수정하는 것은 아무 문제가 아니다.

Q4. 6단계를 마무리한 후 어떻게 기념하고 싶은가? 4단계에서는 당신의 무의식이 작동하는 방식을 열거했다. 여기서는 무의식이 드러난 결과, 곧 당신이 덜 의식적이고 덜 통제된 상태일 때 하는 행동을 정리했다. 대단한 성과다. 자신의 무의식과 정면으로 마주한 것이다. 용기 있는 행동이다! 그 용기를 인정해줘라. 그래야 변화가 현실이 된다.

실질적 변화가 일어나는 7단계로 넘어가기 위해 준비하면서, 다시 예전의 무의식적 양상으로 돌아갈 수도 있다는 점을 알아야 한다. 어쩌면 이미 그런 상태일 수도 있다. 익숙한 습관은 쉽게 사라지지 않는다. 어느새 이전 방식으로 돌아간다고 해서 실패가 아니다. 그것도 과정의 일부다. 어떤 관점에서는 후퇴가 아니다. 그저 제자리에 잠시 멈춰 있는 것일 뿐이다. 하지만 이것도 하나의 관점일 뿐이다.

인내심이 필요하다는 사실을 마음에 새기자. 그리고 때로는 주변 사람들에게도 인내심을 가져달라고 부탁해야 할 수 있다. 진정한 변화에는 시간이 걸린다. 당신은 자신의 성취(변화)를 자축할 자격이 있다(아무리 작고 불규칙한 변화라도). 의식적 인간이 되기 위한 여정은 계속 이어지고 느리고 너그러운 과정이다. 그렇다고 지나치게 단순화해서도 안 된다. 지금까지 단계별로 나뉘어 단순해 보일지 몰라도, 어떤 무의식적 양상은 뿌리가 깊고 과거의 심각한 트라우마와 연결되어 있을 수도 있다. 이런 무의식적 양상이라면 의지만으로는 극복하기 어려울 수 있으므로 전문가의 개입이 필요할 수도 있다. 그렇다고 당신에게 '문제'가 있다는 의미는 아니다. 당신에게도 다른 **모든** 인간처럼 도움이 필요한 순간이 있다는 뜻이다.

이제 준비는 끝났다. 진정한 의식적 변화가 시작된다. 말로는 이미 충분히 다겼다. 이제 행동으로 옮길 차례다.

7단계 의식적 통제와 변화
무의식을 의식적으로 조율하라

―

지금까지 일곱 장과 여섯 단계를 거쳐 무의식의 세 부분을 탐색하고 의식을 경험하며 무의식과 의식의 관계를 이해하기 시작했다. 이 책의 서두에서 '당신이 얻을 수 있는 유일한 초능력'이라 부른 것이다.

그렇다면 이 초능력이 실제로 어떻게 작동할까? 눈에서 레이저가 나가거나 손바닥에서 거미줄이 나가는 능력은 아니다. 우리의 초능력은 우리 안에 있고, 환상이 아니라 온전히 인간적인 능력이다. 이런 사실을 누구보다 잘 아는 인물이 있다면, 바로 배트맨이다.

배트맨은 다른 슈퍼히어로들과 달리 초능력을 소유하고 있지 않다. 대신 배트맨의 '능력'은 인간으로서의 탁월한 능력에서 나온다. 자신의 몸을 통제할 줄 알고, 자신의 생각을 해석할 줄 알며, 삶의 목적을 자기만의 이야기로 만들어가는 능력이다. 여기에 각종 도구와 기술을 능숙하게 다루는 능력이 결합한다. 7단계에서 당신은 배트맨처럼 살기 시작할 것이다(다만 당신은 실제로 감정을 느낄 것이고, 배트맨처럼 화난 은둔자로 살지는 않을 것이다).

당신의 모든 부분, 곧 의식과 무의식은 서로 깊이 연결되어 서로에게 영향을 미친다. 어떤 감각이 감정이 되고, 감정은 생각이 되고, 생각은 느낌이 되며, 느낌은 기억에 남아 이후의 감각과 경험에 영향을 미친다. **당신은 진정 하나의 우주다.**

이런 면에서 볼 때, 자신의 행동을 의식적으로 변화시키고 통제하려면 그 행동을 유발하는 여러 무의식적 원인을 구체적으로 다루는 실질적인 변화가 필요하다. 예를 들어, 자동으로 반복되는 생리적 반응을 다루고, 남에게 조종당하지 않기로 다짐하며, 행동하기에 앞서 내면을 들여다보는 전략을 갖추고, 자제력과 인내심을 기르며, 환경을 조정하고, 감정적 자극을 피하는 식의 변화다. 같은 구멍에 거듭 빠지지 않겠다고 의식적으로 다짐해야 하고, 기술의 도구함을 늘려서 무의식이 통제하려는 방식과 싸워야 한다.

7단계는 당신의 초능력을 실제로 사용하기 시작하는 단계다. 그리고 무의식이 드러나는 모습을 인식하기만 하는 데서 그치지 않고, 무의식을 통제하기 위해 '의식적 성장 실행 계획'을 세우고 실행하는 단계다. 이 계획에서는 한 번에 하나씩, 하나의 무의식적 행동에 집중해 그 행동을 통제하고 변화시킨다. 변화시키고 싶은 행동이 생길 때마다 다시 7단계로 돌아와 이 과정을 반복한다. 궁극적으로 무의식을 완전히 통제하지는 못하더라도, 당신의 의식이 (앞으로 점점 더) 많은 무의식적 행동의 과정을 프로그래밍하고 조율할 수 있을 것이다.

 사전 질문

7단계 경험에서 다음 질문에 답하자.

Q1. 어떤 상황에서 무의식적 방식으로 되돌아가는가? 이런 상황이 반복될 가능성을 줄이기 위해 무엇을 할 수 있을까?

Q2. 이 여정에서 가장 큰 지지를 받는다고 느끼거나 가장 적은 지지를 받는다고 느끼는 지점은 어디인가? 어떻게 해야 앞으로 더 많은 지지를 얻어 앞으로 나갈 수 있을까? 또 지금까지 받은 지지를 돌아보며 감사의 마음을 표현할 방법은 없을까?

Q3. 당신의 의식에 편지를 써서 무의식을 조율하기 위한 도움을 요청하라. 지금까지 모든 단계는 바로 이 순간을 향해 달려왔다. 그동안 자신을 의식적으로 연결하고 탐색해온 여정이 어땠는지를 되돌아보는 시간을 가져보자.*

 **STEP 7 경험****

7단계 경험, '의식적 성장 실행 계획'을 세우는 과정은 네 가지 단계로 이루어진다. 순서는 다음과 같다. (1)변화시키려는 무의식적 행동을 선택하고, 그와 반대되는 의식적 행동을 구상한다. (2)무의식의 세 부분(신체적, 인지적, 정신분석적 무의식)이 행동에 어떻게 작용하는지에 관해 일련의 질문을 통해 평가한다. (3)습관적 행동을 끊는 데 도움이 되는 도구와 기법 중에서 자신에게 잘 맞는 것을 선택하거나 직접 목록을 만든다. (4)자신을 의식적으로 다듬고 변화

- 완벽주의 성향의 모든 사람에게 말하자면, 이 편지는 길이가 중요하지 않다. 어떻게 읽힐지도 중요하지 않다. 자신과 연결되기만 하면 된다.
- youruncsciousisshowing.com에서 '7단계 경험 양식'을 무료로 내려받을 수 있다.

시키기 시작한다.

이들 네 단계는 한 번으로 끝나는 것이 아니라, 간추린 무의식 변화 목록에 들어 있는 행동을 다룰 때마다 다시 7단계 경험으로 되돌아온다. 4단계와 마찬가지로, 7단계도 자신을 점검하고 조정할 수 있는 도구로 자주 활용될 것이다.

(1) 의식적 성장 실행 계획

먼저 당신의 간추린 무의식 변화 목록에서 무의식의 세 부분(신체적, 인지적, 정신분석적 무의식) 중 하나에서 무의식적 행동 한 가지를 선택한다. 바꾸고 싶은 행동을 골랐으면, 종이를 반으로 나누어 왼쪽 칸에는 무의식적 행동을 적고, 오른쪽 칸에는 당신의 의식이 이런 상황에 어떻게 다르게 대처할 수 있고, 실제로 어떻게 대처할지 적는다(예시 답변은 부록 참고).

(2) 각각의 무의식을 평가

다음으로 아래 질문을 통해 무의식의 세 부분(신체적, 인지적, 정신분석적 무의식)이 각각 변화시키려는 행동에 어떤 영향을 미치는지 점검하라.

▎신체적 무의식

1. 이 무의식적 행동을 할 때, 당신의 몸은 어떤 느낌을 받는가?
2. 무의식이 이 상황을 통제하게 해주는 신체적 감각은 무엇인가?
   (예: 몸에 긴장이 느껴지면 내가 뭔가 잘못하고 있는 것 같다는 느낌이

들어 그 일을 완벽하게 해내려고 애쓰게 된다.)

3. 의식적 '당신'은 이 행동을 더 잘 통제하기 위해 어떤 도움이 필요하다고 몸에 말하는가?

❙ 인지적 무의식

1. 이 무의식적 행동에 빠질 때 어떤 자동적 사고가 떠오르는가?
2. 그중에서 감정적으로 가장 강렬하거나 압도감이 드는 생각은 무엇인가?
3. 보통 이런 생각에 어떻게 반응하는가? 그리고 어떻게 반응하고 싶은가?
4. 의식적 '당신'은 이 행동에 얽힌 무의식적 생각에 대해 뭐라고 말해줄 수 있을까?

❙ 정신분석적 무의식

1. 이 행동과 연결된 개념은 무엇인가?
2. 이 개념에 대한 현재의 정의(그리고 그에 얽힌 이야기)가 이 행동에 어떤 영향을 주는가?
3. 개념을 보다 유용한 방식으로 새롭게 정의할 방법은 무엇인가?

(3) 알맞은 도구와 기법 선택

지금까지 이야기한 모든 것은 결국 습관, 곧 반복적인 행동 양상이다. 반복적으로 몸의 신호를 무시하는 습관, 반복적으로 자동적 사고를 그대로 믿는 습관, 반복적으로 똑같은 내면의 이야기를 되새기는 습관이다. 좋은 습관을 들이고 나쁜 습관을 끊기 위해서는, 자신에게, 자신의 환경에, 자신의 지지 체계에 적용해 성공의 기회를 최대로 늘릴 수 있는 단순하면서도 강력한 도구와 기법이 있다. 그중 몇 가지를 정리했다. 다음을 살펴보고, 당신이 더 의식적이고 더 주도적으로 살아가는 데 도움이 될만한 기법을 골라보자.

신체적 접근

내부 수용 감각 조율: 자신의 신체 감각과 반응을 정확히 인지하고 해석하고 적절히 반응한다.

신체 활성화: 현재 진행하는 과정에 신체를 적극적으로 참여시킨다. 자세를 바로잡거나 현재 진행하는 작업에 신체를 연결한다.

인지적 접근

의도 설정: 새로운 행동이 구체적으로 어떻게 나타날지 명확하고 자세히 설정한다.

첫 번째 생각, 두 번째 생각: 첫 번째 생각은 자동적이고 무의식적 반응이다. 두 번째 생각은 의식적이고 반성적인 반응이다. 행동을 취하기 전에 잠시 멈추어 두 번째 생각에 귀를 기울이자.

정신분석적 접근

지지적 개념화: 이 행동이나 상황과 관련된 개념과 인지 도식을 탐색한다. 의미에서 잠시 떨어져 전체 맥락을 본다.

스토리텔링: 머릿속에서 반복적으로 떠오르는 파국적 이야기를

끝까지 따라가 본다. 대부분의 이야기는 감정적이고 비현실적이다. 그 이야기가 현실성이 있는지 점검하자.

환경적 접근
자극 줄이기: 무의식적 행동을 유발하거나 강화할 만한 환경적 요인을 최소로 줄인다.
시각적/물리적 단서: 환경에서 눈에 띄는 시각적 또는 물리적 신호를 결합해 당신의 행동을 강화하고 유도한다.

지지 체계
구체적 요구: 당신을 지지해주는 주변 사람들에게 당신의 의식적 목표를 실현하기 위해 구체적으로 도움을 요청하라.
책임 동반자: 당신이 이 여정을 이어가고 싶지 않은 순간에도 옆에서 격려해주고 동기를 불어넣을 사람을 동반자로 삼는다.

당신이 7단계 경험에서 다루고 싶은 무의식적 행동은 결국 다음의 표 같은 구조로 정리된다. 바로 '의식적 성장 실행 계획'이다.
각자의 '의식적 성장 실행 계획'을 다양한 방식으로 활용할 수 있다.
이를테면 강화된 '평안의 기도'처럼 30일 동안 특정 무의식적 행동에 대해 설정한 모든 목표를 집중적으로 실천할 수 있다. 해당 무의식적 행동이 드러나는 순간을 알아채고, 그때마다 의식적 전략을 최대로 동원해 적극적으로 해결하면서 자신의 지혜를 발휘해 언제,

의식적 성장 실행 계획표(예시 답변은 부록 참고)

무의식적 습관:	의식적 목표:
신체적 목표:	
인지적 목표:	
정신분석적 목표:	
환경적 목표:	
지지 목표:	

어떻게 대응해야 할지 판단한다.

  한편 점진적으로 목표에 접근하면서 며칠에 한 가지에 집중하거나 이전 목표를 통해 효과를 경험한 후 다음 목표를 추가할 수 있다. 모든 의식적 노력이 반드시 무의식의 변화로 이어지는 것은 아니지만, 많은 경우 실제로 변화가 일어난다. 특히 어떤 실천이 실질적 차이를 만들어내는지 파악했으면, 스스로 통제하는 일이 훨씬 수월해졌다는 것을 실감하게 된다. 이 과정은 시행착오의 연속이다(착오를 두려워하지 마라. 모든 성공에는 실패할 가능성이 따른다).

7단계는 충분한 시간을 들여야 하는 단계다. 이후의 단계들은 인간관계와 관련된 의식적 작업으로 넘어간다. 말하자면 당신의 삶에 다른 사람들을 적극 개입시키는 단계들이다. 하지만 이들 단계를 제대로 수행하려면, 그 전에 자신이 의식적으로 성장해야 하고, 어느 정도 삶의 주도권을 회복해야 한다.

내 내담자 대다수는 다음 단계로 넘어가기 전에 상당한 변화를 이루고 싶어 7단계에서 평균 6개월 정도 머무른다. 반면에 이미 비교적 의식적인 삶을 살거나 심각한 정신 건강 문제를 앓지 않은 사람들은 이 단계에 보통 30일 정도 머무르며 한 가지의 중요한 의식적 전환에 집중한 후, 다음 단계로 넘어간다.

시간이 얼마나 필요한지는 오롯이 당신에게 달려 있다. 당신 자신과 내면의 모든 부분을 가장 잘 아는 사람은 당신 자신이다.

8단계 무의식의 해악
무의식적으로 상처를 준 사람들을 찾아라
―

   8단계는 의식의 12단계에서 핵심 단계다. 지금까지 당신은 무의식이 어떻게 작동하는지 탐색했고, 당신의 행동에 어떤 영향을 미치는지 살펴보았으며, 인생을 주도적으로 살기 위한 계획도 세웠다. 이제는 과거(어쩌면 현재)의 무의식적 행동이 다른 사람들에게 어떤 영향을 미쳤는지 돌아볼 차례다.

   임상가이자 무의식을 가진 인간으로서 감히 말하자면, 당신의 무의식적 행동은 의도했든 아니든 분명 누군가에게 오해를 불러일으키고 상처를 주며 관계의 긴장을 초래했을 것이다. 그런데 사실 다른 사람에게 상처를 준다는 것은 살아 있다는 증거다. 아무리 부정하고 싶어도 그렇다. 다만 중요한 차이는 남에게 해를 끼치는 행동이 의도적이었는지, 어떻게 처리했는지, 같은 행동이 반복되는지 그리고 상대에게 얼마나 큰 영향을 미쳤는지에 있다. 단순히 속상하게 만드는 정도의 행동이나 말과 노골적이고 폭력적인 해악 사이에는 분명한 차이가 있다.

   8단계에서는 이 진실에 능동적으로 접근할 방법을 제시한다. 우선 몇 가지 질문에 답하고 '무의식적 화해 목록'을 작성한다. 당신의 무의식이 부정적 영향을 미친 사람들을 열거하고 그와 관련된 구체적인 상황을 기록하는 것이다.

   이 과정은 감정적으로 힘들 수 있으니 마음의 준비가 필요하다. 당신이 상처를 준 사람들을 목록으로 정리하면서 죄책감과 수치심,

후회 같은 감정이 떠오를 수 있다. 이런 감정을 의식적으로 다루는 것이 매우 중요하다. 누구에게나 무의식적으로 살아온 경험이 있고, 어떤 식으로든 누군가에게 해를 끼친 적이 있다. 이처럼 인간으로 살았다는 이유만으로 잘못을 바로잡으라는 것이 아니다. 하지만 남에게 해를 끼치는 행동을 해온 인간으로서는 바로잡을 필요가 있다. 여기서 중요한 것은 단순한 의도가 아니라, 행동과 그로 인한 영향이다.

예를 들어, 당신이 직장에서 감정적으로 힘든 하루를 보냈고, 상사가 그런 당신을 배려해 업무의 마감일을 연기해 주었다고 해보자. 이 경우에는 아래 질문 중 1번 질문인 '내 감정이 이 사람의 개별적인 의사결정에 영향을 주었는가?'에 '그렇다'고 답할 수 있다. 그러나 이 경우에는 꼭 잘못을 바로잡아야 한다고 보기 어렵다.

반면에 정서적으로 몹시 불안정하고 자신의 몸과도 단절된 상태에서, 과거에 (지금은 헤어진) 연인이 당신을 걱정하느라 졸업식에도 참석하지 못했다면 잘못을 바로잡을 필요가 있을 것이다. (주의: 정신적, 정서적으로 어려움을 겪는 사람에게 책임을 묻는 것이 아니다. 이런 고통을 겪는 사람들은 오히려 자신의 경험이 타인의 삶에 어떤 영향을 끼쳤는지 돌아보며 미안해하는 경우가 많다는 점을 인정하자는 것이다. 타인에게 고통을 준 사실을 인정하는 것 자체는 괜찮다. 이제 이 부분에 대해서는 잘 안다.)

 **사전 질문**

8단계 경험에서 다음 질문에 답해보자.

Q1. 당신이 상처를 준 사람들을 돌아보려는 의지를 가로막는 내적, 외적 장애물은 무엇인가? 장애물을 지금 정리해두면, 이후에는 8단계와 함께 더 중요한 단계를 잘 마무리할 수 있다.

Q2. 당신이 상처를 준 사람들을 목록으로 정리하는 작업에는 어떤 가치관이 개입하는가? 4단계 혹은 개인의 가치관 목록을 다시 검토해보자.

Q3. 당신이 화해할 준비가 되었다는 것을 스스로에게 어떻게 알릴 것인가? 말로만은 부족하고 행동으로 보여주어야 한다. 지금까지 당신의 무의식적 양상을 인식하고 그것을 바꾸기 위해 노력해온 과정은 모두 중요하다. 1단계부터 7단계까지 수행한 내용을 요약해보라. 여기서 드러나는 변화는 당신이 과거의 행동이 잘못되었음을 안다는 증거다.

Q4. 화해하는 과정에 대해 어떤 기대를 갖는가? 가장 긍정적인 결과와 가장 부정적인 결과는 무엇이라고 생각하는가? 그리고 가장 가능성이 큰 결과는 무엇인가?

STEP 8 경험*

변화는 쉽지 않다. 하지만 변화할 이유가 있다면 수월해진다. 때로 그 이유는 당신이 누군가에게 상처를 주었지만 다시는 남에게 상처입히고 싶지 않은 것일 수 있다. 이 경험을 통해 성장할 수 있도록 한다. 특정 인물을 떠올리고 8단계의 질문을 다시 떠올리면서 몸에서 일어나는 감정을 그대로 느껴보라. 몸에서 일어나는 감정은 당신의 가치관을 반영한다. 어떤 감정이 '불편하게' 느껴진다면, 당신은 (의식적으로든 무의식적으로든) 그 상황이 잘못되었다고 인식한다는 뜻이다. 이것이 성장이다. 다시 말하지만, 자신의 무의식을 들여다보고 드러내도 된다. 어차피 무의식은 끊임없이 작동한다. 다만 이제는 당신의 통제 아래 있고, 당신이 무의식에 대해 어떤 조치를 한다는 점이 달라졌을 뿐이다.

(1) 무의식적 화해 목록

먼저 과거와 현재에 당신의 삶에 등장한 모든 사람을 목록으로 정리하라. 당신이 상처를 주었다고 **생각하는** 사람들만 적는 것이 아니다. 무의식은 당신이 직접 '상처를 주었다고 생각하지 못하는 사람들에게도 영향을 미쳤을 수 있다. 지금까지 당신은 자신과 내면의 다양한 면에 대해 제대로 알지 못한 채 살아왔다.

이 목록은 자유롭게 작성할 수 있다. 사람들의 이름을 그냥 떠오

- younrunconsciousisshowing.com에서 '8단계 경험 양식'을 무료로 내려받을 수 있다.

무의식적 화해 목록

르는 대로 적어도 되고, 관계 유형이나 시간, 장소에 따라 구분해 정리할 수도 있다. 가령 친구/가족/동료로 나누거나, 초등학교 시절부터 대학교, 직장까지 시간순으로 정리하거나, 아니면 거주한 도시별로 정리할 수 있다. 상대가 당신의 삶에서 어떤 식으로든 의미 있던 존재였다면 반드시 이름을 적어야 한다.

초기 목록이 완성되면 다음 질문을 활용해 '무의식적 화해 목록'에 누구를 넣을지 판단한다. 한 가지 질문을 읽고, 앞서 정리한 이름들을 훑어보면서 어떤 질문에 '예'라는 답이 떠오른다면, 그 사람의 이름을 목록에 넣을지 판단한다. 상대와 대화를 나눠야 할 것 같으면, (굳이 대화하고 싶지 않더라도) 그 이름 옆에 표시해둔다. 모든 질문과 모든 인물에 대해 이 과정을 반복한다.

▌무의식적 화해 목록 작성을 위한 질문

1. 내 감정이 이 사람의 개인적 의사결정에 영향을 미쳤는가?
2. 내 정서적 안녕감의 책임을 이 사람에게 떠넘기려 했는가?
3. 이 사람의 신체나 감성을 존중하지 않았는가?

4. 이 사람에 대해 성급히 판단했는가?
5. 편견이나 이기적인 관점에 치우쳐 이 사람을 대하는 태도에 영향을 받았는가?
6. 이 사람이 내 삶에서 어떤 역할이나 개념을 채워주기를 기대했는가?
7. 내 욕구를 이 사람의 욕구보다 더 중요하게 여겼는가?
8. 내 의견이나 인식, 결정을 이 사람에게 강요했는가?
9. 이 사람이 나와 비슷한 행동을 했을 때 비난했는가?
10. 나는 이 사람이 무력감이나 절망감을 느끼는 데 일조했는가?
11. 내 욕구나 경계를 명확히 말하지 않고는, 그로 인해 생긴 문제를 이 사람 탓으로 돌렸는가?
12. 이 사람이 실제로 말하거나 행동한 것보다 내가 보고 느낀 인상만으로 이 사람의 감정을 넘겨짚었는가?

위 질문은 객관적으로 보면 학대적이거나 폭력적인 행동을 묻는 것이 아니다. 과거에 누군가에게 이런 행동을 한 적이 있다면, 상대의 이름을 이 목록에 넣어야 한다.

표시한 인물이 추려졌다면, 이제 본격적으로 무의식적 화해 목록을 작성할 수 있다. 각 사람에게 다음 양식을 사용하라.

> **무의식적 화해 목록: [해당 인물의 이름]**
> - 무의식적 해악
> - 그 해악과 반대되는 (의식적) 행동

- 내 무의식의 각 부분이 상대의 삶에 끼친 영향
- 내 무의식의 각 부분이 상대와 나의 관계에 미친 영향
- 나는 화해할 의향이 있는가? 그렇다면 왜인가? 아니라면 왜 아닌가?

 사후 질문

무의식적 화해 목록을 정리했다면 8단계를 마무리한 것이다. 이제 9단계로 넘어가기 전에 8단계 경험을 되돌아보고 통합하기 위해 다음 질문에 답해보자.

Q1. 이 목록의 모든 관계를 회복했다면, 당신의 삶은 어떻게 달라졌을까? 더 의식적인 미래와 더 의식적인 관계를 구체적으로 상상해보라. 그러면 당신의 몸과 뇌가 이 여정을 계속 이어갈 동기를 얻을 것이다.

Q2. 무의식적 화해 목록에 들어간 사람 중 아직 분노나 원한이 남아 있는 사람이 있는가? 그런 사람들에 대해 당신의 신체적 무의식은 어떤 반응을 보이는가? 그 사람들을 떠올리기만 해도 올라오는 내면의 반응을, 자신을 위한 연습으로 여기고 조절할 수 있는가? (참고: 과거에 당신을 학대하거나 방임하거나 해악을 끼친 사람이 있을 수 있다. 그런 사람들과의 관계는 억지로 회복하려

애쓰지 않아도, 충분히 의식적으로 성장할 수 있다. 의미 없는 화해나 관계 회복을 억지로 밀어붙이지 마라.)

8단계는 고통스러울 수 있다. 누군가에게 끼친 해악을 스스로 인정하는 일은 결코 기분 좋은 과정이 아니다. 특히 우리가 겪은 고통이 다른 사람들에게 인정받지 못한 채 남아 있는 상태라면 더더욱 그렇다. 그래도 당신은 이 단계를 해냈다. 진심으로 축하한다. 의식을 향해 나아가는 당신의 여정은 고립된 것이 아니라 주변 사람들의 경험과 감정, 삶과 얽혀 있다. 당신이 스스로 책임져야 할 해악의 목록을 만들고 그것을 회복하고 치유하기 위해 애쓴다는 것은, 단지 당신 자신만 발전시키는 것이 아니라 주변 사람들까지도 함께 끌어올리고 지지하는 것이다. 예전의 자신보다 더 나은 사람이 되고 싶어도 괜찮고, 과거에 상처를 준 사람들에게 그 사실을 말해도 잘못이 아니다.

9단계 화해의 실천
인간관계의 상처를 적극적으로 바로잡아라
―

의식적으로 성장할수록 자신이 과거에 무의식적으로 행한 해로운 행동의 무게가 감당하기 힘들 정도로 크게 느껴질 수 있다. 9단계에서는 이 짐을 조금 덜어낼 기회를 준다. 누구도 홀로 존재하지 않고, 자연히 치유도 혼자 하지 못한다.

이 단계에는 세 가지 화해의 방식이 있다. 직접 화해와 간접 화해, 지속적인 화해다.

첫 번째, 직접 화해는 9단계의 핵심이다. 여기서 상대를 직접 대면하면서 대화하고 구체적인 행동으로 과거의 잘못을 바로잡는다. 예를 들어, 과거 당신의 도움을 필요로 했지만 당신은 그들을 개념화하느라 바빠 '스스로 해결할 것'을 요구했거나 기대한 사람에게 이제는 그의 짐을 덜어주겠다고 제안하는 것이다(이런 상황은 부모와 배우자, 직장 상사, 형제자매 등 가까운 관계에서 자주 나타난다).

두 번째, 간접 화해는 직접 화해가 불가능하거나 오히려 해를 끼칠 수 있는 경우에 쓴다. 예를 들어 과거의 상처를 다시 꺼내면 상대의 새로운 관계나 현재 삶의 균형을 방해할 수 있거나, 현실적으로 그 사람과 연락이 닿지 않는 상황이다. 이럴 때는 바로잡는 행동으로 간접적으로 화해한다. 당신이 예전에 해를 입힌 공동체나 사람들에게 긍정적으로 기여하는 활동이나 그 사람들과 유사한 처지의 사람들을 위해 봉사를 하는 것이다(예를 들어, 당신이 예전에 하찮게 보던 사람들과 환경이 비슷한 지역에서 푸드뱅크 봉사활동을 하는 식이다). 당신이 도우려는 사람들에게는 굳이 그 이유를 밝힐 필요는 없다(다만 과거에 당신이 다른 누군가에게 저지른 해악에 얽힌 사연이 현재 당신이 도우려는 사람들에게 실질적인 도움이 된다면 그 이야기를 나누어도 좋다).

세 번째, 지속적인 화해는 직접 화해나 간접 화해보다 우선순위는 낮아도 중요하다. 여기서 당신이 '의식의 12단계'를 통해 삶을 통제하기 시작하면서 무의식적 화해 목록에 들어간 사람들에게 과거에 저지른 방식으로 또 다른 누군가에게 해악을 끼치지 않겠다고 다짐하고 실천한다. 이 화해 방식은 지속적이어야 한다.

솔직히 말해 이 단계가 순탄하지는 않다. 사람들의 반응이 저마다 다를 것이다. 이해해주는 사람도 있겠지만 노골적으로 거절하는 사람도 있을 것이다(나도 이 단계에서 거절당한 적이 있다. 어렵기는 해도 끝까지 해낼 수 있다).

9단계를 성공적으로 마무리하기 위한 핵심은 진정성 있는 태도와 상대의 이야기를 경청할 준비, 어떤 반응이든 감당할 준비다. 당신도 알겠지만, 인간은 상처를 받으면 의식적으로든 무의식적으로든 변화한다. 사람들은 원한이나 비난, 상처, 고통을 품고 살다가 이런 감정이 올라올 때 자연스럽게 표출될 수도 있다(그럴 의도가 없더라도).

따라서 어떤 결과가 나오든 자신을 돌볼 마음의 준비가 되어 있어야 한다. 당신의 무의식은 당신을 보호하려 애쓸 것이다. 그래서 대화를 피하라고 속삭이거나 결심을 철회할 이유를 대거나 '좋은' 결과가 보장되지 않으면 행동하지 말라고 설득할 것이다.

하지만 이제는 무의식을 의식적으로 다스려야 한다. 당신이 스스로 결정해야 한다. 당신이 삶의 주도권을 잡아야 한다.

# STEP 9　경험

'무의식적 화해 목록'에서 한 가지씩 실행하면서, 가장 어려운 항목부터 바로잡아도 되고, 가장 쉬워 보이는 항목부터 시작해도 된다. 여기서 중요한 점은 상대가 당신을 용서해주거나 당신에 대한 감정을 바꾸는 데 있지 않다. 이 단계에서는 당신의 가치관에 부합하는 태도로 행동하는 것이 핵심이다. 상대가 용서하든 말든 중요하지 않다.

(1) 화해의 실천

이 연습에서는 8단계에서 작성한 '무의식적 화해 목록'을 바탕으로, 당신이 상처를 준 상대와 의미 있고 이기심을 버린 대화를 나누어야 한다.

여기서는 문제를 해결하려는 상대가 여럿이어도 한 번에 한 사람씩 대화를 나누어야 한다. 사람마다 저마다의 몸과 뇌, 마음을 가진 존재이고, 당신의 무의식이 저마다 다르게 영향을 주었기 때문이다. 당신도 상대도 시간과 공간을 마련해 열린 마음으로 서로의 말을 경청하며 이런 경험을 함께 나눌 자격이 있다.

▎참고할 직접 화해 과정

화해의 성격: 어떤 방식으로 화해할지 정한다. 사과의 말인가, 편

- yourunconsciousisshowing.com에서 '9단계 경험 양식'을 무료로 내려받을 수 있다.

지인가, 몸짓인가, 아니면 모두를 조합한 방식인가?

상황: 화해하기 적절한 상황을 설정한다. 진솔하게 소통할 수 있도록 편안하고 열린 분위기를 조성해야 한다. 현실적으로 직접 만나기 어렵다면, 전화나 화상 채팅이 적절할 수도 있다. 당신이 사과하려는 상대가 편안하게 느끼도록 배려해야 한다.

실습: 실제로 상대에게 다가가기 전에 당신이 신뢰하는 상대나 아니면 혼자 거울을 보면서 어떻게 말할지 미리 연습하라. 그러면 메시지를 더 명확하고 진실하게 다듬는 데 도움이 된다.

자기 성찰: 이 단계를 앞두고 느끼는 감정을 알아채고 인정하라. 두려움이나 망설임, 불안이 느껴진다면 글로 적어보라. 당신의 무의식을 점검하라.

확언: 자신에게 용기를 주는 긍정 확언을 만들어보라. 예를 들자면 '나는 치유하고 성장하며 잘못을 바로잡기 위해 이 단계를 실천한다'.

적극적 경청: 말하는 것보다 들으려고 준비하라. 상대의 감정과 관점을 방어하지 않으면서 상대를 이해하려고 해보라(이 부분이 핵심이다. 당신의 경계를 알아채고 반응을 통제하라. 이제 당신은 더 의식적인 사람이 되었다).

수용: 결과가 당신의 통제 영역을 넘어설 가능성을 인정하라. 다양한 반응에 대비하라. 통제할 수 없는 것을 받아들이고, 통제 가능한 것에 집중하라. 이것이 진정한 실천이다.

감사: 결과와 상관없이 이 단계를 실천하려고 노력한 당신의 용기에 고마움을 표하고, 당신의 말을 들어주려 한 상대의 노력에

도 감사하라. 이 과정은 성장과 치유를 위한 것이다. 우리는 모두 최선을 다해 살아가고 있다. 우리는 '먼저 인간이다'라는 사실을 기억하라.

 **사후 질문**

9단계 경험을 마친 후, 다음의 질문에 답하라.

Q1. 첫 번째로 실천한 화해는 어떤 느낌이었는가? 상대의 반응은 어땠는가? 무엇을 배웠는가?

Q2. 여러 차례 화해를 시도한 뒤, 가장 핵심적인 깨달음은 무엇이었는가? 반복적으로 드러난 주제가 있었는가? 예상하지 못했거나 실망스러운 결과가 있었는가?

Q3. 화해의 과정이 당신이 새롭게 맺는 관계에 어떤 영향을 주었는가? 잘못을 바로잡는 작업은 힘든 과정일 수 있다. 궁극적인 목표는 더 이상 화해할 필요가 없는 방식으로 행동하는 것이다.

Q4. 화해한 후 받은 피드백을 어떻게 소화하는가? 당신의 무의식은 어떤가? 어떻게 자신의 행동을 정당화하려는 충동을 누르고, 어떻게 의식적인 과정에 머무르는가?

Q5. 자신과 화해하기 위해 어떤 단계를 밟는가? 혹시 무의식적 화해 목록에서 당신을 빠뜨렸는가? 당신도 중요하다. 충분히 시간을 들여라. 자신을 용서했는가? 용서할 수 있을 것 같은가? 앞으로 용서할까?

여기서 더 나아가 오랫동안 의식의 존재를 알아주지 못한 데 대해 당신의 의식에 사과의 편지를 써보라. 오랫동안 의식적 지시 없이 혼자 존재한 당신의 무의식에도 사과의 편지를 써보라.

Q6. 어떤 화해를 통해 당신이 다른 사람에게 끼친 해악에 대한 이해가 깊어졌는가? 이런 통찰이 당신의 겸손함에 어떤 영향을 주었는가?

당신이 이미 바로잡았고 앞으로도 바로잡을 잘못은, 이제껏 당신을 의식적인 삶에서 멀어지게 붙잡은 가장 묵직한 닻일 것이다. 내가 9단계에서 얻은 가장 가치 있는 선물 중 하나는 타인의 감정과 생각에 더 깊은 관심을 보이고 덜 이기적인 사람이 되었다는 점이다. 우리가 어디서 잘못했는지를 인정하는 것은 고통스럽지만, 그렇다고 남들에게 계속 상처를 주어서는 안 된다.

지금까지 계속 강조하듯이, 우리는 끊임없이 관계 안에 살지만, **반드시 의식적으로** 관계 안에 머무는 것은 아니다. 잘못을 바로잡는 작업은 더 강하고 의식적인 관계를 경험하고 그런 관계를 굳건히 다져나가는 연습이다. 이 단계를 마무리한 당신을 자랑스럽게 여겨도 된다. 이 단계는 용서받기 위한 단계가 아니다. 어떤 일이 일어났고, 그 일이 상대에게 어떤 감정을 불러일으켰으며, 앞으로 고통을 덜 느끼면서 세상을 살아가기 위해 어떻게 행동해야 할지를 이해하는 것이 이 단계의 핵심이다.

'의식의 12단계'에서 중요한 과정인 5단계부터 9단계까지 마무리했다. 당신은 자신의 무의식을 다른 사람과 나누었고, 의식적으로 살아가기 위한 실행 계획을 실행에 옮겼으며, 과거의 행동이 미친 의도치 않은 영향을 다루었다. 이제 이 책의 마지막 장을 펼쳐보자. 삶의 다음 국면으로 넘어가면서 우리의 여정은 다시 새로운 방향으로 나아가게 된다.

10단계부터 12단계까지는 유지 단계다. 이 세 단계는 당신이 앞으로도 계속 의식적으로 삶의 여정을 향하게 해주고, 당신이 더 의식적인 세상을 만들어가는 데 필요한 길잡이가 되어줄 것이다. 앞서 9단계까지 익힌 기술과 전략을 상기하라. 이들 도구를 꾸준히 활용해 가능한 한 가장 의식적인 '당신'과 계속 연결하라. 아직 해결할 문제가 아흔아홉 가지나 남아 있을 수 있지만, 이제 그 문제들 속에 당신의 무의식은 없다.

8장 요약

- 우리에게는 과거가 있다. 그렇다고 삶의 방향을 완전히 바꾸어 지금부터라도 주도적으로 살지 못할 이유가 없다.
- 우리의 무의식을 다른 사람에게 드러내는 일은 우리를 취약하게 만들지만 반드시 해야 할 작업이기도 하다. — 5단계
- 의식의 여정에서 본격적인 작업은 중간 지점에서 시작된다. 우리가 직접 선택한 '해로운 행동'을 목록으로 정리하면서 진정한 작업이 시작된다. — 6단계
- 배트맨도 인간이고, 우리는 배트맨과 같은 '초능력'을 가지고 있다. 우리의 초능력은 우리의 무의식을 변화시키는 힘이다. — 7단계
- 모든 인간은 다른 인간에게 상처를 준다. 무의식적으로든, 의도하지 않았든 말이다. 이 사실을 인정하기만 해도 괜찮다. — 8단계
- 무의식이 다른 사람에게 준 상처를 바로잡지 않고는 의식적으로 성장할 수 없다. — 9단계

9장

지속하고 확장하라

성장과 봉사의 10~12단계

인류 역사에서 삶과 죽음의 경계를 정의하는 일은 사회와 의학뿐 아니라 수많은 사람의 마음 안에서도 어려운 과제였다. 1990년, 플로리다의 젊은 여성 테리는 심장마비와 뇌 손상을 일으킨 후 식물인간 상태가 되어 생사의 기로에 놓였다. 테리의 사연은 이후 15년 넘게 미국 전역을 뒤흔들었다.[1]

'식물인간 상태 Vegetative State'란 **의식 없이 깨어 있는 상태**[2]를 말한다. 눈을 뜨고 깨어 있는 것처럼 보이지만, 의식적 반응이 전혀 없는 상태다. 테리는 겉으로는 '깨어 있는' 상태였으나, '의식이 있다'는 명백한 징후가 보이지 않았다. 의료진은 테리의 몸과 뇌가 전적으로 무의식에 의존한다고, 다시 말해 호흡과 순환, 모든 반응과 움직임이 무의식에 의해 유지된다고 판단했다. 테리는 이 상태로 8년을 지냈고, 결국 남편 마이클이 영양 공급 튜브를 제거해 달라는 청원을 제기했다. 이 청원을 시작으로 테리의 남편과 테리의 부모 사이에 기나긴 법적, 정서적 갈등이 일어났다.

마이클은 테리의 삶을 인도적으로 마무리해주기 위해, 다시 말해 인공 생명 유지 장치를 멈추기 위해 싸웠다(그에게는 이 방법이 테리의 고통을 멈춰줄 것으로 보였다). 반면에 테리의 부모는 딸이 다시 살아날 수 있다고 믿었고, 생명 유지 장치를 계속 사용해야 한다고 주장했다. 양측의 갈등은 7년간 이어졌고, 의료 과실과 유산 상속 문제, 가톨릭교회의 생명 윤리를 비롯한 다양한 쟁점으로 확대되었다. 이 사건은 감정적으로 격화되고 분열되었고, 결국 미국 의회와 조지 부시 대통령까지 개입했다.

법원의 최종 판결은 마이클의 손을 들어주었다. 테리는 위장 삽관을 제거한 후 2005년 3월 31일 사망 판정을 받았다. 15년 넘게 의식 없이 지내다가 영양 공급이 끊긴 지 2주 정도 지난 후, 더 이상 무의식의 힘만으로 생명을 유지할 수 없게 되어 사망했다.

테리는 이전에 스물여섯 해 동안 의식이 있는 삶을 살았다. 커뮤니티 칼리지에 다니던 중에 마이클을 만났고, 두 사람은 사랑에 빠졌다. 이후 테리가 사랑하는 부모님 근처에서 살기 위해 플로리다로 이주했고, 보험 회계 담당자로도 일했다. 테리의 묘비에는 이렇게 적혀 있다. "1990년 2월 25일, 지상을 떠나다." 테리의 심장이 멈추고 뇌사가 확인된 2005년이 아니라, 처음 의식을 잃은 날을 새긴 것이다.[3]

마이클의 입장에서도 아내의 삶은 의식적 존재로 살아갈 수 없게 된 그날로 끝났다. 테리의 무의식이 몸과 삶을 완전히 통제하기 시작한 그날이다. 테리가 더는 자신의 삶을 의식적으로 변화시키거나 통제할 수 없게 된 그날이다.

의료적 결정과 관련된 죽음의 법적, 철학적, 윤리적 기준을 어떻게 정의할지는 여전히 논쟁 중이고, 여기서는 이 논쟁에 깊이 개입할 생각이 없다. 다만 '죽음'에 대한 한 가지 정의는 짚고 넘어가야 한다.

죽음이란 모든 생명 유지의 핵심 기능, 곧 호흡과 순환, 항상성 유지 기능 … 그리고 **의식**이 영구히 멈춘 상태를 의미한다.[4]

테리에게 내려진 임상 진단은 '의식 없이 깨어 있는 상태', 곧 식물인간 상태이고, 이 상태는 회복 가능할 수도 있고 영구적일 수도 있다.[5] 둘 중 어떤 쪽일지 판별하기 어려우니, 마이클과 테리의 부모가 그렇게 오랫동안 치열한 공방을 이어간 것이다. 인간은 '뇌사'를 삶의 끝으로 받아들이기 힘들어하고, 어쩌면 당연하다. 그 사람의 내면에 어떤 생각과 감정이 남아 있는지 확실히 알 수 없어서다. 우리의 의식은 오직 우리의 것이다. 다른 누구도 우리의 의식을 온전히 알 수 없다.

내가 이 책을 쓰는 현재까지 식물인간 상태인 사람들의 뇌가 주변에서 일어나는 상황을 **인식하거나 경험하지 못한다고** 입증하는 연구 결과는 나오지 않았다. 그러니 어쩌면 의식이 있는데도 말하지 못하는 상태일 수도 있다. 아니면 정말로 의식이 없고 완전히 떠난 상태일 수도 있다. 테리가 실제로 의식이 있었는지를 알 수 있던 사람은 테리 한 사람뿐이었다.

이 이야기의 요지는 이렇다. **당신이** 의식적인지 아닌지, 세상과 의식적으로 만나는지에 대해 진실로 말할 수 있는 사람은 오직 **당신**뿐이라는 것이다.

그래서 이제 의식의 9단계를 거쳐온 당신에게 이렇게 묻고 싶다.

당신은 살아 있는가?

잠시 멈추어 생각해보라.

당신은 의식하는가?

당신이 **생각한다면,** 그 자체로 이미 의식적인 것은 아닐까? (철학의 세계에 온 걸 환영한다.)

당신은 인간 삶의 본질에 참여하는가?

답하기 쉬운 질문이 아니지만, 그렇기에 이 질문에 답할 수 있는 사람이 바로 당신 자신이라는 점에 감사해야 한다. 지금 무엇이 당신의 통제 안에 있고 무엇이 아닌지를 말할 수 있는 사람이 바로 당신이라는 점에도 감사해야 한다. 그리고 이 질문이 의학적 판단을 위해서가 아니라, **의미 있는** 삶의 일부로서 당신에게 주어진 데 감사해야 한다.

당신의 무의식이 얼마나 드러나는지, 또 스스로 얼마나 의식적으로 결정할 수 있는지를 가늠할 때는 종교나 탐욕, 윤리 문제를 둘러싼 법정 공방이 따르지 않는다. 미국 정부가 개입할 필요도 없다(다행스럽게도). 당신 안의 무의식과 의식의 힘겨루기는 영구적인 상태가 아니다. 되돌릴 수 있다. 게다가 당신이 걷는 이 여정은 테리의 경우처럼 15년씩이나 걸리지도 않는다.

이제 책의 마지막 장과 마지막 세 단계에 이르렀다. 여기서 당신이 할 일은 테리의 가족이 테리를 두고 대립한 것처럼 당신이 의식적인지 무의식적인지 스스로 판별하는 것이 아니다. 양쪽 모두인 것은 이미 알고 있다. 그동안 많이 연습했고, 이제는 진실로 이 사실을 이해하고 있다.

여기서 당신이 할 일은 당신 안의 모든 부분 사이의 관계에 **진정한 의미**를 부여하는 것이다. 당신의 삶은 테리처럼 끝나지도 않았고, 아니타처럼 죽음의 문턱에서 되돌아온 것도 아니다. 지금 이 순간 당신의 무의식이 당신을 전적으로 지배하는 것도 아니다. 당신은 의식하고, 변화하며, **주도권을 쥐고 있다.** 이제 그 사실을 자신에게 말하라. 그리고 다른 모두에게도 알려라.

10단계 지속적인 자기 의식
자신을 자주 일깨워라

성장은 저절로 일어나지 않는다. 성장하려면 노력과 주의, 계획이 필요하다.

10단계는 의식적 상태를 유지하는 방법을 배우는 출발점이다. 삶에서 일정한 주기마다(가령 6개월마다) 자신의 가치관과 감정, 생각, 느낌, 인식, 행동을 되돌아보면서, 그동안 무엇을 했고 그것에 대해 어떻게 느꼈으며 변화하거나 통제력을 되찾아야 할지 점검해야 한다. 인간은 누구나 실수할 수밖에 없다. 그런 가능성을 예상하라.

10단계에서 '의식적 인간 자기 평가Conscious Human Self-Assessment'를 한 번 수행하고 이후에는 매년 두 번씩 정기적으로 수행한다. 이 평가의 목적은 당신이 과거의 무의식적 방식으로 퇴행하지 않도록 돕고, 의식으로 향하는 여정을 유지하며, 설령 그 길이 흐려졌더라도 최소한 그 길을 돌아보게 만드는 데 있다.

정원사가 씨를 뿌리고 물만 몇 번 주고 떠나면서 식물이 저절로 잘 자랄 거라고 기대하지 않듯이, 당신도 단순히 과거를 돌아보고 변화를 실천하고 화해했다는 이유만으로 의식의 여정이 끝났다고 생각해서는 안 된다. 당신의 몸과 뇌, 마음의 정원에는 꾸준한 손질이 필요하다. 생각과 감정, 행동을 꾸준히 점검해야 한다. 의식의 경계를 늦추지 마라.

무의식이 드러나는 순간을 발견하면, 아무리 사소하거나 중간 정도일지라도 그 순간을 즉각 인식하고 귀를 기울여야 한다. 그러면 작은 실수가 더 크고 복잡한 문제로 번지는 것을 막을 수 있고, 의식적 삶에 대한 다짐을 굳건히 할 수 있다. 이것은 사과하거나, 의사결정을 수정하거나, 단순히 실수를 인정하고 앞으로는 같은 실수가 반복되지 않게 하겠다고 다짐하는 것을 의미할 수 있다. 사과는 행동이 따라줄 때 훨씬 큰 힘을 발휘한다.

'의식적 인간 자기 평가'는 단순히 지난 6개월 동안 무엇을 잘못했는지를 파악하는 데 그치지 않는다. 그간의 성취를 돌아보고 앞으로 더 많은 성취를 기대하게 해주는 시간이다. 지금까지 이 여정에서 당신은 수많은 상승과 하강의 순간을 겪었다. 얼마나 성장했는지도 돌아보라. 계속 나아가라. 당신은 할 수 있다.

 질문

10단계 경험을 시작하기 전에 다음 질문에 답해보자.

Q1. 의식 수준을 점검하는 과정이 왜 중요한가? 이 행위에 목적과 의미를 부여하라.

Q2. 매년 두 차례의 평가를 어떤 방식으로 진행하고 싶은가? 혼자서 할 것인가, 아니면 동료나 책임 동반자와 함께할 것인가? 글로 작성할 것인가, 대화를 나눌 것인가? 전자기기를 사용할 것인가, 손으로 수첩이나 일기장에 기록할 것인가? 왜 그 방식을 선택하고 싶은가?

Q3. 어떤 상황에서 이 평가를 무의식적으로 잊어버리거나 의도적으로 거부할까? 그 이유는 무엇인가? 방해 요인을 미리 파악하면 실제로 그런 상황이 발생할 가능성이 줄어든다.

Q4. '의식적 인간 자기 평가'를 반드시 수행하기 위해 당신은 어떤 계획을 세울 것인가? 캘린더에 알림 설정하거나, 기억하기 쉬운 날짜로 일정을 잡는 등 구체적인 방법을 생각해보라.

Q5. 앞으로 6개월 동안 당신이 의식적 삶에서 벗어나게 해줄 만한 가장 큰 방해 요소는 무엇인가? 그 문제에 어떻게 대처할 것인가?

STEP 10 경험•

다음 질문에 최대한 성실하고 깊이 있게 답해보라. 진솔하고 꾸밈없이 답할수록 훨씬 나아졌다는 느낌이 들 것이다.

의식적 인간 자기 평가

1. 만약 당신의 신체적 무의식이 말을 할 수 있다면, 지난 6개월 동안 당신이 무의식의 말을 얼마나 잘 들어주고 무의식을 얼마나 잘 돌보며 무의식을 어떻게 다루었는지에 대해 뭐라고 평할

- youruncousciousisshowing.com에서 '10단계 경험 양식'을 무료로 내려받을 수 있다.

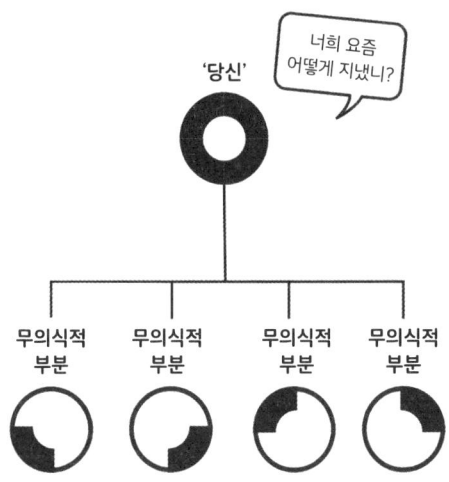

까? 좋았던 점과 아쉬웠던 점을 모두 적어보라.

2. 지난 6개월 동안 '내면 상태 점검' 수준을 선택해야 한다면, 무엇을 선택하겠는가?

3. 지난 6개월 동안 당신이 내린 중요한 결정은 무엇인가? 그런 결정이 의식적 선택인가, 무의식적 선택인가?

4. 지난 6개월 동안 당신이 드러낸 무의식적 판단이나 편견은 어떤 것이 있었는가?

5. 최선의 의식적 순간은 언제였는가? 그리고 최선의 무의식적인 순간은 언제였는가?

6. 최악의 무의식적 순간은 언제였는가? 그리고 최악의 의식적인 순간은 언제였는가?

7. 당신의 무의식은 어떤 방식으로 당신에게 도움이 되었는가?

8. 그동안 '의식적 인간'으로 살면서 어떤 점에서 나아졌는가?

9. 지금 당신이 화해하거나 사과할 사람은 누구이고, 그 이유는 무엇인가? 실제로 화해할 의향이 있는가? 있다면 왜인가? 없다면 왜인가?
10. 그동안 당신은 자신의 무의식에 대해 무엇을 받아들여야 했는가?
11. 지금 이 순간 당신의 삶을 이끄는 가치관과 개념은 무엇인가?
12. 매일 의식적으로 성장하기 위해 당신은 지금 무엇을 하고 있는가?
13. 지금 당신은 무엇에 감사해야 하는가? 세 가지 이상 적어보라. 그리고 감사의 마음을 몸으로 느껴보라. 그리고 당신이 감사하게 여기는 일을 인정하거나 돕기 위해 할 수 있는 구체적인 행동 하나를 선택하라(대다수는 단지 '감사 목록'을 작성하는 데서 멈추고 정작 감사의 행동을 실천하지 않는다).

11단계 의식 확장
의식에 대한 이해를 확장하고 조정하라

―

　이 책의 서두에서 장님 여섯 명이 코끼리의 개념에 대해 각자의 관점에서 논쟁을 벌이는 이야기를 소개했다.

　마찬가지로 인간은 의식과 무의식이 무엇이고, 그것의 목적과 기능은 무엇이며, 과연 통제할 수 있는지에 대해 우리도 오래전부터 논쟁해왔다. 인간이 아무리 많은 **진리**를 정의했다고 해도, 우리는 여전히 실수하고 앞으로도 계속 그럴 것이다. 인간 존재에 관한 어떤 질문은 여전히 답할 수 없기 때문이다. 우리는 **왜** 의식적으로 살아가는가? 삶의 목적은 무엇인가? 모두가 언젠가는 공통으로 인식할 수 있는 **진실**이라는 것이 존재할까? 이런 질문은 우리를 완전히 미치게 만든다.

　종교와 영성, 문화 전통, 그밖에도 인간의 창조적이고 의미 있는 다양한 활동은 오랜 세월에 걸쳐 이런 근원적 질문에 답을 제시해왔다. 인간 조건을 연구하는 과학자와 연구자, 임상가도 마찬가지다. 이들의 연구는 매우 중요하다. 나 역시 모두의 성과를 통해 지금이 책에서 나누는 지혜를 얻었다. 하지만 여기서 얻은 지식만으로 당신이 지구상에서 어떤 존재인지, 당신의 의식 수준이 어느 정도인지, 당신 무의식의 깊이가 어디까지인지 온전히 이해할 수 없고, 또 그래서도 안 된다.

　항상 더 많이 배워야 한다. 왜일까? 당신은 태어날 때부터 의식을 가진 것이 아니기 때문이다. 적어도 의미 있는 방식으로는 아니다.

당신이 태어날 때 운이 좋았다면 첫날 자가 호흡하며 살아 있는 상태로 세상에 나왔을 것이다. 그러나 그 순간에도 당신은 진정으로 '깨어 있는' 상태가 아니었다. 자신이라는 존재에, 내면과 외부의 환경에 그리고 '삶을 경험한다'는 의미에 대해 온전히 깨어 있는 상태는 아니었다. 어릴 적 당신은 살아 있고 인식하고 존재했지만, 아직 본질적 의미를 알지 못했다. 적어도 의식하지는 못했다.

그러다 어느 날, 갑작스럽게 혹은 서서히 변화가 찾아온다.

어느 순간이 지나가고, 하루가 지나가고, 해가 바뀐다. 아름다운 일이 일어나기도 하고, 가슴 아픈 일이 일어나기도 하고, 예상치 못한 일이 일어기도 하고, 오랫동안 간절히 바라던 일이 일어나기도 한다. 예를 들어, 아이가 태어나는 순간이나 배우자가 바람피운 사실을 안 순간, 혹은 당신이 내내 무의식적 상태였고 거기서 벗어나기 위해 무언가를 할 수 있다는 사실을 깨달은 순간이 있다. 이때 당신은 비로소 **의미 있는** 방식으로 의식적 존재로 거듭난다. 원하든 원하지 않든, 그 어느 때보다 생생히 살아 있고 깨어 있으며 인식한다고 느낀다.

내 경우 '의식적 인간이 되는 것'이 처음으로 의미 있게 다가온 순간이 있었다. 당시 내가 일하던 말리부의 한 재활센터 뒤편 작은 창고에 앉아 엉엉 울 때였다. 최후통첩을 받고 치유의 여정을 시작한 지 2년이 지난 2012년이었고, 그때 나는 무의식이야말로 내가 그동안 인간 경험에서 놓치고 있던 핵심이라는 사실을 깨달은 참이었다.

전날 나는 상사에게 "내게는 공감 능력이 없는 것 같다"[6]고 털어놓았다. 치료사가 되기 위한 수련 중이었는데도 말이다. 그 센터에서 영성을 다루는 책임자인 제이미 카펜터Jaymee Carpenter가 우연히 우리의 대화를 들었고, 이튿날 그는 내게 점심시간에 간단한 명상 수련을 함께 해보자고 제안했다. 제이미는 내게 공감 능력이 없다고 생각하지 않았다. 다만 내가 감정에 대한 의식적 자각이 부족하고, '감정'이 무엇인지조차 제대로 알지 못한다고 보았다. 나는 마지못해, 정말 마지못해 그의 제안을 받아들였다.

"같이 코트니를 만나러 갑시다." 제이미가 문을 나서며 손짓으로 나를 불렀다. 그는 늘 굉장히 깊이 있게 말하고 행동하려고 애썼고, 실제로 거의 매번 꽤 멋지게 해냈다. 나는 그의 뒤를 따라 우리 센터 뒤편의 작은 흙길을 내려갔다. 그 길이 울퉁불퉁한 나무 계단으로 이어지더니 그 끝에 작은 창고가 나왔다. 실제로 내가 처음 '나 자신을 마주할' 장소였다(이때까지도 나는 내심 제이미의 말을 의심하면서 마음속으로 눈을 굴렸다).

우리는 2미터쯤 사이를 둔 의자 두 개에 마주 앉았다. 분위기는 진지했다. 창고는 길이 약 4.5미터에 너비 약 3미터로 크지 않았다. 원래 센터의 원예용품을 보관하는 창고였고, 창문 너머로는 태평양과 세계적으로 유명한 휴양지인 말리부의 아름다운 해변이 펼쳐졌다. 딱 이런 생각이 드는 공간이었다. '고작 스물네 살인 내가 어쩌다 이렇게 아름다운 풍경을 놔두고 일터의 작은 창고에 들어앉아 대체 나는 누구인가라는 질문과 마주하게 된 걸까?' (치료사들이 "우리도 내담자와 같은 처지였어요"라고 말할 때는 진심으로 하는 말이다.)

제이미가 나를 이끌어준 명상은 '멧다 명상Metta Meditation'이었다. 전통적인 불교 수행법으로, '멧다Metta'는 '감정 문제에 종종 수반되는 분노나 적대감, 자기혐오와는 반대되는, 자신과 타인에게 긍정적인 에너지와 친절을 보내는 마음 상태'[7]를 기르는 것이 목적이다. 멧다 명상은 경계성 인격장애에도 효과적이라는 연구가 있다.[8] 마침 나는 경계성 인격장애를 집중적으로 다루고 싶었다(제이미는 내가 이런 진단을 받은 줄도 몰랐다).

"자, 우선 당신 몸에 집중해봅시다."

아, 젠장. 나는 이미 극도의 불안 상태였다. 늘 불편하고 불안하며 고통스러웠다. 사실 아무것도 느끼고 싶지 않았다. 그런데 제이미가 이끌어준 느리고 깊은 호흡 덕분에 조금씩 진정할 수 있었다.

"지금 머릿속에 오만가지 생각이 떠다닐 거예요. 그냥 흘려보내세요." 그가 말했다. 그는 내가 지금 완전히 공황 상태이고 내 머릿속 생각들이 얼마나 광속으로 돌아가는지 아는 걸까? 눈을 뜨고 나를 보는 걸까? 내가 이상해 보이진 않을까? 얼마나 더 이러고 있어야 하지? 그러다 그가 내게 "당신은 당신의 생각이 아니다"라고 말해주어 잠시나마 내 생각으로부터 거리를 둘 수 있었다.

"자, 이제 몸과 생각에 대한 인식을 유지한 채, 마음속으로 '꼬마 코트니'를 떠올려보세요." 순간 내 머릿속에 다섯 살 무렵의 내가 떠올랐고, 눈물이 뺨을 타고 흘러내렸다(제발 제이미가 나를 보고 있지 않기를 바랐다).

다 끝났다. 제이미는 지금까지 내가 '나'라고 알던 현재의 나를 단숨에 무너뜨렸다. 이제 나는 다시는 그 명상 이전의 나로 돌아갈 수 없었다. 극단적으로 들릴지 몰라도 그런 경험을 해본 사람이라면 안다. 자신 안에서 얼마나 많은 부분을 놓치고 살았는지 처음으로 깨달은 순간, 인생이 완전히 새롭게 시작되는 것 같다. 엄청나게 무겁고 깊은 상실감이 든다.

내가 '꼬마 코트니'와 얼마나 오래 연결되었는지 기억나지 않지만, 처음으로 나 자신을 그런 식으로 마주한 순간이었고, 그 경험이 내 삶을 완전히 바꿔놓았다. 실제 '내면의 아이'를 치유한다기보다는 내가 무의식과 맺어온 방식을 바로잡는 과정이었다. '꼬마 코트니'는 단지 하나의 은유로, 이케아 전시 공간 같은 것이었다. 그 안에는 내 몸이 보내는 메시지와 뇌의 자동적 사고 양상 그리고 그것들이 지난 20여 년 동안 내가 나에게 끊임없이 들려준 이야기를 통해 내 삶을 어떻게 형성했는지가 담겨 있다. 나는 과거에도 그렇고 지금도 여전히 이 모든 이야기와 '꼬마 코트니'라는 개념까지 모두 포함한 하나의 전체로서의 나였다.

나의 첫 번째 의식적 순간은 충격적이거나 파괴적인 경험이 아니었다. 적어도 나를 '트루스 닥터'로 밀어 올린 그 1월의 사건에 비하면 아무것도 아니었다. 그래도 예상하지 못한 순간이기는 했다. 의식적으로 존재한다는 것, 곧 내면으로 향하며 내 무의식을 배우고 들여다보는 능력을 갖추는 것이 마침내 내게 **의미 있는 일**이 되었다. 그것은 내가 가지고 있었지만 이전에는 인식하지 못하던 진정한 도구이자 초능력이 되었다. 전에는 몰랐던 힘이다.

그날 제이미는 내 삶을 바꿔놓았다. 그때의 영향이 어찌나 컸는지, 나중에 맥스와 결혼식을 올릴 때 제이미에게 주례를 서달라고 부탁할 정도였다. 그날의 경험이 없었다면, 지금처럼 맥스를 깊이 사랑할 수 없었을 터였다.

나의 멧다 명상 경험은 내가 **의미 있는 의식**이라고 부르는 여정의 시작이었다. 의미 있는 의식이란 단순히 살아 있는 것 이상이다. 그리고 단순히 인식하는 것 이상이다. 테리처럼 식물인간 상태에서 뇌 스캔에 나타날 수 있는 '의식' 이상이다.

의미 있는 의식이란 통제된 의식이고, 의도된 의식이다.

의식을 이용해 무의식을 탐색하고, 타인과 연결하며, 사회와 내 세대를 보다 긍정적이고 인간적인 방향으로 이끌어가는 것이다.

과거의 나는 항상 감정을 느꼈다. 하지만 그 감정의 의미를 무시했다. 언제나 생각이 넘쳐났고, 그런 생각에 지나치게 많은 의미를 부여했다. 항상 경험하면서 살아왔지만, 그 모든 경험에서 좋은 점보다 싫은 점에, 내가 통제할 수 있는 부분보다 통제할 수 없는 부분에 더 몰두했다. 나는 내 무의식이 나를 어디로 데려가든 그저 수동적이고 무력하게 사슬에 묶인 승객처럼 끌려다녔다. 충격받는 경험이 어느새 일상이 되었다. 나는 한 번도 내 의식을 통제할 기회를 나 자신에게 허락하지 않았고, 의식이 내게 기쁨이나 통찰, 연결감, 사랑, 균형감, 자기 인식을 가져다줄 수 있다는 사실조차 인식하지 못했다. 내 세계에서 자기 인식은 나쁜 것이었고, 내 피부 속으로 들어가지 못했다.

그날 제이미와 함께한 명상 체험은 내 삶의 모든 것을 바꾸어 놓았다. 이제 당신은 의식의 마지막 두 단계인 11단계와 12단계를 통해 제이미가 내게 해준 일을 다른 누군가에게 해줄 기회를 얻을 것이다. 내가 이 책을 통해 내 이야기를 진솔하게 나눈 이유는 당신도 당신의 진실을 발견하도록 돕기 위해서였다.

11단계는 '의식한다'는 것의 의미를 더 넓은 관점에서 바라보고, 나와 우리 모두의 내면에 존재하는 무의식을 더 깊이 이해하는 단계다. 의식적 개인으로 성장하려면 자신이 더 넓은 맥락과 더 넓은 세상, 80억 인구가 사는 지구에서 존재한다는 사실을 인식해야 한다. 당신의 내면을 들여다보는 자기 성찰과 외부로부터 얻을 수 있는 배움 사이의 균형을 인정해야 한다. 장님 여섯 명이 각자가 알아낸 진실을 하나로 결합해 코끼리의 진정한 본질을 인식했듯이, 당신도 무의식의 각 부분을 통합해 그것이 드러나는 모습을 온전히 인식하는 것이다.

한편으로 자기 성찰은 자신의 생각과 행동을 이해하는 데 도움이 된다. 또 한편으로는 책이나 멘토, 전문가 같은 외부의 지혜를 구하는 방법도 개인적인 이해를 넓히고 깊이를 더할 수 있고 실제로 그렇게 된다. 제이미와 함께 명상 수련을 한 그날 오후는 내가 치유 여정을 시작한 지 2년쯤 지난 시점이었다. 나는 이미 자기를 성찰하고 있었다. 하지만 내게는 아직 새로운 이해가 필요했다. 그리고 그 이해는 다른 사람을 통해서만 얻을 수 있는 것이었다.

11단계의 경험은 당신을 개인적, 사회적, 문화적, 영적 체험의 만화경 속으로 안내해 의식을 다양한 각도와 관점에서 바라보게 해준다. 내게 이 단계는 한 인간이자 치유하는 사람으로서 언제나 '존재'와 '의식'을 더 깊이 이해하려는 노력의 일부였다. 나는 나 자신에게 끊임없이 이렇게 묻는다. **"나는 왜 존재하는가 그리고 어떻게 의식적인 인간으로서 이 삶에 의미를 부여할 수 있을까?"**

당신이 자신과 무의식, 의식에 대해 더 많이 배울수록, 이 질문의 답은 점점 더 선명해질 것이다. 이 질문의 답을 찾는 것은 삶의 목적 중 하나로 삼을만한 가치가 있다. 나는 이 질문을 내 삶의 목적으로 삼았고, 내게 넘치게 값진 여정이었다.

STEP 11 질문

Q1. 이 여정을 시작한 후, 당신이 이해하는 '의식'과 '무의식'의 개념이 어떻게 변화했는가? 이전과 지금을 단순 비교하는 것이 아니라 각 단계를 거치는 사이 그 이해가 점진적으로 어떻게 변화하고 확장되었는지 돌아보라.

Q2. 11단계에 이르기 전까지 당신은 의식에 대해 어떻게 배울 것이라고 예상했는가? 이 질문의 답은 당신의 무의식이 무엇이 효과적일 거라고 생각하는지(혹은 아예 생각조차 하지 않는지)를 판단하는 데 도움이 될 수 있다.

Q3. 정신 건강과 안녕감, 인간성, 의식에 관해 당신이 자주 찾는 지혜와 지식의 원천은 무엇인가? 아직 없다면, 나의 소셜커뮤니티(@the.truth.doctor)에 가입해 시작해보라. 나는 이 공간에 꾸준히 자료를 공유한다.

Q4. 당신이 의식적으로 성장하면서 '당신'이라는 개념이 어떻게 달라졌는가? 어떤 부분이 그대로 남아 있는가?

 **STEP 11 경험**

당신에게는 다섯 가지 선택지가 있다. 모두 시도해도 되고, 가장 마음에 와닿는 한 가지만 선택해도 된다. 첫 번째는 제이미가 나를 이끌어준 명상이다. 이 중 하나라도 실천할 때마다 당신은 더 넓은 자기 인식과 더 높은 의식 수준으로 가는 길을 의식적으로 선택하는 셈이다.

(1) 멧다 명상

편안한 자세로 앉거나 누워라. 등을 곧게 세우거나 바닥에 편히 눕고, 두 발은 바닥에 붙이거나 다리를 쭉 뻗고, 두 손은 무릎 위에 올리거나 가슴 위로 가볍게 교차해서 얹는다. 숨을 자연스럽게 쉬되, 잠시(몇 분 정도) 호흡에 집중한다. 호흡에 집중하기 어렵다면, 몸 전체나 눈앞의 특정 지점에 의식을 집중해 가만히 그곳에 주의를 기울인다. 준비되면 아래의 문장을 하나씩 읽으며 따라가 보라.

| **당신이 과거의 어느 나이에 혼자 앉아 있는 모습을 떠올려보라.**

가장 먼저 떠오르는 나이로 정하면 된다. 자신을 바라보라. 그 시기의 당신 안팎에 일어나는 감정과 생각, 인식, 개념을 느껴보라. 준비되면, (의식적으로 몇 분간 관찰하고 감각에 집중한 후) 마음속으로 혹은 소리 내어 과거의 당신에게 이렇게 말하라. "네가 행복하기를, 건

• yourunconsciousisshowing.com에서 '11단계 경험 양식'을 무료로 내려받을 수 있다.

강하기를, 안전하기를, 평안하기를 바란다."

| **이제 당신이 사랑하는 사람을 떠올려보라.**

그 사람이 당신을 향해 웃는 모습을 그려보라. 그 사람이 당신에게 무슨 말을 건네는지, 그 말이 당신에게 어떤 감정을 불러일으키는지 상상해보라. 그 사람이 당신을 바라볼 때 그 사람은 어떤 감정이 느낄지도 상상해보라. 그 사람과의 관계를 느껴보라. 준비되면, 이번에는 그 사람에게 이렇게 말하라. "당신이 행복하기를, 건강하기를, 안전하기를, 평안하기를 바랍니다."

| **다음으로 당신 삶에서 중립적인 누군가를 떠올려보라.**

자주 마주치지만 특별한 사적인 관계는 아닌 사람, 가령 자주 가는 카페의 바리스타나 학교 앞에서 아이들을 안내하는 교통 안내원, 직장의 안내데스크 직원 같은 사람이다. 그 사람의 삶이 어떨지

상상해보라. 그 사람도 당신처럼 날마다 수많은 경험을 하고, 희망과 꿈과 두려움을 안고 살아가며, 아마 당신처럼 더 오래 자고 스트레스를 덜 받기를 바랄 것이다. 그들이 당신에게 미소 짓는 모습을 떠올리며 다시 이렇게 말하라. "당신이 행복하기를, 건강하기를, 안전하기를, 평안하기를 바랍니다."

│ 이번에는 과거에 당신에게 상처를 준 사람을 떠올려보라.

반드시 심각한 고통을 준 사람이어야 하는 것은 아니다. 우선은 당신을 불편하게 했거나, 당신의 삶에 약간의 지연이나 균열을 일으킨 사람이면 된다(언젠가 더 심각한 상처를 준 사람들에게까지 이 연습에 확장하면 도움이 되겠지만, 거기까지는 시간이 걸린다). 그 사람의 얼굴을 중립적인 표정으로 떠올려보라. 그 사람을 한 인간의 모습으로 떠올려보라. 준비되면, 이번에는 이렇게 말하라. "그들이 행복하기를, 건강하기를, 안전하기를, 평안하기를 바랍니다." (주의: 마지막 인물에 대해서는 당신을 향해 미소 짓는 모습을 상상하라고 하지 않았다는 점에 주목하라. 억지로 부자연스러운 장면을 떠올리려 하지 말라.)

│ 마지막으로 시야를 지구상의 모든 인간으로 넓혀보라.

짧은 순간이라도 좋으니 모두가 이 지구 위에서 의식적이고 의도적으로 공존할 수 있다면 어떤 모습일지 상상해보라. 그 공간에 충분히 머물러보자. 당신의 영혼에 좋은 연습이다. 그리고 준비되면, 다시 한번 이 말을 해보라. "우리가 행복하기를, 건강하기를, 안전하기를, 평안하기를 바랍니다." 명상 경험을 마친 후 소감을 적어보라.

신체 동작

신체적 무의식

(2) 요가 또는 다른 신체 움직임

요가뿐 아니라 태극권, 춤, 가벼운 스트레칭, 매일 20분 정도의 산책과 같은 신체 활동을 일상에 넣어보라. 동작과 호흡이 어떻게 조화를 이루는지, 몸의 감각이 생각과 어떻게 연결되는지 의식적으로 관찰하라. 어려운 동작이나 속도를 정해놓고 매일 조금씩 더 오래 유지해보라. 이 연습으로 인식 능력이 높아지고 자기 통제력이 길러질 것이다.

목적이 있는 신체 활동에는 집중력과 인식, 명료한 사고가 필요하다. 특정 자세나 동작의 순서, 속도에 익숙해지는 사이 일상의 틀과 기억, 학습된 행동을 담당하는 무의식 영역이 이제 '당신'의 지시를 더 경청하도록 훈련하는 것이다.

(3) 의식적 학습과 탐색

의식과 무의식의 세 부분에 대해 꾸준히 배우려고 노력해보자.

책을 읽거나, 관련 영상을 보거나, 다양한 주제를 다루는 강연이나 워크숍에 참여하는 것이다. 예를 들어, 자동인지에 관한 신경과학 강의를 듣거나, 슬픔이 식습관과 수면 양상을 어떻게 바꾸는지를 검증하는 블로그 글을 찾아볼 수 있다. 이처럼 새로운 아이디어와 이론, 관점을 접하게 되면서 자신의 인지적 개념화를 재구성하고 확장한다.

도움을 주자면 새로운 통찰이나 질문, 생각을 기록하는 일지를 작성해보라. 그리고 이 내용을 스터디 모임이나 온라인 포럼, 소셜 미디어에서 공유하거나 토론하는 것도 좋은 방법이다.

(4) 공동체 및 영적 참여

의식의 여정을 함께 나누고 토론하는 모임을 시작하거나, 이미 존재하는 모임에 참여해보라. 가능하면 '의식의 12단계'를 함께 실천하면서 탐구하는 모임이 이상적이다. 각자의 이야기와 생각을 나

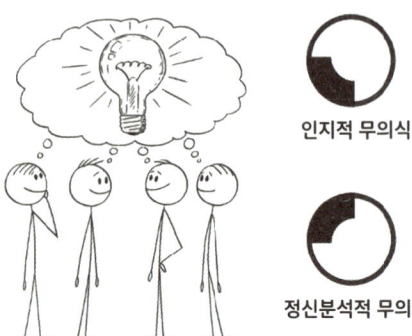

지역사회 참여

누는 과정은, 자신과 타인의 무의식에 깊이 뿌리내린 양상을 더 깊이 이해하는 데 큰 도움이 된다. 기존의 사고방식에 도전하거나 고정관념을 깨부수는 토론이나 논의, 학습 모임, 집단 활동에 적극적으로 참여하라.

추가로 지역사회 명상이나 인식 캠페인, 의식 기반 워크숍과 같은 의식적 성장에 중점을 두는 지역사회 행사를 직접 기획하거나 참여해보라.

(5) 의식적 문화 확장

자신과 다른 문화를 깊이 있게 체험하는 데 시간을 투자해보라. 다른 문화의 음식을 먹고, 음악을 듣고, 전통에 관해 읽어보라. 다양한 문화를 직접 경험하면 당신을 둘러싼 다채로운 세상에 대한 이해가 넓어진다. 다른 문화가 의식과 존재, 통제, 책임을 어떻게 바라보는지 알면 놀랄 것이다. 준비되면 한 걸음 더 나아가, 다른 문화의

의식적 문화 확장

- 신체적 무의식
- 인지적 무의식
- 정신분석적 무의식

사람과 대화를 나누어 삶과 존재, 인간으로 사는 것에 대한 개념적 이해를 넓히자.

문화 교류 프로그램에 참여하거나, 새로운 언어를 배우거나, 세계적인 관점을 다루는 국제 세미나나 워크숍에 참가해보는 것이다. 우리는 모두 같지만, 동시에 놀랄 만큼 다르다.

12단계 공유된 의식
이제 다른 사람이 변할 수 있도록 도와라

—

'트루스 닥터', 날마다 누군가로부터 인생이 나아졌다는 감사의 메시지를 받는 사람. 내가 이런 사람이 될 줄은 꿈에도 몰랐다. 삶의 대부분을 무의식 상태에서 살아온 나로서는 '행동으로 이끄는 삶'은 내 인생의 목표와 가장 거리가 먼 것이었다. 나는 나 자신을 들여다보기는커녕 누구에게도 나를 보여주고 싶지 않았다.

하지만 '트루스 닥터' 여정을 시작하고 지난 5년 동안 내가 깨달은 것이 있다면, 6장에서 이야기한 삶의 역설이 믿을 수 없을 만큼 진실이라는 것이다. 자신이 무의식적이라는 사실을 더 많이 인정할수록 무의식에서 더 많이 벗어나고, 또 인간으로 살아가는 것이 어렵다고 인정할수록 인간으로 살아가는 일이 더 쉬워진다는 역설 말이다.

얄궂게도 내가 다른 사람들에게 가장 가치 있게 기여한 순간은 내가 온전히 '코트니'로 존재할 때이지, 남들이 기대하는 '치료사'나 '엄마', '아내'의 개념화된 모습일 때가 아니었다. 말하자면 내가 '먼저 인간'인 순간에 남들에게도 가장 도움이 될 수 있었다. 나는 내 이야기와 그 과정에서 배운 교훈을 나눌 때 사람들에게 가장 도움이 되었다. 당신도 누군가에게 이런 식의 도움을 줄 수 있다.

자신의 여정과 이야기, 의식(그리고 무의식)을 다른 사람과 나누는 방법은 다양하다. 첫 번째로 내가 인터넷에서 해온 대로 자신이 '먼저 인간'이라는 사실을 나누고, 자신의 무의식이 드러나는 상태를 두려워하지 않으며 그로 인한 손상은 빠르게 수습한다. 나는 이것을 '행동으로 이끄는 방법'이라고 부른다.

꼭 인터넷에서 해야 하는 것은 아니다. 친구와 동료, 자녀, 배우자를 비롯한 가까운 사람들과 사적인 공간에서 이끌어줄 수도 있다. 자신의 치유 경험을 나누어 남들도 치유할 수 있도록 이끌어주는 방법은 세상을, 혹은 다른 누군가의 삶을 더 나은 방향으로 이끌어준 모든 이가 해온 접근법이다.

두 번째 방법은 '의식의 지지자'가 되어주는 것이다. 다른 사람이 '의식의 12단계'를 거치도록 이끌어주는 것이다. 누군가는 당신의 변화를 알아채고 당신의 성장에 관심을 보일 뿐 아니라 그 자신도 12단계의 여정을 시작하고 싶다는 의지를 내비칠 수 있다. 이런 사람을 이끌어주는 것이 더 의식적인 세상을 만들어가는 방법이다.

이제 당신은 의식의 여정을 시작하려는 이들에게 손을 내밀 준비가 되었다. 당신은 앞선 열한 단계를 거쳐 여기까지 왔다. 당신은 이제 통찰과 수용, 용기, 지혜로 다져진 행동을 통해 다른 누군가에게 등불이 되어줄 수 있다. 그리고 그들은 당신을 지켜보고 당신에게서 배울 것이다. 작가 파울로 코엘료는 이렇게 말했다. "누구도 문 뒤에 숨겨두려고 등불을 켜지 않는다. 빛의 목적은 더 많은 빛을 만들어내고, 사람들의 눈을 뜨게 하며, 세상의 경이로움을 드러내는 것이다." 당신은 누군가가 자신을 왜곡 없이 있는 그대로 바라볼 수 있게 도와줄 수 있다. 그들이 좋은 의미의 자기 인식을 갖도록 도울 수 있다.

 사전 질문

12단계 경험을 시작하기 전에 다음 질문에 답하라.

Q1. 당신의 새로운 의식 수준이 주변 사람들에게 어떤 영향을 미쳤는가?

Q2. 전반적으로 당신의 삶은 어떻게 더 '의식적인' 삶으로 바뀌었는가?

Q3. '의식의 12단계'를 실천하는 동안 어떻게 다르게 했다면 좋았을 거라고 생각하는가?

Q4. 12단계 여정에서 특히 감사한 일은 무엇인가?

Q5. 12단계를 거쳐온 지금은 누군가가 '의식'이나 '무의식'을 말할 때 어떤 말을 해주겠는가?

Q6. 전반적으로 의식의 12단계 여정이 당신의 삶을 어떻게 변화시켰는가?

 경험*

이 과정에서는 마음챙김과 인내심 그리고 타인뿐 아니라 자신의 경계를 존중하는 태도가 필요하다. 각자의 여정이 고유하다는 사실을 인정하고 존중하면서 경청하고, 각자의 의식적 경험이나 12단계 여정을 통제하려 하지 않으면서 조심스럽게 이끌어주는 역할을 해야 한다. 당신의 통찰은 분명 가치가 있지만, 어차피 모든 사람은 자기만의 길을 스스로 발견하고 직접 걸어가야 한다.

(1) 의식적 지지

이 연습에서 당신은 현재 '의식의 12단계'를 시도하는 누군가의 옆에서 지지자가 되어준다. 관계의 강도는 그 사람의 필요에 따라 달라질 수 있다. 다만 이 연습은 자기 탐색의 과정이므로 당신이 그랬듯 그 사람도 혼자 감당할 부분이 많다. 당신이 대신 경험해줄 수 없고, 그 사람의 질문에 정답을 제시할 수도 없다. 당신은 그 사람의 의식을 알 수도 없다. 다만 당신이 해줄 수 있는 일은 무의식의 세부분을 통제하는 것이 얼마나 어려운지 깨달은 한 인간의 마음으로 지지해줄 뿐이다. 당신이 이 과정을 견뎌냈듯이 그 사람도 해낼 수 있다.

- yourunconsciousisshowing.com에서 '12단계 경험 양식'을 무료로 내려받을 수 있다.

의식적 지지 과정의 지침

자기 성찰: 누군가를 이끌어주기 전에, 먼저 자신의 12단계 여정을 돌아보는 시간을 갖는다. 당신이 헤쳐온 난관과 당신이 얻은 통찰, 특히 도움이 된 도구나 전략을 떠올려보라. 이런 경험은 당신이 멘토 역할을 하는 데 중요한 자양분이 된다.

첫 만남: 첫 만남은 열린 대화를 나눌 수 있는 안전한 공간에서 일어나야 한다. 당신의 여정에 관해서는 너무 자세히 들어가지는 말고 신뢰와 유대감을 형성할 수 있을 정도로만 간단히 공유한다. 상대가 자신의 동기와 두려움에 대해 편하게 이야기할 수 있는 분위기를 조성한다.

경계 설정: 소통 빈도, 만남 횟수, 관계의 성격에 대해 의논하고 경계를 명확히 설정한다. 양쪽 모두가 편안하게 동의하는 조건을 마련해야 한다.

단계별 안내: 상대가 각 단계를 거치는 동안, 해당 단계에 대한 당신의 통찰과 경험을 나눈다. 다만 항상 제안의 형식이어야지, 강요하거나 정답을 알려주는 식이어서는 안 된다. 상대가 자기만의 이해와 길을 찾도록 여지를 주어야 한다.

지속적인 피드백: 몇 단계마다 피드백 시간을 마련한다. 어떤 점이 도움이 되었는지, 어떤 어려움이 있었는지 그리고 당신이 어떻게 하면 더 나은 지지자가 되어줄 수 있을지 함께 의논한다.

중요한 단계 기념하기: 각 단계를 완수하는 것은 중요한 성취다. 진전을 인정해주거나 조촐하게 축하해주어 상대의 진전을 격려한다.

공감으로 어려움 다루기: 당신이 그랬듯 상대도 도중에 어려움을 겪을 것이다. 그런 순간에는 이해와 공감의 마음으로 다가가라. 당신이 비슷한 상황을 어떻게 이겨냈는지 나누되, 상대가 스스로 해법을 찾도록 격려하라.

마무리: 상대가 12단계를 모두 마쳤다면 마지막 만남을 갖는다. 그간의 여정을 함께 돌아보고, 변화에 관해 이야기하며, 향후의 방향에 대해서도 의견을 나눈다. 그리고 상대가 또 다른 누군가의 지지자가 될 수 있도록 격려하라. 그러면 배움과 의식 성장의 순환이 끊임없이 이어질 것이다.

이제 마지막에 이르렀다. 당신이 이 여정을 통해 의식적으로 변화했다고 느끼기를 바란다. 예전보다 자신과 삶을 훨씬 더 통제할 수 있다고 느끼기를 바란다. 한 인간으로서 자신을 더 잘 이해하기를 바란다. 당신은 몸과 뇌, 마음을 지닌 존재로서 이해받고 존중받고 돌봄을 받을 자격이 있다.

이제 당신은 무의식적 인간으로 살아가는 일을 혼자 감당하지 않아도 된다. 나도 여기 있고, 이 책의 독자들도 여기 있다. 그밖에도 '의식의 12단계'를 실천하는 사람들이 있다. 어딘가에 분명 그들이 존재한다. 그들을 찾아가라.

의식적으로 성장하는 일은 꼭 필요한 작업이고, 하나씩 단계를 밟아가는 여정이다. 우리가 이 여정을 멈추지 않고 계속해나간다면, 우리의 노력이 분명 세상을 구할 수 있을 것이다. 다음에 다시 만날 때까지 이 한마디를 기억하라.

당신의 무의식이 드러나도 괜찮다. **우리 모두 그렇다.**

9장 요약

▶ 우리가 스스로 얼마나 의식적인지 결정할 수 있다. 이것은 생각보다 더 큰 특권이다.

▶ 자기 인식을 가져라. 그리고 반복해서 다시 찾아라. 적어도 매년 두 번은 찾아라. ㅡ 10단계

▶ 우리는 우리의 의식을 알았다. 이제 타인의 의식도 알아가자. 세상에는 우리가 아직 알지 못하고, 알아야 할 가치가 있는 것이 아주 많다. ㅡ 11단계

▶ 다른 사람을 행동으로 이끌고, 의식적으로 지지하라. 사실 그리 복잡하지 않다. ㅡ 12단계

▶ 맞다. 인간으로 산다는 건 어렵다. 다들 정말 잘 해내고 있다.

감사의 말

늘 변함없는 지지와 사랑으로 저를 든든히 지탱해주고 제게 안식처가 되어주는 남편 맥스에게 고마운 마음을 전합니다. 이 책이 세상에 나온 해에 우리가 함께한 지 스무 해가 되었습니다.

맥스, '당신'이 없었다면 나는 '나'일 수 없었을 거예요. 사랑해요.

제 부모님 켄과 디닌, 제게 생명을 주어서 감사합니다. 이제껏 저를 있는 그대로 받아주었지요. 두 분이 늘 있는 그대로의 솔직한 모습으로 대해주었기에, 우리 가족이 모두 사랑스럽고 멋진 사람들로 자랐어요. 저는 언제까지나 부모님의 어린 딸입니다. 한없이 사랑합니다.

제 시부모님 트리샤와 제프, 저를 지지하고 제가 꿈을 꿀 수 있도록 단단한 기반을 다져주셨지요. 게다가 남편까지 보내주셨으니 더없이 감사합니다. 그이는 참 멋진 사람이에요.

새미 쿨스, 당신만의 따뜻한 마음과 깊은 통찰로 제게 '트루스 닥터'의 여정을 열어주어서 고마워요. 당신은 모든 것을 누릴 자격이 있어요. 계속 감정을 느끼세요. 그것이 당신의 힘이에요.

제시카 플로레스, 그날과 그밖에도 다른 모든 날에 내 전화를 받아줘서 고마워. 나도 네게 그렇게 해줄 수 있기를 바라. 너는 내게 가장 소중한 친구이고, 네가 정말로 자랑스러워.

유능한 문학 에이전트 세세 리라. 제게 기회를 주고, 제 거창한 꿈을 뛰어넘는 뜨거운 열정과 헌신으로 이 책을 받아주어서 감사합니다. 이제껏 잘 이끌어준 덕에 이 책이 세상에 나올 수 있었습니다. 제 비전이 실현될 수 있을 거라고 믿어 줘서 고맙습니다.

세리와 새러, 이 책의 기획 단계와 초반 집필 과정을 함께 해주어 감사합니다. 제가 이 책의(그리고 저의) 복잡다단한 면을 차분하고 침착하게 헤쳐나갈 수 있도록 이끌어주었습니다.

아일린 로스차일드와 세인트 마틴스 출판사의 관계자 여러분에게도 감사의 마음을 전합니다. 제 비전을 알아봐 주고 이 책이 기대한 만큼 완전한 결과물로 나올 거라고 믿어주어서 고맙습니다. 이 책에 대한 모두의 신뢰가 제게는 큰 동기이자 자부심이 되었습니다.

끝으로 세상 어딘가에서 저를 있는 그대로 봐 주는 모든 분께 감사합니다. 여러분의 인정과 지지는 제가 진정한 저로서 살아갈 용기를 줍니다. 모든 인간 여러분, 감사합니다. 여러분 모두가 존재해 주어서 무척 기쁩니다.

**무의식의 12단계
예시 답변**

1단계 질문 중 6번과 7번 (본문 228쪽)

Q6. 지난 한 해를 돌아볼 때 당신이 무의식적으로 한 선택이나 결정 중, '그렇게 하지 않았으면 좋았을' 만한 것은 무엇인가?

지난 1년간의 무의식적 결정과 행동
- 매일 식사와 수분 섭취에 대한 내 몸의 욕구를 무시함
- 맥스의 행동을 자주 지적함(바꿔도 큰 차이도 없는 상황에서)
- 모르는 사람의 동기를 속단하면서 그에 따라 판단함
- 외부 소음에 압도되어 지나치게 감정적으로 반응함
- 스트레스를 무디게 하기 위한 습관에 의존하지만 오히려 기분이 더 나빠짐
- 인생이 기대대로 흘러가지 않을 때 무력감을 느낌

Q7. 이런 무의식적 행동과 결정의 결과는 무엇인가?

지난 1년간 내 무의식으로 인한 결과

- **무의식적 선택**: 식사와 수분 섭취에 대한 내 몸의 욕구를 무시함
  - ▶ 결과: 신체 건강이 나빠지고 기력이 떨어져 아이들과 놀아주고 싶어도 그러지 못함
- **무의식적 선택**: 맥스의 행동을 자주 지적함
  - ▶ 결과: 맥스는 스트레스를 받고, 나는 죄책감을 느낌
- **무의식적 선택**: 낯선 사람들의 동기를 속단하고 그에 따라 판단함
  - ▶ 결과: 친구가 줄어들고, 고립감이 심해짐
- **무의식적 선택**: 외부 소음에 압도되어 감정적으로 과도하게 반응함
  - ▶ 결과: 내 몸과 분리된 감각이 강화됨
- **무의식적 선택**: 스트레스를 무디게 하기 위한 습관에 의존하지만 오히려 기분이 더 나빠짐
  - ▶ 결과: 프로젝트 진행이 지연되고 자기 비난이 늘어남
- **무의식적 선택**: 인생이 기대대로 흘러가지 않을 때 무력감을 느낌
  - ▶ 결과: 미루기와 압도감 같은 중독적인 신체 반응 양상으로 굳어짐

2단계 질문 중 1번과 4번 (본문 232~233쪽)

Q1. 무의식의 각 부분과 의식을 어떻게 정의하는가? 각 개념에 대해 자신만의 정의를 적어보라.

나의 신체적 무의식은 <u>내 몸의 마음</u>이다.

이 무의식은 때로 내게 필요한 것을 얻기 위해 내 뇌의 마음을 통제하기도 한다. 나는 이 무의식을 자주 무시한다.

나의 인지적 무의식은 <u>내 머릿속에서 자동으로 튀어나오는 생각</u>이다.

이 생각은 어디서 비롯되는지는 알 수 없다. 내가 '생각 없이' 내리는 선택과 판단이 여기에 속한다. 이 무의식은 내가 사람들을 판단하게 만들고, 원하지 않는 생각을 하게 만들기도 한다.

나의 정신분석적 무의식은 <u>내 삶의 이야기에서 내 위치와 이야기를 뇌가 이해하는 방식</u>이다.

사실 예전에 내가 무의식의 전부라고 생각한 영역이다. 내가 세상의 모든 일을 이해하게 해주고 세상의 모든 일을 내게 의미 있게 만들어주기도 한다.

나의 의식은 <u>내 몸과 뇌, 마음을 성찰하는 능력</u>이다. <u>내 통제력</u>이다. 그리고 나를 인간으로 만들어주는 요체라고 생각한다. 나는 이 영역을 더 키우고 싶다. 이 영역을 (내 무의식과 함께) 잘 활용한다면 내게 유용한 힘이 되어줄 것이다.

Q4. 당신에게 더 의식적인 삶이란 신체적으로나 인지적으로나 정신분석적으로나 전체적으로 어떤 모습인가?

신체적으로 나는 내 몸을 진실로 돌보고, 몸에 필요한 것을 채워주며, 더 이상 판단하지 않을 것이다.
인지적으로 나는 사람들과 대화하기 전에 잠시 멈추어 사람들에 대한 내 판단을 점검할 것이다.
정신분석적으로 나의 반복되는 양상을 알아채고, 나와 내 삶에 대한 관점을 더 넓힐 것이다.
전반적으로 나는 나 자신을 더 소중히 여기고, 압도감을 덜 느끼며, 통제력을 더 많이 느낄 것이다.

3단계 질문 중 2번(본문 242~243쪽)

Q2. 당신은 지금까지 자신의 삶을 완전히 통제하지 못한다는 사실을 어떤 식으로 받아들이려 하지 않았는가? 과거나 현재에 그 사실을 받아들이는 것이 왜 그렇게 어려웠는가? 앞으로는 왜 어려울까? 아래는 내가 이 질문에 대해 처음 적은 대답이다.

"나는 평생 통제력을 잃은 느낌으로 살아왔다. 살아 있는 것조차 내 선택이 아니었고, 어린 시절에는 생존을 위한 기본적인 욕구조차 채워지지 않았으며, 정신적 외상을 입었고, 큰 실수를 저질렀으며, 내 감정이나 욕구를 조절하지 못한다는 이유로 괴물이라는 말까지 들었다. 나는 사는 게 수치스러웠다. 나만 이렇게 사는 것 같았다. 세상에서 오로지 내 몸과 뇌만 삶에 '제대로 대처하지 못하는' 기분이었다. 내가 오랫동안 삶의 통제력을 잃었다는 사실을 인정하지 않으려 한 이유는 내가 끔찍한 인간이라는 증거로 보여서였다. 나는 지금도 죄책감과 수치심, 비난, 후회가 결국 나를 짓눌러 다 포기하게 할까 봐 두렵다."

4단계 경험(무의식 점검 목록) 중 4번과 5번(본문 257~258쪽)

(4) 문장 완성

주어진 개방형 문장을 보고 맨 처음 떠오르는 생각을 적어넣어 문장을 완성하라. 아래는 내가 작성한 자동적 문장 완성의 예시다.

문장 + 예시 단어 + 자동 반응

나는 나쁜 엄마가 되는 게 '두렵다'.
나는 있는 그대로의 나로 받아들여질 수 있다면 '행복할' 것이다.
나는 '낯선 사람들과 함께 있을 때' 당황하고 혼자 있고 싶다.
▶ **양상**: 나는 남들이 나를 어떻게 생각할지, 혹은 남들이 내게 무슨 짓을 할지 모른다는 불안감으로 인해 모든 차원에서 무의식적으로 스트레스를 받는다.

(5) 개념 평가의 진화

마음속에 존재하는 다양한 개인적인 개념을 적고, 현재 그 개념을 어떻게 생각하는지도 함께 적는다. 다음으로 과거에는 같은 개념을 어떻게 생각했고, 미래에는 어떻게 생각할지도 함께 적어보라. 아래는 개념 중 '**성공**'을 선택했다.

현재의 정의: 현재 당신은 성공이란 고소득 직업을 갖고 집을 소유하며 전문 분야에서 인정을 받는 것이라고 정의할 수 있다.

과거의 정의: 어렸을 때는 학교에서 좋은 성적을 받거나 친구들 사이에 인기가 많거나 대회에서 우승하는 것을 성공이라 여겼을 수 있다.

미래의 정의: 앞으로는 성공을 일과 생활의 균형을 유지하면서 행복을 느끼고 의미 있는 관계를 맺으며 공동체에 긍정적으로 기여하는 것이라고 정의하고 싶을 수도 있다.

정의의 진화: '성공'의 정의가 외적 성취와 물질적 기준으로부터 개인적인 만족과 공동체에 대한 긍정적인 기여로 변화한 것을 알 수 있다.

변화가 일어난 이유: 이런 변화는 개인적인 경험을 통해 일어났을 수 있다. 말하자면 연봉이 높다고 반드시 행복한 것이 아니라거나, 포상이나 칭찬보다 의미 있는 관계가 더 충만감을 준다는 사실을 깨달은 것이다. 이것은 당신의 뿌리 깊은 가치관이나 장기적인 안녕감에 더 잘 어울리는 방향이므로 긍정적인 변화일 수 있다.

6단계 경험 중 2번 (본문 286~287쪽)

(2) 간추린 목록 & 무의식적 변화

당신의 '무의식적 변화 목록'을 살펴보고, 무의식의 각 부분에서 먼저 다루고 싶은 한두 가지를 선택하라. 반드시 구체적으로 적어야 한다. 자세히 적어둘수록 그 행동이 드러날 때 쉽게 알아챌 수 있다. 다음은 내가 최근에 작성한 '간추린 목록 & 무의식적 변화'의 예시다. 내 사례에서 각 행동이 나타나는 방식을 내가 어떻게 구체화하는지에 주목하라.

나의 신체적 무의식

- **신체 긴장 반응**: 항상 몸이 긴장되고 피로하며 턱이 자주 뻐근하거나 딸깍거리며 근육이 긴장하고 복통이 일어남.
- **움직이지 않는 생활**: 거의 외출하지 않고 주로 침대에 누워 있으며 앞마당이나 뒷마당에도 거의 나가지 않고 가까운 동네 산책도 거의 하지 않음.

나의 인지적 무의식

- **과잉 일반화**: 거의 모든 것을 보자마자 빠르게 좋다거나 나쁘다고 판단함. 호기심을 갖거나 기다려보지 못하고 속단함(내게는 인내심이 절실하다).
- **완벽주의**: 지나치게 세세한 부분까지 알아채고 부수적인 부분을 흘려보내는 대처 능력이 부족해 모든 일이 지연되고 모든 일에서 심각하게 불안해함.

| 나의 정신분석적 무의식

- **의사결정의 어려움**: 내 욕구보다 남의 욕구를 먼저 고려하면서 정작 내가 원하는 방향과는 전혀 다른 방향으로 비합리적이고 감정적으로 결정함.
- **회피**: 어떤 사람에게 꼭 할 말이 있어도, 그 말을 꺼내는 것이 내 가치관과 충돌하는 느낌이 들면 끝내 말하지 못함.

7단계 경험 중 1번과 3번 (본문 293~297쪽)

(1) 의식적 성장 실행 계획

먼저 당신의 간추린 무의식 변화 목록에서 무의식의 세 부분(신체적, 인지적, 정신분석적 무의식) 중 하나에서 무의식적 행동 한 가지를 선택한다. 바꾸고 싶은 행동을 골랐으면, 종이를 반으로 나누어 왼쪽 칸에는 무의식적 행동을 적고, 오른쪽 칸에는 당신의 의식이 이런 상황에 어떻게 다르게 대처할 수 있고, 실제로 어떻게 대처할지 적는다. 예를 들어 이런 식일 수 있다.

나의 인지적 무의식적 행동	나의 의식적 뇌
완벽주의적인 행동. 지나치게 세세한 부분까지 인식하고 그중 많은 부분에 대한 집착을 버리기 위한 대처 기술이 없어서 모든 일에서 지연되고 극심한 불안에 사로잡힌다.	수용하기. 사소한 부분까지 살펴보지 않고 그대로 두고 이런 부분과 분리하는 대처 기술이 있어서 더 신속하게 결정하고 더 평온하게 접근할 수 있다.

의식적 성장 실행 계획표(예시)

무의식적 습관: **완벽주의**	의식적 목표: **수용**
신체적 목표: **내부 수용 감각 조율**	4시간 걸리는 연습을 시작하기 전에 15분간의 신체 점검 시간을 미리 정해두고 내 몸의 상태가 어떤지 점검한다. '나는 정해진 시간에 내 몸이 필요로 하는 것을 제공하겠다.'
인지적 목표: **메타인지**	'속도를 늦추면 가족을 부양할 수 없을 거야'는 자동적이고 본능적으로 떠오르는 생각이고 이 생각을 반드시 따를 필요는 없다는 사실을 알아챈다. 그보다는 '나는 이미 잘하고 있고, 늘 그래왔어'라는 생각으로 대체한다.
정신분석적 목표: **스토리텔링**	이 과정에서 사소하고 중요하지 않은 부분에서 막히면, 머릿속으로 그 이야기를 끝까지 따라가 본다(그러면 얼마나 터무니없는 이야기인지 깨달을 것이다). '괄호 안팎의 마침표 하나라도 틀리면, 독자들이 이 책을 좋아하지 않고 아무도 책을 사지 않을 거야.' (얼마나 터무니없는 생각인가!)
환경적 목표: **시각적/물리적 신호**	내 노트북에 '별일 아니냐. 그냥 계속해'라고 적은 스티커를 붙여두겠다. '완벽한' 결과물을 내야만 살아남을 거라는 과거의 관점과 싸우기 위한 장치다.
지지 목표: **책임 동반자**	맥스에게 우리가 함께 연습하는 동안 내 완벽주의 성향을 완곡히 지적해달라고 부탁하겠다. 또 맥스가 개인적으로 완벽하지 않아도 괜찮았던 순간을 알아채면 그 순간에 그의 몸과 생각, 감정이 어떤 식으로 작동했는지도 말해달라고 부탁하겠다.

의식의 12단계와
치료법의 근거 정리

이 책에서 나는 '의식의 12단계'를 통해 여러 가지 '경험'을 제안했다. 이들 경험은 당신이 의식을 다루기 위한 근거로 삼을 수 있도록 구성되었다. '의식의 12단계' 자체는 연구 근거에 기반한다고 말할 수 없지만, 12단계 과정에 포함된 대부분의 경험은 임상적으로 검증된 치료법과 실천에서 나왔다. 그렇다고 모든 경험이 당신에게 유익하거나 적응적인 결과를 보장한다는 의미는 아니다.

앞서 보았듯이 각자의 의식 수준과 무의식의 세 부분의 강도와 발달 수준은 각자가 삶에서 어떤 경험을 하는지에 강하게 영향을 받는다. 12단계의 각 경험이 각자에게 어떻게 느껴지는지는 학대와 방임, 기타 외상, 유전, 신경발달 조건, 만성 또는 급성 신체 질환과 장애, 정신 질환, 사회경제적·문화적 요인에 의해 좌우된다. 우리는 저마다 고유한 인간이다.

대부분의 경험이 하나 이상의 치료법과 연결될 수 있지만, 나는 각 경험을 한 가지 치료법하고만 연결했다. 이 장의 목적은 단계별 경험의 바람직한 결과를 보여주는 데 있다.

참고로 '의식의 12단계' 경험을 치료법과 연결한다고 해서 당신이 그 경험을 통해 치료를 받는다는 의미는 아니다. 치료란 치료자와 내담자의 관계를 바탕으로 하는 특정 지지의 형식이고, 연구 증거에 기반한 치료법을 제대로 적용하려면 사전 동의가 필요하고, 많은 경우 정해진 치료 규약과 절차를 따라야 한다.

1단계 인정

(1) 무의식 목록, (2) 결과 목록 1/2의 치료적 근거

동기 면담 Motivational Interviewing, MI

동기 면담은 내담자가 현재 행동의 부정적 결과와 변화를 통해 얻을 수 있는 잠재적 이익을 인식하게 해서 변화를 유도하는 기법이다. 무의식적 선택이 어떤 결과를 초래하는지 정리하면서 행동을 바꿀 동기를 끌어올릴 수 있다. 따라서 이 경험은 동기 면담의 원리와 맞닿아 있다.

2단계 믿음

(1) 바디 스캔 명상의 치료적 근거

마음챙김 기반 스트레스 감소 Mindfulness-Based Stress Reduction, MBSR

마음챙김 기반 인지치료 Mindfulness-Based Cognitive Therapy, MBCT

MBSR과 MBCT는 모두 주요 마음챙김 수행법으로 바디 스캔 명상을 포함한다. 바디 스캔 명상은 신체 감각을 더 명확히 인식하게 해서 현재에 집중할 수 있게 해주고, 특히 스트레스와 긴장을 알아채는 데 유용하다.

(2) 지연된 감정 만족 실험의 치료적 근거

변증법적 행동치료 Dialectical Behavior Therapy, DBT

DBT의 핵심 기법은 고통 감내다. 따라서 충동적으로 행동하지 않고 고통을 견디는 능력을 기르는 데 중점을 둔다. 감정 반응을 지연시키는 연습은 이 기법과 일치하고, 즉각적으로 반응하지 않고 감정 안에 머무르는 법을 배우게 해준다.

(3) 개념 발달 회상의 치료적 근거

정신분석/정신역동 치료 Psychoanalytic/Psychodynamic Therapy

정신분석/정신역동 치료는 과거의 경험과 무의식적 과정을 심층적으로 탐구해 현재의 행동과 감정을 이해하려고 시도한다. 과거의 감정적 기억과 그 기억과 관련된 이론적 틀을 반추하는 것은 이 치료법에서 강조하는 자기 탐색적 성격과 맞닿아 있다.

3단계 의식에 전념

(1) 매일의 의도적 의식의 치료적 근거

마음챙김 기반 스트레스 감소 MBSR
마음챙김 기반 인지치료 MBCT

매일의 의도 설정과 정기적 자기 점검은 일상에서 마음챙김을 수행하는 기법으로, 현재에 더 몰입하고 알아채게 해준다.

4단계 무의식 점검 목록

(1) 의식적 가치관 평가의 치료적 근거

수용전념치료 Acceptance and Commitment Therapy, ACT

ACT는 자신의 가치관을 명확히 규정하고 그 가치관에 맞게 행동하는 접근법이다. 자신의 가치관을 반추하고 가치관이 행동에 어떤 영향을 미치는지 탐구하는 과정은 ACT의 핵심 원리와 맞닿아 있다.

(2) 세대 무의식 분석의 치료적 근거

정신분석/정신역동 치료

정신분석/정신역동 치료는 유년기의 경험, 특히 원가족의 경험을 들여다보면서 과거의 역동이 현재의 행동에 어떤 영향을 미치는지 탐색한다. 세대 간에 전달되는 신념과 행동을 살펴보는 과정은 무의식적 양상이나 방어기제가 가족의 역동 속에서 어떻게 형성되었는지 살펴보게 해주고, 이것은 정싱분석/정신역동 치료의 핵심과 맞닿아 있다.

(3) 신체 감각 평가의 치료적 근거

신체 중심 치료 Somatic Experiencing, SE

피터 레빈 박사가 개발한 SE는 신체 감각을 통해 외상을 치유하는 데 초점을 맞춘다. 이 경험에서 신체 감각을 인식하고 그 감각에 머무르는 방법은 신체적 인식을 통해 치유한다는 신체 중심 치료의 원리와 맞닿아 있다.

(4) 문장 완성의 치료적 근거

인지행동치료 Cognitive Behavioral Therapy, CBT

자동적 사고와 신념은 CBT의 핵심 개념이다. 문장 완성 연습은 자동적 사고를 표면으로 끌어올리게 하고, 자동적 사고를 알아채고 이 사고에 반박하는 과정은 CBT의 역기능적 사고 수정 기법과 맞닿아 있다.

(5) 개념 진화 평가의 치료적 근거

도식 치료 Schema Therapy

도식 치료는 행동을 유도하는 근본적인 신념(도식)을 식별하고 이 신념에 도전하는 데 중점을 둔다. 개인의 개념과 도식을 평가하는 과정은 도식 치료의 자기 성찰적이고 도전적인 성격과 맞닿아 있다.

5단계 의식적 정직

(1) 의식적 자기 인정(명상/마음챙김)의 치료적 근거

변증법적 행동치료 DBT

마음챙김은 DBT의 핵심 요소 중 하나다. 5단계의 내면 탐색 연습은 감정과 경험을 판단 없이 관찰하고 기술하는 데 중점을 두는 DBT의 철학과 맞닿아 있다.

(2) 무의식 목록 공유의 치료적 근거

집단치료/지지집단

개인의 경험을 집단 안에서 나누고 집단의 구성원들 사이에 피드백이나 통찰을 주고받거나 단순히 경청하는 식의 역동은 무의식 목록을 공유하는 경험과 유사하다. 이런 집단 기반 접근법은 지지적인 환경에서 공유하고 피드백을 받는 과정 자체가 지닌 치료적 효과를 강조한다.

6단계 준비

(1) 무의식적 변화 목록, (2) 간추린 목록 & 무의식적 변화의 치료적 근거

1. 신체 중심 치료 SE

SE는 마음과 신체의 연결에 주목한다. 몸의 건강을 소홀히 하거나 신체 긴장 반응과 같은 신체적 양상을 인식하는 것은 SE의 핵심 원리와 맞닿아 있다.

2. 메타인지 치료 Metacognitive Therapy, MCT

MCT는 '생각에 대한 생각', 곧 메타인지에 중점을 둔 접근법이다. 반복적 사고 양상이나 자동적인 부정적 자기 대화를 인식하는 것은 메타인지적 자각으로 나아가는 중요한 첫걸음이다.

3. 정신분석/정신역동 치료 Psychoanalytic/Psychodynamic Therapy

이 경험에서 자기 성찰을 회피하거나 건강하지 않은 행동 양상을 반복하는 경향을 인식하는 과정은 이 치료법의 핵심 원리와 맞닿아 있다.

7단계 의식적 통제와 변화

(1) 의식적 성장 실행 계획의 치료적 근거

1. 감각운동 심리치료 Sensorimotor Psychotherapy

감각운동 심리치료는 대화 치료와 신체 중심 치료를 결합한 형태다. 몸속의 감각을 느끼는 능력과 신체 움직임과 활성화에 초점을 두는 치료적 접근은 이 단계에서 신체 경험을 통해 '의식적 변화'를 시도한다는 점과 맞닿아 있다.

2. 인지행동치료 CBT

CBT는 사고와 감정, 행동의 관계에 집중한다. 7단계의 '의도 설정'과 '첫 번째 생각, 두 번째 생각(메타인지)' 같은 요소는 역기능적 사고 양상을 식별하고 재구성해 긍정적인 행동 변화를 유도하는 CBT의 접근법과 밀접히 연결되어 있다.

3. 정신분석/정신역동 치료

정신분석/정신역동 치료는 무의식적 과정이 현재의 행동에서 어떻게 드러나는지 탐색한다. '지지적인 말'이나 '스토리텔링' 같은 요소는 과거의 경험과 내적 갈등, 무의식을 이해하고 해석하는 데 중점을 두는 이 치료법의 특성과 맞닿아 있다.

4. 환경/지지체계

일반적인 권장사항에 기반한다.

8단계 무의식의 해악

(1) 무의식적 수정 목록의 치료적 근거

직접적인 치료적 근거는 없고, 일반적인 12단계 프로그램의 권장사항에 기반한다.

9단계 화해의 실천

(1) 화해 행위의 치료적 근거

변증법적 행동치료 DBT

DBT는 CBT의 한 형태로, 감정 조절과 대인관계 기술, 고통 감내, 마음챙김 같은 기법을 수행하는 데 초점을 두는 치료법이다. 9단계 경험에서는 감정적 자기 성찰, 적극적 경청, 효과적인 의사소통(특히 직접적인 수정 행위에서)에 중점을 둔다. 게다가 이 단계에서 강조하는 자기 성찰과 긍정 확언은 변증법적 행동치료의 주요 요소인 마음챙김과 감정 조절과 맞닿아 있다.

10단계 지속적인 자기 의식

(1) 의식적 인간 자기 평가의 치료적 근거

마음챙김 기반 인지치료

마음챙김 기반 인지치료는 기존의 인지행동치료와 마음챙김 전략을 결합한 치료법이다. 이 치료법은 특히 반복적으로 우울을 경험하는 사람들에게서 나타나는 자동적이고 반응적인 사고 양상의 연결 고리를 끊는 것을 목표로 한다. 10단계의 많은 질문은 자기 인식과 사고 양상에 대한 이해를 중심으로 구성된다. 예를 들어 "당신은 어떤 판단이나 편견에 빠져 있는가?"와 같은 질문이 그렇다. 마음챙김 치료법의 핵심은 판단 없이 지금 이 순간에 머물러 깨어 있는 것인데, 이 단계에서 권장하는 자기 성찰의 태도에 맞닿아 있다.

11단계 의식 확장

(1) 멧다 명상의 치료적 근거

마음챙김 기반 스트레스 감소^{MBSR}

마음챙김 기반 인지치료^{MBCT}

MBSR와 MBCT는 모두 마음챙김 명상을 중심에 두고 현재의 생각과 감정에 대한 자각을 높이는 데 집중한다. 11단계 '명상과 마음챙김'에서 권장하는 명상과 호흡 자각은 마음챙김 기법의 핵심 원칙으로, 판단 없이 관찰하고 지금 여기에 머무르는 데 초점을 두는 방법과 맞닿아 있다.

(2) 요가나 기타 신체 기반 동작의 치료적 근거

신체 중심 치료^{SE}

SE는 신체와 감정, 인지 사이의 본질적인 연결에 주목한다. 11단계의 '요가나 기타 신체 기반 동작'은 호흡과 동작의 조화를 유도

하고 신체 감각에 대한 더 깊은 이해를 촉진하는데, 이는 SE의 전체론적 접근법에 맞닿아 있다.

(3) 지속적인 학습과 탐색, (4) 공동체 및/또는 영적 참여, (5) 의식적인 문화적 확장의 치료적 근거

직접적인 치료적 근거는 없고, 일반적인 의식 성장 권장사항에 기반한다.

12단계 공유된 의식

(1) 의식적 지지의 치료적 근거

직접적인 치료적 근거는 없고, 12단계 프로그램의 일반적 권장사항에 기반한다.

용어 해설

이 책에 나오는 용어를 가나다순으로 정리했다. 각 정의는 이 책에서 전하는 메시지의 맥락과 의도를 반영한다.

각성 상태의 오귀인(Misattribution of Arousal): 신체적 각성 상태를 특정 감정으로 잘못 해석하는 현상. 예를 들어 두려움을 연애 감정의 끌림으로 착각할 수 있다.

감정 전염(Emotional Contagion): 우리와 타인 사이에서 감정이 무의식적으로 전이되는 현상.

감정(Emotion): 신체에서 느껴지는 감각과 뇌의 해석이 결합해 생성되며, 의식적일 수도 있고 무의식적일 수도 있다.

개념(Concepts): 마음이 받아들이는 방대한 양의 정보를 분류하고 이해하며 단순화하도록 도와주는 정신적 구성개념.

개성화(Individuation): 융의 개념으로, 자신의 다양한 성격 요소를 통합해 본래의 자신으로 성장해 가는 과정.

객관적 무기력(Objective Helplessness): 실제로 어떤 행동으로도 결과에 영향을 줄 수 없는 상황으로, 행동적으로나 확률적으로 무력한 상태를 의미한다.

경계성 인격장애(Borderline Personality Disorder, BPD): 기분과 자아상, 대인관계가 불안정해서 흔히 충동적인 행동과 강렬한 감정 반응으로 이어질 수 있는 정신 건강 상태.

고유감각(Proprioception): 몸이 공간 안에서 자신의 위치나 움직임을 인식하는 능력.

고통-쾌락 원리(Pain-Pleasure Principle): 고통을 회피하고 쾌락을 추구하는 인간의 본능.

공포의 조건화(Fear Conditioning): 중립적 자극과 혐오 자극을 짝 지우면, 이후에는 중립 자극만으로도 공포 반응이 유발되는 학습 형태.

그림자(Shadow): 융의 이론에서, 우리가 인식하거나 받아들이지 않는 성격의 일면을 의미한다. 편견이나 선입견의 원천이다.

기계적 감각 수용(Mechanoreception): 몸에서 접촉과 압력을 감지하는 능력.

기억(Memories): 과거의 감정 상태가 몸과 뇌에 함께 저장된 장면으로, 우리의 행동과 결정에 영향을 준다.

내부 수용 감각(Interoception): 몸의 감각과 신호를 지각하고 인식하는 능력.

내현 기억(Implicit Memory): 의식적 자각 없이 작동하면서 행동에 영향을 미치는 기억.

느낌(Feelings): 감정 상태에 대한 의식적 경험으로, 스스로 자각하고 말로 표현할 수 있는 상태.

단기 기억(Short-Term Memory), 작업 기억(Working Memory): 현재 수행하는 작업이나 과정을 잠시 저장하는 기억 형태.

도파민(Dopamine): 쾌락과 동기부여, 보상 감각에 관여하는 신경전달물질.

마음(Mind): 우리 안에서 감정과 사고, 의식을 아우르는 영역.

멧다(Metta): 자기 자신과 타인에게 긍정적인 에너지와 자비를 보내는 상태.

명시적 기억(Explicit Memory): 사실이나 사건, 지식을 의식적으로 떠올릴 수 있는 기억.

무의식(The Unconscious): 의식적 인식이나 통제 없이 작동하는 자아의 일부.

무의식의 역설(Unconscious Paradox): 자신이 무의식적이라는 사실을 더 많이 인정할수록, 오히려 무의식적 상태에서 더 벗어난다는 개념.

무의식적 감정(Unconscious Emotion): 의식 차원에서 인식되지 않지만 생각과 행동에 자동으로 영향을 미치는 감정.

방어기제(Defense Mechanisms): 프로이트의 개념으로, 마음이 고통스러운 무의식적 사고와 직면하지 않기 위해 사용하는 다양한 심리 전략.

비언어적 의사소통(Nonverbal Communication): 말이 아니라 몸짓과 같은 표현으로 정보를 전달하는 방식.

사후 가정 사고(Counterfactuals): 과거에 일어난 사건에 대해 대안적 상황을 상상하는 사고방식.

상향적 사후 가정 사고(Upward Counterfactuals): 어떤 상황이 더 나은 결과로 이어졌을 수 있다고 가정하는 경우.

상황적 및 맥락적 요소(Situational and Contextual Features): 특정 상황이나 환경을 정의하고, 무의식적으로 개인의 행동과 결정에 영향을 미치는 요소.

생각(Thoughts): 마음속에 떠오르는 아이디어와 이미지, 신념, 의견.

생리적 각성(Physiological Arousal): 심박수 증가나 땀과 같은 신체 반응.

세대 무의식(Generational Unconscious): 집단적이고 역사적인 무의식적 행동과 감정, 느낌, 판단이 한 세대에서 다음 세대로 전달되는 현상.

세대 외상(Generational Trauma) : 집단적·역사적 트라우마가 한 세대에서 다음 세대로 전해지면서 주로 개인의 정신적, 정서적, 사회적 건강에 영향을 미치는 현상.

수용 전념 치료(Acceptance and Commitment Therapy, ACT) : 생각과 감정을 억누르거나 죄책감을 느끼는 대신 온전히 수용하도록 도와주는 치료법.

술 취한 사람의 수색 원리(Drunkard's Search Principle) : 실제로 답이 있을 만한 곳이 아니라 찾아보기 쉬운 곳에서 답을 찾으려 하는 현상.

식물인간 상태(Vegetative State) : 깨어 있는 듯 보이고 눈도 뜨고 있을 수 있지만 의식하지 못하는 상태, '의식 없이 깨어 있는 상태'

신경 적응(Neuroadaptation) : 뇌가 특정 자극에 적응하는 상태로, 주로 약물이나 행동에 대한 내성이나 의존으로 이어질 수 있다.

신체 감각 통합(Somatic Sensory Integration) : 우리 뇌가 신체적 무의식에서 보낸 메시지를 수신하고 해석하며 반응하는 과정.

신체 중심 치료(Somatic Experiencing) : 신체 감각에 집중해 외상을 치유하는 데 초점을 맞추는 치료법.

신체적 무의식(Somatic Unconscious) : 의식적 인식이나 통제 없이 신체와 뇌 안에서 일어나는 신체 반응과 감각.

역추론 문제(Reverse Inference Problem) : 뇌 활동으로부터 특정 정신 상태를 유추하려 할 때의 문제.

옥시콘틴(OxyContin) : 1995년 퍼듀 제약에서 출시한 강력한 오피오이드 진통제.

온도 수용(Thermoception) : 몸이 따뜻함이나 차가움을 감지하는 능력.

외상후스트레스장애(Post-Traumatic Stress Disorder, PTSD) : 외상 사건을 경험하거나 목격한 뒤 나타나는 정신 건강 상태로, 반복적이고 고통스러운 기억과 회피 행동, 과도한 각성 반응이 특징이다.

용기(Courage) : 익숙한 안락함이나 기존의 신념에 도전하더라도 자신의 무의식을 마주하고 받아들이려는 의지

원초아, 자아, 초자아(Id, Ego, Superego) : 프로이트의 성격 이론에서, 원초아는 본능적 욕구를, 자아는 현실적인 자기를, 초자아는 내면화된 윤리 기준을 표상한다.

원형(Archetypes) : 융의 이론에서 집단 무의식에 존재하는 보편적 상징이나 행동 양상.

원형(Prototypes) : 어떤 범주나 개념을 대표하는 표준적이거나 전형적인 모형.

의식(Consciousness) : 자신의 존재와 감각, 환경에 대한 인식, 주어진 상황에 대한 느낌과 앎.

의식, 전의식, 무의식(Conscious, Preconscious, Unconscious Mind): 프로이트의 마음 이론으로, 의식은 즉각적 인식이고, 전의식은 지금은 주목하지 않지만 쉽게 떠올릴 수 있는 기억이며, 무의식은 쉽게 접근할 수 없는 억압된 기억과 감정의 저장소다.

의식적 감정(Conscious Emotion): 우리가 명확히 인지하는 감정이다. ※관련 항목: 느낌Feelings 참조.

의식적으로 조율된 무의식(Consciously Curated Unconscious): 능동적으로 인식되고, 의도적으로 형성되며, 의식적으로 책임지는 세 가지 무의식.

인간의 근본적인 동기(Fundamental Human Motives): 진화적 필요에 기반해 인간의 행동에 영향을 미치는 뿌리 깊은 동기.

인간의 역설(Human Paradox): 인간으로 사는 것이 어렵다는 사실을 더 많이 인정할수록 인간으로 사는 것이 쉬워진다는 통찰.

인지적 구두쇠(Cognitive Miser): 뇌가 의사결정에서 지름길을 찾으려는 경향.

인지적 무의식(Cognitive Unconscious): 뇌에서 의식적 알아차림이나 통제 없이 일어나는 지각과 정보 처리 과정.

인지적 해석(Cognitive Interpretation): 뇌가 신체 감각을 이해하고 명명하는 방식.

임사 체험(Near-Death Experience, NDE): 죽음에 가까운 상황이나 극단적인 신체적·감정적 위기에 처한 사람에게 나타날 수 있는 심오한 심리적 체험.

장기 기억(Long-Term Memory): 며칠에서 평생에 걸쳐 지속할 수 있는 기억 저장 형태.

점화 효과(Priming): 특정 자극에 노출된 후 그 자극이 무의식적으로 다음 자극에 대한 반응에 영향을 미치는 인지 과정.

정서의 2요인 이론(Two-Factor Theory of Emotion): 샥터와 싱어가 1960년대에 내놓은 이론으로, 감정은 신체 감각과 그 감각에 대한 인지적 해석이 결합해 형성된다는 관점.

정신분석(Psychoanalysis): 무의식이나 '잠재의식'에 접근해 정신 건강 문제를 다루는 치료법.

정신분석적 무의식(Psychoanalytic Unconscious): 의식적 자각이나 통제 없이 우리에게 영향을 미치는 경험적 결과.

제3자 거울 기법(Third-Person Mirror): 일정 시간 동안 자신의 행동과 상호작용을 녹화한 후, 영상을 돌려보면서 비언어적 행동을 관찰하는 연습.

주관적 무력감(Subjective Helplessness): 자신의 행동이 삶에서 부정적인 결과를 바꿀 수 없다는 믿음을 인지하고 내면화하는 현상.

죽음(Death): 모든 주요 생명 기능이 영구적으로 정지된 상태.

지혜(Wisdom): 무의식과 의식 사이에서 균형을 잡고 탐색하면서 더 건강한 감정과 행동으로 이끌어주는 능력.

집단 무의식(Collective Unconscious): 인류의 공통 조상으로부터 물려받은 기억과 개념이 존재한다는 융의 이론.

켜라, 맞춰라, 벗어나라 그리고 지금 여기에 있어라(Turn On, Tune In, Drop Out, and Be Here Now): 티머시 리어리와 람 다스가 각각 만든 유명한 문구를 결합해 '의식의 12단계' 여정을 위한 기억 장치로 만든 표현.

통각 수용(Nociception): 신체 감각 체계에서 통증 인식을 유발하는 신호를 전달하는 과정.

통제 위치(Locus of Control): 자신의 운명이 자신에게 달려 있다고 느끼는지(내적), 외부 요인에 달려 있다고 느끼는지(외적), 혹은 둘 다인지(혼합형)로 구분하는 심리학적 개념.

편도체(Amygdala): 감정을 처리하고 잠재적 위협을 판별하는 뇌 영역.

평정심(Serenity): 무의식을 이해하고 받아들여서 얻는 차분하고 선명한 자기 인식과 마음의 평화.

하향적 사후 가정 사고(Downward Counterfactuals): 어떤 상황이 더 나빴을 수도 있다고 가정하는 사고방식.

학습된 무기력(Learned Helplessness): 통제가 불가능한 부정적 경험을 반복해서 경험하면, 나중에는 부정적인 상황을 피할 수 있는데도 피하려고 시도조차 하지 못하는 무기력한 행동을 학습한다는 이론.

항상성(Homeostasis): 몸이 내부 환경의 안정성과 균형을 유지하려는 자연스러운 경향.

항상성 조절(Allostasis): 신체가 특히 스트레스에 반응해 변화를 통해 생리적 안정성을 유지하고 적응하는 능력.

해리(Dissociation): 감각 경험이나 자아감, 기억과 단절되는 생리적, 심리적 상태.

행동 모방(Behavioral Mimicry): 타인의 행동을 무의식적으로 흉내 내거나 따라 하는 현상.

주

1장 당신의 무의식이 드러난다

1. 이 말은 치료사인 우리가 내담자를 통제하지도 않고 통제할 수도 없으며 통제해서도 안 된다는 점을 이해한다는 뜻이다. 왜일까? 우리의(그리고 내담자의) 통제를 벗어난 힘이 그들의 결정과 행동, 사고, 감정에 영향을 미치기 때문이다. 치료는 스스로 통제하는 법을 배우는 과정이어야 한다.

2. U.S. Department of Health and Human Services. (n.d.). *Borderline Personality Disorder*. National Institute of Mental Health. https://www.nimh.nih.gov/health/topics/borderline-personality-disorder

3. E. Morsella, C. A. Godwin, T. K. Jantz, S. C. Krieger, and A. Gazzaley, "Homing In on Consciousness in the Nervous System: An Action-based Synthesis," *Behavioral and Brain Sciences* 39:e168, epub June 22, 2015.

4. J. Kluger, "Why You're Pretty Much Unconscious All the Time," *TIME*, June 26, 2015.

5. Julian B. Rotter, "Generalized Expectancies for Internal Versus External Control of Reinforcement," *Psychological Monographs: General and Applied*. 80, no. 1 (1966): 1-28.

6. 이 네 가지 질문은 퍼트리샤 더트바일러Patricia Duttweiler의 연구를 수정하고 발전시킨 것이다. 퍼트리샤 더트바일러의 '내적 통제 위치 지수Internal Locus of Control Index, ICI'(1984)는 개인이 어디에서 강화를 찾거나 얻으려 하는지를 측정하기 위한 28개 문항으로 구성된 심리검사 도구다. P. C. Duttweiler, "The Internal Control Index: A Newly Developed Measure of Locus of Control.," *Educational and Psychological Measurement* 44, no. 2 (1984), 209-221.

7. 익명의 알코올 중독자 모임에서 사용하는 '평온의 기도문'은 기도문 원문을 수정한 버전이다. 이 기도문은 원래 1930년대에 미국 신학자 라인홀드 니부어Reinhold Niebuhr가 설교를 위해 처음 만든 것이다. 이후 1940년대에 모임에서 사용하기 시작했다.

8. 이 연구에서는 짝을 찾으려는 욕구가 때로는 외모를 가꾸는 행동과 관련된 건강

위험에 대한 인식을 넘어설 수 있다는 것으로 입증되었다. S. E. Hill and K. M. Durante, "Courtship, Competition, and the Pursuit of Attractiveness: Mating Goals Facilitate Health-Related Risk Taking and Strategic Risk Suppression in Women," *Personality and Social Psychology Bulletin* 37 no. 3 (2011): 383-394.

9 D. C. Branson, "Vicarious Trauma, Themes in Research, and Terminology: A Review of Literature," *Traumatology* 25 no. 1 (2019): 2-10.

10 F. Azevedo, S. Middleton, J. M. Phan, S. Kapp, A. Gourdon-Kanhukamwe, B. Iley, M. Elsherif, and J. J. Shaw, "Navigating Academia as Neurodivergent Researchers: Promoting Neurodiversity Within Open Scholarship," Observer (October 31, 2022). https://www.psychologicalscience.org/observer/gs-navigating-academia-as-neurodivergent-researchers

2장 전부 잘못 생각하고 있다

1 이 비유는 아니타 무르자니가 저서 『그리고 모든 것이 변했다Dying to Be Me』와 같은 제목의 TED 강연에서 처음 소개했다. 말기 암 진단과 급격한 건강 악화로 인해 아니타의 주치의와 가족들은 그녀가 혼수상태에 빠진 줄 알았지만, 실제로 그녀는 극도로 고양된 의식 상태를 체험했다. 그리고 다시 깨어나 이 체험을 전했다. A. Moorjani, *Dying to Be Me: My Journey from Cancer, to Near Death, to True Healing*, (Hay House, 2012).

2 여기서 소개하는 창고 비유는 아니타의 책과 TED 강연에 나온 이야기를 결합하고 축약한 것이다.

3 치료적 절차 없이 약물을 통해 빠른 경로를 시도하려는, 곧 비임사적으로 '홍수처럼 쏟아지는 빛'을 체험하려는 사람들은 몇 시간 동안 이어지는 환각 여행에서 통제력을 잃은 채 외상을 입을 수 있다. 한편 이런 약물을 사용해 아름답고 치유적인 경험을 할 수도 있는데, 그러려면 어떤 형태로든 의료 허가를 받아야 하고 적절한 환경과 감독과 지침을 갖추고 안전 수칙을 철저히 따라야 한다.

4 전형적인 '히피'에 대한 묘사로 들릴 수 있지만, 엄밀히 말하면 지금 시점에서 '히피'라는 표현 자체가 일종의 고정관념이지 실존하는 특정 유형의 사람을 지칭하는 개념은 아니라고 생각한다. 다만 내 주장을 강조하기 위해 의도적으로 과장된 표현이라는 점을 밝혀둔다.

5 J. Bargh, "How Unconscious Thought and Perception Affect Our Every Waking Moment," *Scientific American*, January 1, 2014.

6 위 논문과 동일.

7 S. Schneider and M. Velmans, M. (Eds.), *The Blackwell Companion to Consciousness,* 2nd Ed. (Wiley-Blackwell, 2017).

8 이 자료가 가장 학술적인 출처는 아니지만, 이처럼 상당히 복잡한 개념에 대해 더 알고 싶은 일반 독자에게는 충분히 도움이 되는 참고자료일 것이다. IEP, "The Hard Problem of Consciousness," Internet Encyclopedia of Philosophy (n.d.). https://iep.utm.edu/hard-problem-of-conciousness/.

9 Gary D. Ellis, Judith E. Voelkl, and Catherine Morris, "Measurement and Analysis Issues with Explanation of Variance in Daily Experience Using the Flow Model," *Journal of Leisure Research* 26 no. 4 (1994): 337-356.

10 John Green (@johngreenwritesbooks), Threads, July 21, 2023. https://www.threads.net/@johngreenwritesbooks 존 그린이 언젠가 이 스레드를 삭제할 가능성이 매우 크다. 그는 원래 그런 스타일이다. 하지만 그는 분명 이 글을 썼다. 내가 보증한다.

11 A. Damasio, *Feeling and Knowing: Making Minds Conscious* (Vintage Books, 2022).

12 불교 경전인 『띳타 수타Tittha Sutta』, 『우다나Udāna』 6.4, 『쿳다카 니까야Khuddaka Nikaya』에 이 비유의 초기 형태 중 하나가 실려 있다. 『띳타 수타』는 기원전 500년 경으로 추정된다. 나는 이 우화를 내 글에 맞게 수정했고, 독자들이 원전의 다양한 버전을 직접 살펴보기를 권한다.

13 르네 데카르트René Descartes(1596-1650): 데카르트는 "나는 생각한다, 고로 존재한다Cogito, ergo sum"라는 명제로 유명하다. 그는 자기 인식의 확실성을 지식의 토대로 삼았다. 데카르트의 이원론은 '정신res cogitans'과 '물질res extensa'을 구분하면서 의식과 물리적 현실이 별개의 실체라고 보았다.

14 존 로크John Locke(1632-1704): 로크의 『인간 오성론An Essay Concerning Human Understanding』(1689)은 경험주의의 기반을 다진 저작이다. 로크는 모든 지식은 감각 경험에서 비롯된다면서 의식은 경험이 써 내려가는 백지tabula rasa와 같다고 보았다.

15 프리드리히 니체Friedrich Nietzsche(1844-1900): 니체는 의식과 도덕성, 인간 조건의 복잡성에 천착했다. 그는 기존의 철학적 접근을 비판하면서 개인의 지각과 해석의 본질을 탐구했다.

16 M. C. Miller, "Unconscious or Subconscious?" Harvard Health Blog, August 2, 2010. https://www.health.harvard.edu/blog/unconscious-or-subconscious-20100801255

17 Maxwell Kuzma (@maxwellkuzma), comment on John Green's post, Threads, July

24, 2023. https://www.threads.net/@maxwellkuzma/post/CvF3r1aPgqC

18 M. Velmans, "Conscious Agency and the Preconscious/Unconscious Self." In *Interdisciplinary Perspectives on Consciousness and the Self* (Springer India, 2014), 11-25.

19 D. K. Lapsley, and P. C. Stey, (n.d.). "Id, Ego, and Superego". https://www3.nd.edu/~dlapsle1/Lab/Articles_&_Chapters_files/Entry%20for%20Encyclopedia%20of%20Human%20BehaviorFInal%20Submitted%20Formatted4.pdf

20 Marie Kuhfuß, Tobias Maldei, Andreas Hetmanek, and Nicola Baumann, "Somatic Experiencing—Effectiveness and Key Factors of a Body-Oriented Trauma Therapy: A Scoping Literature Review," *European Journal of Psychotraumatology* 12 no. 1 (2021): 1929023.

21 J. Fisher, "Sensorimotor Psychotherapy in the Treatment of Trauma, *Practice Innovations* (Washington, D.C.) 4 no. 3 (2019): 156-165.

22 M. McKee, "Biofeedback: An Overview in the Context of Heart-Brain Medicine," *Cleveland Clinic Journal of Medicine* 75 no. 2 (2008): S31-S34.

23 Paul Rozin is credited with having coined the term "cognitive unconscious." Super thankful for this contribution. P. Rozin, "The Evolution of Intelligence and Access to the Cognitive Unconscious," *Progress of Psychobiology and Physiological Psychology* 6 (1976): 245-280.

24 T. Soondrum, X. Wang, F. Gao, Q. Liu, J. Fan, and X. Zhu, "The Applicability of Acceptance and Commitment Therapy for Obsessive-Compulsive Disorder: A Systematic Review and Meta-analysis," *Brain Sciences,* 12 no. 5 (2022): 656.

25 K. Bilodeau, "Managing Intrusive Thoughts, Mind & Mood, Harvard Health Publishing, March 26, 2024. https://www.health.harvard.edu/mind-and-mood/managing-intrusive-thoughts

26 J. Shedler, "That Was Then, This is Now: Psychoanalytic Psychotherapy for the Rest of Us," *Contemporary Psychoanalysis* 58 no. 2-3 (2022): 405-437.

27 Center for Substance Abuse Treatment, "Chapter 7—Brief Psychodynamic Therapy" in *Treatment Improvement Protocols* (Substance Abuse and Mental Health Services Administration, 1999).

28 H. S. Baker and M. N. Baker, (1987). "Heinz Kohut's Self Psychology: An Overview," *American Journal of Psychiatry* 144 no. 1 (1987): 1-9.

29 A. Gopnik, "Why Babies Are More Conscious than We Are," *Behavioral and Brain Sciences* 30 no. 5-6 (2007): 503-504.

30 C. Trevarthen, and V. Reddy, (2017). "Consciousness in Infants," in *The Blackwell Companion to Consciousness* (John Wiley & Sons, 2017): 43-62.
31 Claire Hannah Collins, A. T., & Collins, C. H. (2021, October 5). How my mental illness became my superpower. *Los Angeles Times*. 여기서 한 가지 분명히 짚어둘 점이 있다. 자신의 정신 건강 회복을 위해서라면 개인적으로도 해롭지 않고 객관적으로도 해롭지 않은 선에서 어떤 언어나 개념을 사용해 치유하고 발전하려는 방식을 전적으로 지지한다. 그런 방식이 도움이 되었다면 나도 정말 기쁘다.
32 Wikipedia contributors, "Jazz Thornton," Wikipedia, The Free Encyclopedia, accessed October 17, 2023. https://en.wikipedia.org/wiki/Jazz_Thornton

3장 몸이 느끼는 대로 생각한다

1 이때는 1장에서 소개한 진단과 최후통첩이 있은 지 3년 뒤였다.
2 부비강의 특이사항이나 기타 감각계 질환이 없는 경우
3 T. Hanna, "What Is Somatics?" *Somatics: Magazine-Journal of the Bodily Arts and Sciences* 5 no. 4 (1986): 4-8.
4 N. Fattorini, C. Brunetti, C. Baruzzi, E, Macchi, M. C. Pagliarella, N. Pallari, S. Lovari, and F. Ferretti, "Being 'hangry': Food Depletion and Its Cascading Effects on Social Behaviour," *Biological Journal of the Linnean Society* 125 no. 3 (2018): 640-656.
5 A. V. Apkarian, "Definitions of Nociception, Pain, and Chronic Pain with Implications Regarding Science and Society," *Neuroscience Letters* 702 (2019): 1-2.
6 A. Vabba, M. S. Panasiti, M. Scattolin, M. Spitaleri, G. Porciello, and S. M. Aglioti, "The Thermoception Task: A Thermal-Imaging Based Procedure for Measuring Awareness of Changes in Peripheral Body Temperature," *Journal of Neurophysiology* 130 no. 4 (2023): 1053-1064.
7 J. Munóz-Jiménez, D. Rojas-Valverde, and K. Leon, "Future Challenges in the Assessment of Proprioception in Exercise Sciences: Is Imitation an Alternative?" *Frontiers in Human Neuroscience* 15 (2021): 644667.
8 A. Prochazka, "Proprioception: Clinical Relevance and Neurophysiology," *Current Opinion in Physiology* 23 (2021): 100440.
9 B. E. Kearney and R. A. Lanius, "The Brain-Body Disconnect: A Somatic Sensory Basis for Trauma-Related Disorders," *Frontiers in Neuroscience* 16 (2022):

1015749.

10 A. Hershler, LA., Hughes, PL., Nguyen, and S.P., & Wall, S. (2021). *Looking at Ttrauma: A Tool Kit for Cclinicians*. (Penn State Press, 2021). 임상가를 위한 훌륭한 도구 모음집, 4장에서 '인내의 창' 개념을 명확히 다룬다.

11 B. S. McEwen, "The Untapped Power of Allostasis Promoted by Healthy Lifestyles," *World Psychiatry: Official Journal of the World Psychiatric Association* (WPA) 19 no. 1 (2020): 57-58.

12 W. G. Chen, D. Schloesser, A. M. Arensdorf, J. M. Simmons, C. Cui, R., et al. "The Emerging Science of Interoception: Sensing, Integrating, Interpreting, and Regulating Signals within the Self," *Trends in Neurosciences* 44 no. 1 (2021): 3-16.

13 K. Armstrong, *Interoception: How We Understand Our Body's Inner Sensations*. Association for Psychological Science, September 25, 2019.

14 J. A. Hall, T. G. Horgan, and N. A. Murphy, "Nonverbal Communication," *Annual Review of Psychology* 70 no. 1 (2019): 271-294.

15 에밀리가 이런 신체적 행동이 무의식적이라는 것을 스스로 확인했다는 점이 중요하다. 에밀리가 눈을 굴리거나 재킷을 벗거나 자세를 고쳐 앉는 행동은 의식적으로 결정된 것이 아니었다. 그냥 그렇게 했을 뿐이다. 물론 이 모든 행동을 의식적으로 통제할 수는 있다. 하지만 많은 경우, 특히 이번처럼, 이런 행동은 의식적으로 이루어지지 않는다.

16 스파이더 센서는 위험이 닥치기 전에 감지하게 해주는 예지력이다. 이 강력한 능력 덕분에 스파이더맨은 수많은 위기에서 목숨을 건질 수 있었다. 이 능력이 이 상황에 정확히 들어맞는 건 아니지만, 충분히 가능한 비유다.

17 D.G. Dutton and A. P. Aaron, "Some Evidence for Heightened Sexual Attraction under Conditions of High Anxiety," *Journal of Personality and Social Psychology* 30 no. 4 (1974): 510-517.

18 O. E. Dror, "Deconstructing the "Two Factors": The Historical Origins of the Schachter-Singer Theory of Emotions," *Emotion Review: Journal of the International Society for Research on Emotion* 9 no. 1 (2017): 7-16.

4장 뇌는 있는 그대로 보지 않는다

1 J. Stromberg, "The Neuroscientist Who Discovered He Was a Psychopath,"

Smithsonian, November 22, 2013.

2   W. J. Shoemaker, *The Origin of Evil and the Social Brain Network* (Fulton Books, 2023).

3   A. J. R. Galang, "The Prosocial Psychopath: Explaining the Paradoxes of the Creative Personality," *Neuroscience and Biobehavioral Reviews* 34 no. 8 (2010): 1241-1248.

4   A. I. Jack, K. C. Rochford, J. P. Friedman, A. M. Passarelli, and R. E. Boyatzis, . "Pitfalls in Organizational Neuroscience: A Critical Review and Suggestions for Future Research," *Organizational Research Methods* 22(1(2019), 421-458.

5   Stromberg.

6   C. E. L. Stark, *Truth, Lies, and False Memories: Neuroscience in the courtroom*, Dana Foundation, 2014.

7   A. Kaplan, *The Conduct of Inquiry: Methodology for Behavioral Science* (Transaction Publishers, 1964).

8   David H. Freedman, *Wrong: Why Experts Keep Failing Us* (Little, Brown and Company., 2010).

9   S. Frederick, "Cognitive Reflection and Decision Making," *Journal of Economic Perspectives* 19 (2005): 25-42. 인간의 인지를 보여주는 데 흔히 사용되는 실험 중 하나다.

10 U. Bockenholt, "The Cognitive-Miser Response Model: Testing for Intuitive and Deliberate Reasoning," *Psychometrika* 77 (2012): 388-399.

11 Juli Weiner, "Fuck, Marry, Kill: 'First Daughter, First Love' Edition!" Wonkette, April 14, 2009.

12 S. M. Kassin, S. Fein, and H. R. Markus, . *Social Psychology*, 8th ed. (Wadsworth Publishing, 2010).

13 '인지적 구두쇠'는 1984년에 심리학자 수전 피스크Susan Fiske와 셸리 테일러Shelley Taylor가 저서 『사회적 인지Social Cognition』에서 인간의 사고에 관한 하나의 모형으로 처음 제안한 개념이다.

14 K. J. Holyoak and R. G. Morrison, *The Oxford Handbook of Thinking and Reasoning* (Oxford University Press, 2013).

15 J. Fukuta and J. Yamashita, "The Complex Relationship between Conscious/Unconscious Learning and Conscious/Unconscious Knowledge: The Mediating Effects of Salience in Form-Meaning Connections," *Second Language Research* 39 no. 2 (2023): 425-446.

16 Richard Crisp and Rhiannon Turner, *Essential Social Psychology*, 4th ed. (Sage Publications, 2020).

17 S.-M. Lee, R. N. Henson, and C.-Y. Lin, "Neural Correlates of Repetition Priming: A Coordinate-Based Meta-Analysis of fMRI Studies," *Frontiers in Human Neuroscience* 14 (2020): 565114.

18 L. Grégoire, I. Gosselin, and I. Blanchette, "The Impact of Trauma Exposure on Explicit and Implicit Memory," *Anxiety, Stress, and Coping* 33 no. 1 (2020): 1-18.

19 I. Rehman, N. Mahabadi, T., Sanvictores, and C. I. Rehman, *Classical Conditioning*. (StatPearls Publishing, 2023).

20 Stephen R. Tarbell, "Democratic Voters Are Sheep," Letters, *Boston Globe*, September 18, 2014.

21 K. M. Junior, "The Sheer Hypocrisy of Republicans Referring to Democrats as Sheep," Medium, July 9, 2022.

22 "Which Party, Democrat or Republican, Has the Most Sheep?" Quora (n.d.).

23 Definition of *sheeple*. Merriam-webster.com (n.d.).

24 A. Pereira, "Merriam-Webster Defines 'Sheeple' Using Apple Fans as Example," *San Francisco Chronicle*, May 1, 2017.

25 아이폰 사용자들을 향한 온갖 힘담 중 하나다. 나는 지금까지 아이폰을 스무 대도 넘게 낭비하듯 써왔다. 애플 제품을 사랑한다. 나는 전형적인 애플 광신도다. 그래도 이제 조금씩 바꿔보려고 노력하는 중이다.

26 M. Zetlin, "Love Apple products? Merriam-Webster Says You're a 'Sheeple.'" Inc., April 29, 2017.

27 자살 전염 현상이 존재한다고 해서 우리 사회에서 나날이 증가하는 자살에 대한 대중의 인식과 열린 대화를 줄여야 한다는 뜻은 아니다. 누군가에게 자살 생각이나 자살 행동에 대해 이야기한다고 해서 그 사람이 자살 충동을 더 많이 느낀다는 증거는 없다.

28 C. B. Zhong and K. Lijenquist, "Washing Away Your Sins: Threatened Mortality and Physical Cleansing," *Science* 313 (2006): 1451-1452.

29 H. Aarts, and A. Dijksterhuis, "The Silence of the Library: Environment, Situational Norm, and Social Behavior," *Journal of Personality and Social Psychology* 84 no.1 (2003): 18-28.

30 R. W. Holland, M. Hendriks, and H. Aarts, "Smells like Clean Spirit: Nonconscious Effects of Scent on Cognition and Behavior," *Psychological Science* 16 no. 9 (2005): 689-693.

31　C. Jacob, N. Guéguen, A. Martin, and G. Boulbry, "Retail Salespeople's Mimicry of Customers: Effects on Consumer Behavior," *Journal of Retailing and Consumer Services* 18 no. 5 (2011): 381-388.

32　V. Griskevicius, and D. T. Kenrick, "Fundamental Motives: How Evolutionary Needs Influence Consumer Behavior," *Journal of Consumer Psychology: The Official Journal of the Society for Consumer Psychology* 23 no. 3 (2013): 372-386.

33　S. Schnall, J. Haiti, J., G. L. Clore, and A. H. Jordan, "Disgust as Embodied Moral Judgment," *Personality and Social Psychology Bulletin* 34, (2008): 1096-1109.

34　Schnall, et al.

35　이 연구에서는 짝을 찾으려는 욕구가 때로는 매력을 드러내기 위한 행동에 수반되는 건강상의 위험에 대한 인식보다 앞서는 것으로 나타났다. S. E. Hill and K. M. Durante, "Courtship, Competition, and the Pursuit of Attractiveness: Mating Goals Facilitate Health-Related Risk Taking and Strategic Risk Suppression in Women," *Personality and Social Psychology Bulletin* 37(3) (2011): 383-394.

36　J. Hermans, H. Slabbinck, J. Vanderstraeten, J. Brassey, M. Dejardin, D. Ramdani, D., et al., "The Power Paradox: Implicit and Explicit Power Motives, and the Importance Attached to Prosocial Organizational Goals in SMEs," *Sustainability* 9 (2017): 1-26.

37　M. Lenzen, "Feeling Our Emotions," *Scientific American Mind* 16 no. 1 (2005): 14-15.

38　Lenzen, "Feeling Our Emotions."

5장 과거의 경험이 나를 통제한다

1　시험관 수정은 자연적인 방법으로 임신이 어려운 부부가 아기를 갖도록 도와주는 방법이다.

2　솔직히 그날 정확히 무슨 일로 싸운 건지는 기억나지 않지만 '소통'과 '공정함'이 주제였던 것 같다. 당시 우리 사이에서는 이 두 가지가 갈등의 주요 주제였다.

3　누군가는 이 일을 '외상 재현trauma reenactment'이라고 말할 수 있다. 맥스가 이전의 원초적인 외상과 유사한 경험을 무의식중에 다시 경험했을 수 있다는 뜻이다.

4　D. DiSalvo, "Your Brain Sees Even When You Don't," *Forbes*, June 22, 2013.

5　K. I. Al-Malah, "The Human Brain: Search for Natural Intelligence," *International*

Journal of Educational Policy Research and Review 8 no. 6 (2021): 232-235.

6 J. E. LeDoux, "Emotion and the Amygdala." In J. P. Aggleton (Ed.), *The Amygdala: Neurobiological Aspects of Emotion, Memory, and Mental Dysfunction* (Wiley-Liss, 1992), 339-351.

7 나는 프로이트나 그의 이론이 싫다고 말한 적은 없다(물론 프로이트 이론 중 일부는 터무니없는 것도 있지만). 내가 마음에 들지 않는다고 한 것은 '잠재의식subconscious'이라는 용어다. 이 용어는 우리의 의식을 벗어난 영역에서 무엇이 우리를 통제하는지에 대해 대중의 사고를 지나치게 제약하기 때문이다. 프로이트는 정신적, 신체적으로 제한된 상태에서도 그 시대에 주어진 도구를 활용해 그런 사유를 해낸 위대한 사상가다.

8 A. L. Baxter, A. Thrasher, J. L. Etnoyer-Slaski, and L. L. Cohen, "Multimodal Mechanical Stimulation Reduces Acute and Chronic Low Back Pain: Pilot Data from a HEAL Phase 1 Study," *Frontiers in Pain Research* (Lausanne, Switzerland) 4 (2023): 1114633.

9 A. Lembke, *Dopamine Nation: Finding Balance in the Age of Indulgence* (Dutton, 2021).

10 J. C. Ballantyne and G. F. Koob, "Allostasis Theory in Opioid Tolerance," *Pain*, 162 no. 9 (2021): 2315-2319.

11 N. Van Hoeck, P.D. Watson, and A.K. Barbey, "Cognitive Neuroscience of Human Counterfactual Reasoning," *Frontiers in Human Neuroscience* 9 (2015): 420.

12 Van Hoeck, Watson, and Barbey, "Cognitive Neuroscience of Human Counterfactual Reasoning."

13 V. Husted Medvec, S. F. Madey, and T. Gilovich, "When Less Is More: Counterfactual Thinking and Satisfaction among Olympic Medalists," In *Social Cognition* (Psychology Press, 2004), 579-588.

14 N. J. Roese, and J. M. Olson, Eds., *What Might Have Been: The Social Psychology of Counterfactual Thinking* (Psychology Press, 1995).

15 L. J. Sanna, K. J. Turley-Ames, and S. Meier, "Mood, Self-esteem, and Simulated Alternatives: Thought-Provoking Affective Influences on Counterfactual Direction," *Journal of Personality and Social Psychology* 76 no. 4 (1999): 543-558.

16 R. M. J. Byrne, "Counterfactual Thought," *Annual Review of Psychology* 67 no. 1 (2016): 135-157.

17 이 부분은 주로 마이어와 셀리그먼이 집필한 한 논문에서 가져온 내용이다. 두 연구자가 자신들의 이론이 정반대로 뒤집힌다는 사실을 알아채고, 그 경험을 다룬 글

이다. 읽어볼 가치가 있다. S. F. Maier, and M. E. P. Seligman, "Learned Helplessness at Fifty: Insights from Neuroscience," *Psychological Review* 123 no. 4 (2016): 349 -367.

18 D. S. Hiroto, and M. E. Seligman, "Generality of Learned Helplessness in Man," *Journal of Personality and Social Psychology* 31 no. 2 (1975): 311-327.

6장 '먼저 인간이다'를 기억하라

1 Timothy Leary papers, New York Public Library. https://archives.nypl.org/mss/18400

2 Timothy Leary. (n.d.). "Timothy Leary: The Effects of Psychotropic Drugs," https://psychology.fas.harvard.edu/people/timothy-leary.

3 *Turn On, Tune In, Drop Out,* directed by Robin S. Clark, written by Timothy Leary (1967).

4 E. J. Fehr, and G. L. Sandelier, "Remember Be Here Now." In S. S. Fehr (Ed.), 101 *Interventions in Group Therapy* (Routledge/Taylor & Francis Group, 2010), 453-457.

5 티머시 리어리와 람 다스는 각자의 길을 끝까지 걸어갔다. 환각제 사용을 옹호한 탓에 법정 싸움과 수감 생활을 겪은 티머시는 결국 수술이 불가능한 암으로 1996년에 세상을 떠났다. 그는 수많은 논란에도 불구하고 사회 규범에 도전하고 의식의 미지의 영역을 탐험하려는 이들에게 여전히 강력한 영향을 미친다. 람 다스는 1997년 뇌졸중을 일으킨 이후에도 글을 쓰고 가르침을 전하며 지혜를 나누는 삶을 이어갔다. 그는 봉사의 삶을 받아들이며 2019년 자택에서 평화롭게 눈을 감았다. 그의 사랑과 연민, 마음챙김에 관한 메시지는 지금도 영적 진리를 찾는 이들의 마음에 깊은 울림을 준다.

6 처음 세 가지는 티머시 리어리의 1983년 자서전 『플래시백Flashbacks』에서 그가 직접 설명한 "켜라, 맞춰라, 벗어나라Turn on, tune in, drop out"의 의미를 바탕으로 재구성한 것이다.

7 J. Bennett, "If Everything Is 'Trauma,' Is Anything?" *New York Times*, February 4, 2022.

8 N. Haslam, and M. J. McGrath, "The Creeping Concept of Trauma," *Social Research* 87, no. 3 (2020): 509-531.

9 B. A. van der Kolk, *The Body Keeps the Score: Brain, Mind, and Body in the*

이다. 읽어볼 가치가 있다. S. F. Maier, and M. E. P. Seligman, "Learned Helplessness at Fifty: Insights from Neuroscience," *Psychological Review* 123 no. 4 (2016): 349-367.

18 D. S. Hiroto, and M. E. Seligman, "Generality of Learned Helplessness in Man," *Journal of Personality and Social Psychology* 31 no. 2 (1975): 311-327.

6장 '먼저 인간이다'를 기억하라

1 Timothy Leary papers, New York Public Library. https://archives.nypl.org/mss/18400

2 Timothy Leary. (n.d.). "Timothy Leary: The Effects of Psychotropic Drugs," https://psychology.fas.harvard.edu/people/timothy-leary.

3 *Turn On, Tune In, Drop Out,* directed by Robin S. Clark, written by Timothy Leary (1967).

4 E. J. Fehr, and G. L. Sandelier, "Remember Be Here Now." In S. S. Fehr (Ed.), 101 *Interventions in Group Therapy* (Routledge/Taylor & Francis Group, 2010), 453-457.

5 티머시 리어리와 람 다스는 각자의 길을 끝까지 걸어갔다. 환각제 사용을 옹호한 탓에 법정 싸움과 수감 생활을 겪은 티머시는 결국 수술이 불가능한 암으로 1996년에 세상을 떠났다. 그는 수많은 논란에도 불구하고 사회 규범에 도전하고 의식의 미지의 영역을 탐험하려는 이들에게 여전히 강력한 영향을 미친다. 람 다스는 1997년 뇌졸중을 일으킨 이후에도 글을 쓰고 가르침을 전하며 지혜를 나누는 삶을 이어갔다. 그는 봉사의 삶을 받아들이며 2019년 자택에서 평화롭게 눈을 감았다. 그의 사랑과 연민, 마음챙김에 관한 메시지는 지금도 영적 진리를 찾는 이들의 마음에 깊은 울림을 준다.

6 처음 세 가지는 티머시 리어리의 1983년 자서전 『플래시백Flashbacks』에서 그가 직접 설명한 "켜라, 맞춰라, 벗어나라Turn on, tune in, drop out"의 의미를 바탕으로 재구성한 것이다.

7 J. Bennett, "If Everything Is 'Trauma,' Is Anything?" *New York Times*, February 4, 2022.

8 N. Haslam, and M. J. McGrath, "The Creeping Concept of Trauma," *Social Research* 87, no. 3 (2020): 509-531.

9 B. A. van der Kolk, *The Body Keeps the Score: Brain, Mind, and Body in the*

념을 전제한다.

3 D. Schroeder and E. Gefenas, "Vulnerability: Too Vague and Too Broad?" *Cambridge Quarterly of Healthcare Ethics: CQ: The International Journal of Healthcare Ethics Committees* 18, no. 2 (2009): 113-121.

9장 지속하고 확장하라

1 G. J. Annas, "'Culture of life' politics at the bedside—the case of Terri Schiavo," *New England Journal of Medicine* 352, (2005): 1710-1715.

2 B. Jennett, and F. Plum, "Persistent Vegetative State after Brain Damage," *Lancet* 299 no. 7753 (1972): 734-737.

3 S. Laureys, "Death, Unconsciousness and the Brain," *Nature Reviews. Neuroscience* 6. no. 11 (2005): 899-909.

4 J. Korein and C. Machado, "Brain Death," in *Brain Death and Disorders of Consciousness,* C. Machado and D. A. Shewmon, Eds. (Kluwer Academic/Plenum, 2004).

5 S. Laureys, M.-E. Faymonville, X. De Tiège, P. Peigneux, J. Berré, G. Moonen, S. Goldman, and P. Maque, "Brain Function in the Vegetative State," *Advances in Experimental Medicine and Biology* 550 (2004): 229-238.

6 지난 12년에 걸쳐 나는 다양한 형태의 공감을 이해했다. 내가 이 말을 할 즈음 나는 '인지적 공감' 능력은 갖추었다. 그러니까 인간이 어떤 감정을 느낄 수 있는지, 왜 그런 감정을 느끼는지는 이해할 수 있었다. 하지만 나는 나 자신이 진실한 감정을 느끼는 것을 허락하지 않았고, 그로 인해 타인의 감정을 느끼는 능력, 곧 '감정적 공감'에는 한계가 있었다. 지금은 공감 능력 전반을 두루 갖추었으니, 혹시 내 직업이 치료사라는 점에서 걱정하는 분이 있다면 안심하길 바란다.

7 S. Stefan and S. G. Hofmann, "Integrating Metta into CBT: How Loving Kindness and Compassion Meditation Can Enhance CBT for Treating Anxiety and Depression," *Clinical Psychology in Europe* 1 no. 3 (2019): 1-15.

8 A. Feliu-Soler, J. C. Pascual, M. Elices, A. Martín-Blanco, C. Carmona, A. Cebolla, V. Simón, and J. Soler, "Fostering Self-Compassion and Loving-Kindness in Patients with Borderline Personality Disorder: A Randomized Pilot Study," *Clinical Psychology and Psychotherapy* 24 no. 1 (2017): 278-286.

찾아보기

| ㄱ |

가용성 휴리스틱 Availability Heuristic 120
각성의 오귀인 Misattribution of Arousal 99
감각운동 심리치료 Sensorimotor Psychotherapy 63, 364
감정 전염 Emotional Contagion 35~36, 127~129, 368
감정의 2요인 이론 Two-factor Theory of Emotion 101~102, 371
개념 Concepts 5, 7~8, 27, 31, 35, 37~39, 43, 52, 54, 56, 62~64, 70, 73, 77, 82, 88, 102, 120, 124, 130~131, 143~144, 151~156, 158~163, 171, 175, 177, 181, 183, 189, 192, 199, 207~209, 216, 221, 230, 232~233, 238~240, 248, 257~258, 262~263, 274, 276, 279, 294, 304~307, 324~325, 329, 332~333, 337, 339~340, 351, 354, 360, 362, 368~370, 372, 374~375, 377~379
개념화 12, 152, 154, 158, 217, 295, 337, 341
개성화 Individuation 161, 368
객관적 무기력 Objective Helplessness 177, 368
결과 목록 Consequences List 226, 228, 359
경계성 인격장애 Borderline personality disorder, BPD 22~24, 145, 197, 279, 328, 368
고통-쾌락 원리 Pain-Pleasure Principle 38, 155, 162, 164, 166, 368
공포의 조건화 Fear Conditioning 156, 368
광기 Insanity 221~222
국제심리과학대회 ICPS 88
귀인 Attribution 115~119
그린, 존 Green, John 55, 61, 375
그림자 Shadow 72, 156, 161, 189, 368
기계적 감각 수용 Mechanoreception 79
기본 귀인 오류 Fundamental Attribution Error 117~118

| ㄴ |

내면 상태 점검 Internal Vibe Check 81~82, 84, 86~88, 322
내부 수용 감각 Interoception 84~85, 295, 357, 369
내현 기억 Implicit Memory 369
넬슨, 포샤 Nelson, Portia 220, 222
니체, 프리드리히 Nietzsche, Friedrich 61, 375

| ㄷ |

다마지오, 안토니오 Damasio, Antonio 56, 143
다스, 람 Dass, Ram 202~204, 272, 383
단기 기억 Short-Term Memory 121, 369
대뇌피질 157
대표성 휴리스틱 Representativeness Heuristic 119
더턴, 도널드 Dutton, Donald 98~99, 101

데카르트, 르네 Decartes, Rene 61, 375
도파민 Dopamine 165, 369
동기로 움직이는 전략가 Motivated Tacticians 116, 120~121, 227
드웩, 캐럴 Dweck, Carol 230

| ㄹ |

렘키, 애나 Lembke, Anna 165~166
로크, 존 Locke, John 61, 375
리어리, 티머시 Leary, Timothy 200~204, 372, 383

| ㅁ |

마음챙김 기반 스트레스 감소 Mindfulness-Based Stress Reduction (MBSR) 359~360, 366
마음챙김 기반 인지치료 359~360, 366
마음챙김 자기 인정 273, 275, 362
마이어, 스티븐 Maier, Steven 176, 178, 382
망상 Delusional 150
먼저 인간이다 Human First 193, 199~200, 219, 246, 311, 340
메타인지 357, 364
메타인지 치료 Metacognitive Therapy, MCT 363
멧다 Metta 327, 369
멧다 명상 Metta Meditation 327~328, 330, 333, 366
명상적 자기 인정 Self-Reflection Meditative 273
명시적 기억 Explicit Memory 121~124, 130, 140, 369
무력감 Helplessness 155, 180~181, 214, 304, 349~350

무르자니, 아니타 Moorjani, Anita 49~50, 375
무의식 목록 Unconscious List 225~226, 228, 258, 363
무의식 점검 목록 Unconscious Inventory 247~250, 253, 260, 269~271, 275~276, 353, 361
무의식의 역설 Unconscious Paradox 194, 369
무의식적 감정 Unconscious Emotion 142~143, 150, 369
무의식적 변화 목록 Unconscious Change List 283, 286, 293, 355~356, 363
무의식적 행동 Unconscious behavior 11, 44, 46, 211, 209, 223, 228, 259~260, 267, 279, 291~294, 296, 299, 356, 369
무의식적 화해 목록 Unconscious Amends List 299, 302~305, 308~309, 312
밀러, 마이클 크레이그 Miller, Michael Craig 61

| ㅂ |

바이오피드백 Biofeedback 63
방어기제 Defense Mechanisms 135, 160, 361, 369
배럿, 리사 펠드먼 Feldman Barrett, Lisa 88
버클리, 헬렌 E. Buckley, Helen 205
베이, 마이클 Bay, Michael 90~91
변증법적 행동치료 DBT 360, 362, 365
본드, 에드워드 Bond, Edward 187
비언어적 Nonverbal 34, 74, 91~95, 212, 267, 369, 371
비의식적 Nonconscious 159

| ㅅ |

사이언티픽 아메리칸 Scientific American 52
사후 가정 사고 Counterfactual 38, 155,

169~171, 173~174, 231, 369
상향적 사후 가정 사고 Upward Counterfactuals 171~173, 369
상황적 및 맥락적 요소 Situational and Contextual Features 369
생리적 각성 Physiological Arousal 99, 101, 369
생리적 반응 100~102, 291
샥터, 스탠리 Schachter, Stanley 101, 371
세대 무의식 Generational Unconscious 209~211, 219, 252~253, 361, 369
세대 신체적 무의식 Generational Somatic Unconscious 211
세대 외상 Generational Trauma 208~209, 219, 369
세대 인지적 무의식 Generationa cognitive unconscious 212
세대 정신분석적 무의식 Generational Psychoanalytic Unconscious 214
셀리그먼, 마틴 Seligman, Martin 176~177, 382
소비자 전자제품 박람회 CES 90
소속 욕구(사슬) Affiliation Seeking(The Chain) 134~135
손턴, 재즈 Thornton, Jazz 68
수용전념치료 Acceptance and Commitment Therapy, ACT 64, 361
순진한 과학자 Naive Scientist 115~116, 120, 227
술 취한 사람의 수색 원리 Drunkard's Search Principle 110, 370
시겔, 댄 Siegel, Dan 82
식물인간 상태 Vegetative State 315, 317, 330, 370
신경적응 Neuroadaptation 166
신경적응 그렘린 Neuroadaptation Gremlin 166

신체 감각 통합 Somatic Sensory Integration 80, 84~85, 370
신체 중심 치료 Somatic Experiencing, SE 361~364, 367, 370
신체 치료 Somatic Therapy 63
신체적 무의식 Somatic Unconscious 34, 39~40, 48, 63~64, 71, 73~78, 80~81, 83, 85~86, 88~94, 101~104, 110, 123, 162, 168, 182, 229, 232, 236~237, 250, 254~256, 266, 283, 293, 305, 322, 336, 339, 354, 351, 355, 370
실로시빈 Psilocybin 201
싱어, 제롬 Singer, Jerome 102, 371

| ㅇ |

아니마 Anima 160
아니무스 Animus 160
아론, 아서 Aron, Arthur 99~100, 102
아야화스카 Ayahuasca 51
아우구스티누스, 아우렐리우스 Augustinus, Aurelius 262~264, 268
암묵적 기억 Implicit Memory 122~126, 140, 146, 150, 158
앨퍼트, 리처드 Alpert, Richard 200~202
양인간 Sheeple 126~127
에런, 아서 Aron, Arthur 98~99, 101
에피네프린 Epinephrine 102
역추론 문제 Reverse Inference Problem 106, 370
영성 Spirituality 62, 201, 203, 325, 327
영적 개념 Spiritual Concept 52, 56, 70
오버미어, 브루스 Overmier, Bruce 177
옥시콘틴 OxyContin 162~164, 370
온도 수용 Thermoception 79, 370

외상후스트레스장애 Post-Traumatic Stress Disorder, PTSD 67, 146, 174, 370

원초아 Id 62, 160, 370

원형 Prototype, Archetype 153, 160, 370

의식의 12단계 11~13, 32, 86, 173, 182, 186, 189~191, 194, 200, 203~204, 218, 220, 226, 228, 241, 243, 247~248, 260, 262, 271~272, 299, 308, 313, 330, 338, 341~346, 349, 358, 341~346, 358, 365, 367, 372

의식적 감정 Conscious Emotion 142~143, 371

의식적 변화 Conscious Change 223, 243, 289, 364

의식적 선택 Choices, Conscious 24, 33, 51, 57, 244, 323

의식적 성장 실행 계획 291~293, 296~297, 356, 364

의식적 인간 자기 평가 Conscious Human Self-Assessment 320~322

의식적 자아 Conscious ego 146, 160, 230

의식적 통제 Conscious contro 44, 96, 174, 266, 290, 364

의식적으로 조율된 무의식 Consciously Curated Unconscious 69, 371

익명의 알코올중독자 모임 Alcoholics Anonymous, AA 30, 190, 248, 373

인간 조건에서 벗어나기 6~8

인간의 근본적인 동기 Fundamental Human Motives 133, 135, 138, 140, 160, 371

인간의 역설 Human Paradox 194, 371

인내의 창 Window of Tolerance 82, 378

인지적 구두쇠 Cognitive Miser 35, 39, 115~116, 119~120, 227, 371, 379

인지적 무의식 Cognitive Unconscious 35~36, 39, 41, 48, 64,83, 101, 105, 110, 112~113, 116~118, 121~124, 126~127, 140, 144, 168, 182, 232, 237, 250, 266, 283, 284, 294, 334, 337~339, 351, 355, 356, 371

인지적 해석 Cognitive Interpretation 101, 103, 371

인지행동치료 Cognitive Behavioral Therapy, CBT 64, 362, 364, 366

임사 체험 Near-Death Experience, NDE 49~50, 371

| ㅈ |

자기보호(담요) Self-Protection(The Blanket) 133, 135

자기심리학 Self-Psychology 65

자기 인정 273~275, 276~277, 362

자아 Ego 63, 135, 160, 181, 202, 213, 228, 230, 249, 286, 369~370

작업 기억 Working Memory 121, 369

잠자리하기, 결혼하기, 죽이기 Fuck, Marry, Kill 113~114, 121

잠재의식 Subconscious 37, 39, 48, 56, 61, 155, 159~160, 371, 382

장기 기억 Long-Term Memory 121~122, 369

장님과 코끼리 The Blind Men and the Elephant 58, 193

전의식 Preconscious 62, 159, 370

전전두엽 prefrontal cortex 95~96

점화 효과 Priming 122, 130~131, 371

정신분석 Psychoanalysis, Psychoanalyze 33, 65, 154, 360~361, 364, 371

정신분석적 Psychoanalytic 62, 65, 155, 161, 238, 295, 297, 352, 357

정신분석적 무의식 Psychoanalytic Unconscious 37~40, 42, 46, 48, 64~65, 154~155, 158, 161, 168, 182~183, 208, 211, 232, 248, 250, 255, 266, 283, 285, 292~294, 334, 337~339, 351, 356

정신역동적 심리치료 Psychodynamic Psychotherapy 65, 360~361, 364

제3자 거울 Third-Person Mirror 94~96, 118, 371

주관적 무력감 Subjective Helplessness 117, 371

지각적 현저성 Perceptual Salience 118

지위(사다리) Status(The Ladder) 135, 258, 296

지혜 Wisdom 13, 30, 32, 238, 252, 325, 331~332, 341, 372, 383

진실의 교훈 26, 43, 54, 66, 75, 83, 88, 101, 111, 116, 137, 155, 164

질병 회피(물티슈) Disease Avoidance(The Wipe) 134~135, 138

집단 무의식 Collective Unconscious 160, 214, 370, 372

짝을 구하고 유지하기(사로잡고 붙잡아두기) The Catch and Hold (find and keep a mate) 135~136, 138

| ㅊ |

창고 49~51, 69, 85, 91, 118, 121, 151~152, 183, 191~192, 243, 266, 327, 374

초자아 Superego 62, 160, 370

촉각 감지 능력 Mechanoreception 378

취약성 Vulnerability 148~149, 269~270

치료사 10~11, 21, 24, 47, 63~64, 72, 141, 152, 197, 207~208, 263, 269, 279, 326˙327, 340, 373, 385

친족 돌보기(공동체) Kin Care(The Community) 135~136

침습적 사고 Intrusive Thoughts 64

| ㅋ |

카필라노 현수교 97~98, 101

칼턴, 버네사 Carlton, Vanessa 124

켜라, 맞춰라, 벗어나라 그리고 지금 여기에 있어라 Turn On, Tune In, Drop Out, and Be Here Now 200, 202, 204~205 372, 383

콜크, 베셀 반 데어 Kolk, Bessel van der 215

| ㅌ |

통각 수용 Nociception 78, 372

통제 불능 9, 11, 22, 26, 33, 37, 41, 48, 87, 153

통제 위치 Locus of control 27, 28~29, 57, 62, 69, 170, 281, 372

통제의 법칙 Law of Control 27, 378

투광등 50~51

투쟁-도피 반응 Fight-or-Flight Response 34, 84, 133

트라우마 Trauma 7, 36, 83, 167~168, 253, 289, 369

트루스 닥터 The Truth Doctor 10, 210, 275, 329, 340, 348

| ㅍ |

팰런, 제임스 Fallon, James 106~109

페르소나 Persona 161

편도체 Amygdala 156~158, 161, 162, 372

평온의 기도 The Serenity Prayer 27, 30, 32, 373

평정심 Serenity 245, 372

포모 FOMO 35

프로이트, 지그문트 Freud, Sigmund 37, 52~53, 62, 65, 158~161, 368, 370, 382

피질하 157

| ㅎ |

하버드 실로시빈 프로젝트 Harvard Psilocybin Project 201

하이더, 프리츠 Heider, Fritz 115

하향적 사후 가정 사고 Downward Counterfactuals 171~173, 372

학습된 무기력 Learned Helplessness 38, 46, 155, 176, 372

항상성 Homeostasis 84~85, 166, 317, 372

항상성 조절 Allostasis 84, 372

해리 Dissociative 77, 81~83, 86~87, 372

해슬람, 닉 Haslam, Nick 218

행동 모방 Behavioral Mimicry 35, 127~129, 372

행위자-관찰자 편향 Actor-Observer Bias 117~118

휴리스틱 Heuristic 119, 121, 154

| 기타 |

ADHD 66~67

LSD 51, 201

나는 왜 생각만 하고 그대로일까

1판 1쇄 발행 2025년 9월 25일
1판 2쇄 발행 2025년 11월 20일

지은이 코트니 트레이시
옮긴이 문희경

발행인 양원석 **편집장** 김건희 **책임편집** 이수민
디자인 최승원, 김미선 **영업마케팅** 조아라, 박소정, 김유진, 원하경, 정민지

펴낸 곳 ㈜알에이치코리아
주소 서울시 금천구 가산디지털2로 53, 20층 (가산동, 한라시그마밸리)
편집문의 02-6443-8904   **도서문의** 02-6443-8800
홈페이지 http://rhk.co.kr
등록 2004년 1월 15일 제2-3726호

ISBN 978-89-255-7310-6 (03190)

※ 이 책은 ㈜알에이치코리아가 저작권자와의 계약에 따라 발행한 것이므로
   본사의 서면 허락 없이는 어떠한 형태나 수단으로도 이 책의 내용을 이용하지 못합니다.
※ 잘못된 책은 구입하신 서점에서 바꾸어 드립니다.
※ 책값은 뒤표지에 있습니다.